LE LIVRE DE LI PO

VITTORIO SALTINI

LE LIVRE DE LI PO

roman

TRADUIT DE L'ITALIEN PAR PATRICK BION
AVEC LA COLLABORATION D'ÉDITH PARLIER

ÉDITIONS DU SEUIL
*27, rue Jacob, Paris VIe*

Titre original : *Il Primo Libro di Li Po*
Éditeur original : Arnoldo Mondadori Editore, S.P.A., Milan

ISBN 2-02-010047-9

TARDIVE PRÉFACE CHINOISE
AUX
« AVENTURES DE LI PO »

Le temps passe et file comme sable qui glisse entre les doigts. On se lève à l'aube, on se lave, on s'habille, on mange un brin, on fait une promenade et voilà déjà la matinée terminée. De même pour l'après-midi. Ainsi s'envolent les jours, les uns après les autres. Comment arracher un peu de joie à ce temps qui fuit ?

Les poètes d'autrefois disaient que parmi les plaisirs de l'existence, le plus sûr est l'amitié : « Lorsque, ayant traversé le bois, j'arrive à la cabane d'un ami que je ne trouve pas, lorsque plus tard, revenu frapper à sa porte, je ne trouve personne pour me répondre, je me sens, en rentrant chez moi, avili, comme au fond de sa cellule un prisonnier », écrivait Dou Fou dans une lettre.

Ces lettrés, généralement, possédaient un lopin de terre fertile qui produisait plus que leurs besoins.

Du blé de l'an dernier
me reste encore un peu,

chantent deux vers de T'ao Ch'ien. A leur service, ils avaient femmes et jeunes gens, qui préparaient les repas, cultivaient le jardin. Leur maison pouvait être au bord d'un fleuve, à l'ombre de grands arbres ; et ils y recevaient des amis, avec qui ils se promenaient, s'asseyaient sur des pierres ou s'étendaient dans l'herbe.

Ceux qui avaient envie de boire buvaient. Ils ne se

réunissaient pourtant pas pour faire la fête, mais pour converser. Ils parlaient peu de politique, même si le plus souvent ils étaient fonctionnaires, et si certains avaient des postes importants. Ils préféraient se lire des vers, échanger des dessins, des peintures ou parler de la vie : philosopher. Si l'un d'eux avait retranscrit ces conversations, ils seraient devenus célèbres pour leur sagesse et leur science. Mais ils aimaient leurs aises, et écrire un traité aurait signifié travailler. Après la mort, ces pages impérissables ne leur auraient servi à rien.

Leurs vers étaient des messages cordiaux qu'ils s'envoyaient surtout lorsqu'une charge bureaucratique les obligeait à s'éloigner pour des années et à s'ennuyer dans des provinces perdues, comme le raconte Tu Mu :

Dans cet hôtel, seul, sans bagages,
angoissé, je me souviens du passé.
Le cri perçant d'une oie sauvage,
le sommeil font peur : ma lampe allumée.

Mais l'aube pointe. Je reçois une lettre
de chez moi : partie d'un an déjà.
Parmi les brumes denses passent pour disparaître
sur le lac, les barques, là-bas.

Alors, soit parce qu'il neigeait, soit parce qu'il y avait de la tempête, que le vent et la pluie empêchaient les visites, l'un d'entre eux pouvait s'attarder à regarder par la fenêtre l'inondation, comme chante T'ao Ch'ien :

Passent des nuages menaçants : passent !
Coule une pluie régulière : coule !
A chaque angle du ciel, lumière lasse,
la plaine est un fleuve qui roule.

Du vin, je garde ici dans une écuelle.
Oisif, je bois à la fenêtre l'Orient.
Nostalgique, je pense à mes amis d'antan,
mais ne vois apparaître ni coche ni nacelle.

Ceux-là n'écrivaient pas — après avoir déplacé une table basse devant la fenêtre, pour profiter d'un peu plus de lumière — par une vaine aspiration de notoriété, mais pour passer leur temps dans le souvenir et donner des nouvelles, en attendant d'en recevoir.

Le monde « moderne » et décadent ne rend plus honneur aux lettrés, mais aux trafiquants. On se retrouve habiter en sous-location le sous-sol d'un taudis, dans une rue sombre du vieux Pékin : la fenêtre donne sur une cour étroite, où seulement quelques saules frêles égaient le regard, tandis qu'à côté, on entend sa femme aller et venir en traînant la savate, et laver les vêtements — pourquoi l'a-t-on épousée, juste ciel ? —, et puis il faut surveiller l'enfant qui grimpe sur la table, renverse de l'encre sur les livres ou y dessine des corneilles.

Autrefois, les lettrés, fonctionnaires à la cour, donnaient des conseils au Souverain Céleste, ils étaient actifs et puissants. Aujourd'hui, on n'aperçoit même plus de loin l'empereur. On dit qu'il reste toujours enfermé, pâle comme un mort, derrière les trois enceintes de la Ville interdite, à signer des concessions aux marchands venus d'Occident qui s'octroient le privilège d'étouffer sous l'opium les pauvres enfants de la terre de Ch'in et de Ch'u.

Même si nous possédions une belle propriété au bord d'un fleuve bordé d'arbres, aucune conversation entre amis ne pourrait combler notre solitude. Aujourd'hui, à Pékin, les lettrés sont ennuyeux, cancaniers, ils passent leur temps à parler avec envie de leurs collègues, si bien qu'il est plus agréable de s'arrêter sur la route pour bavarder avec ceux des artisans ou des commerçants qui nous font encore crédit. Si, dans les jardins publics, tu tombes sur un de ces lettrés, et qu'il t'entraîne à la table d'une auberge pour te parler à l'oreille d'un de ses projets qui le rendront riche et célèbre, tu regretteras en rentrant chez toi le temps perdu : tu aurais mieux fait de rester à ta table pour terminer ton anthologie de poésies érotiques des Ming ou avancer la traduction du traité de Kim-masu sur les aphrodisiaques : les éditeurs ne payent comptant, à la remise des manuscrits, que ces choses-là. Mieux vaudrait encore que tu commences enfin à travailler à une œuvre qui soit vraiment tienne, celle dont tu rêves tous les soirs depuis vingt ans.

Ainsi vit-on comme si l'existence n'était qu'un outil de travail et comme si l'on ne pouvait conquérir la vraie vie qu'en l'exposant dans un livre. On s'assoit à sa table près de la fenêtre, on regarde, dans les deux mètres carrés de cour, le saule agité par la brise du crépuscule sous la lune du soir et l'on pense : « Je me suis consumé dans la poussière du monde, ma vie n'est qu'un échec, j'ai gaspillé mon talent sans rien construire ; aujourd'hui du moins, ni la traverse de bambou pourrie, ni le lit de corde, ni le foyer éteint ne feront obstacle à la vision. Mais que vais-je écrire ? Je ne connais qu'une existence faite d'ennuis domestiques, de continuelle recherche d'un gain humiliant, et ma condition se retrouvera dans ce que je tracerai. Or si, en dessinant les caractères les uns sur les autres, je ne parviens pas à chercher ce qui pourrait être, alors même que je ne l'ai pas connu, je ferais mieux de vendre mon pinceau et de me pendre à une poutre, comme fit Tuan Hsiu le jour où il fut recalé à ses examens. »

Sur le tissu de l'époque qui nous a été assignée, en dessiner une autre possible ! Le passé fut-il vraiment meilleur ? Ou nous semble-t-il ainsi parce qu'il nous en est resté la quintessence dans les pages de quelques grands hommes ? Mais où trouve-t-on aujourd'hui un Po Chü-i, un Li Po, un Dou Fou, un Wang Wei ? Pourquoi ne pas fondre les conditions prosaïques du présent et les faire apparaître derrière le voile poétique de l'époque pendant laquelle ces hommes exceptionnels vécurent ensemble et conversèrent à la cour prodigieuse de l'empereur artiste Hsüan-tsung ? Les documents sont rassemblés, entassés dans les tiroirs. Comme héros de cette histoire, il est logique de choisir celui qui est le plus proche de nous, qui dans sa vie de vagabond ne reçut jamais aucune charge publique, ni salaire, ne passa jamais les concours pour devenir fonctionnaire, n'eut jamais une maison à lui, et quelquefois même pas les moyens suffisants pour boire en paix : si bien que son ami Hsia Mu, dans le posthume *Vie et Éloge de Li T'ai-po, l'immortel en exil,* raconte :

> « Tout le monde sait qu'il avait un faible pour le vin. Mais il ne pouvait pas toujours s'en procurer, et alors souvent ses amis, connaissant ses goûts, chauffaient chez eux du bon vin et l'invitaient. A peine arrivé, lui, s'asseyait en silence pour boire et quand il était ivre, étendu sur une natte, il écrivait des vers, sans s'occuper de ses hôtes un peu déçus. »

On sait qu'à cette époque si faste pour les lettres, trente millions de Chinois moururent des suites de la révolte de An Lu-Shan, de la guerre civile, de l'invasion des Ouigours et des Tibétains ; que la cour elle-même fut bouleversée ; que Xuan Zong dut abdiquer et partir en exil. Dans une furieuse marée de soldats et de paysans, de serviteurs, de pauvres, de barbares, ce monde de courtisans lettrés demeura comme une île dévastée : juste comme notre propre rêve derrière les barreaux d'un sous-sol. Un visage que le portrait embellit, une bulle de savon que les reflets d'un incendie ou d'un carnage ensanglantent.

« Mais c'est justement de cette fragilité et de cette illusion, écrivait voici deux siècles le critique Tung Ch'i-ch'ang, que naît la vérité de la poésie. »

Quelle différence pourtant ! Face à une réalité féroce, les lettrés de la « forêt des pinceaux » — l'Académie impériale — s'éduquaient ensemble, en cultivant la vérité, la bonté, la beauté ; tandis qu'aujourd'hui, toi, c'est inconnu et seul, à la petite fenêtre d'un taudis, que tu rêves de sauver un monde qui meurt.

Mao Tsu, le philosophe humaniste, dans son *Appel au vent d'Orient,* a soutenu que Li Po et l'empereur Hsüan-tsung perdirent leur temps en plaisirs tandis qu'autour d'eux, ce qui rendait possible cette civilisation raffinée s'écroulait et que des millions de Chinois mouraient. C'est peut-être vrai. Mais d'autres parmi les lettrés travaillaient, y compris en adressant à un empereur distrait toutes sortes de suppliques et projets, à atténuer la misère du peuple et apporter un remède au désordre.

Toi, tu fermes les yeux devant la catastrophe que tu vois venir, cherchant des nourritures dans l'histoire ou la fable, comme une chandelle qui s'efforce de sauver sa flamme alors qu'autour toute lumière s'est éteinte déjà. Sur la table, la flamme vacille, mais pour peu qu'on en approche et les yeux et la feuille de papier, on peut raconter ces « aventures ». En elles, tout est inventé et tout est vrai.

« Se souvenir est vérité, disait Chuang Tsu. Imiter un modèle, c'est rester fidèle à la nature. L'aspiration à l'originalité ne convient pas au savant. Et puis, même sous la peau de l'âne le lion sait user de ses griffes. »

Première partie

L'INITIATION

1

Les brigands : des circonstances dans lesquelles Li Po écrivit à neuf ans son premier poème

La table est couverte de tant de documents qu'on ne sait par où commencer. Peut-être par quelques informations historiques. Le poète Li Po naquit — mais ce n'est pas certain — dans l'oasis de Tun-Huang, un fortin au milieu du désert, aux frontières de l'Asie centrale, la quatre-vingt-quatrième année de la dynastie T'ang — 701 après J.-C. Son père, Li Cheng, avait été exilé comme fonctionnaire dans cette garnison. Mais la famille Li, quoique déchue, était apparentée de loin à la famille impériale : Li Cheng parvint à se faire réhabiliter et rappeler dans sa patrie. Alors, les Li s'installèrent dans le Szuch'uan, en Chine occidentale, et Li Po grandit à Chang-ming, un village situé au bord du torrent Chi, près de la colline des Érables, non loin de Ch'ang-tu, ville gouvernementale. Le Szuch'uan était une région désertique et abandonnée, à mille kilomètres de Ch'ang-an, la cité impériale qui dressait alors ses palais parmi les rochers dominant les gorges où le fleuve Jaune, après avoir parcouru la moitié de sa route, dessine un angle droit en direction d'une mer encore lointaine.

Il semble que Li Po, enfant, se soit enfui du pavillon des femmes, au fond de la cour, pour se réfugier dans le logement de son grand-père, Li Ta, qui passait pour fou. Là, ou en pleine campagne, sous un abri, Li Ta écrivait des traités qu'il se lisait à haute voix pour lui-même. Po interrogeait son grand-père sur les sujets les plus étranges —

la curiosité est mère du génie, affirme Hsün-tzu — et celui-ci tout à la fois lui donnait des réponses scandaleuses, lui apprenait à lire et à écrire, et lui racontait même d'anciennes fables taoïstes. Parmi ces fables, Po préféra toujours celle de Maître Rien qu'il devait versifier beaucoup plus tard, ou bien celle du charretier Ju qui, pendant une marche pénible, par une nuit de pleine lune, vit son ombre glisser devant lui, le long des murs clôturant les jardins, s'allonger, grimper à la fenêtre illuminée d'un palais, et disparaître...

Assis par terre, Po écoutait et restait immobile même après que le vieillard s'était éloigné. Alors, il inventait d'autres histoires peuplées des personnages des fables, mêlés à ces personnages réels qui étaient, à table, la cible des médisances de son père et de ses amis fonctionnaires invités pour dîner : des histoires de gouverneurs corrompus, de brigands du Szuch'uan, de dames de la cour aux mœurs condamnables.

Po ne parlait à personne de ses histoires parce que tout le monde le traitait encore comme un enfant. A tort, selon lui. Lorsqu'il entendait des récits de guerres et de révoltes dans la région, il éprouvait une excitation érotique telle qu'il se laissait aller au plaisir solitaire jusqu'à sentir sa toute petite tête de carpe mouiller ses culottes courtes ; il imaginait ses personnages tour à tour en danger, prisonniers, en fuite ou victorieux. Des brigands conduits par Maître Néant et des troupes de paysans armés de pals parcouraient l'Empire, le conquéraient et le perdaient à nouveau. Au milieu de la mêlée, se trouvait un Li Po qui avait grandi ; à cheval, il libérait par son épée le jeune empereur incompétent, Hsüan-tsung. Son courage suscitait l'admiration et l'amour général. Cependant, les demi-frères de l'empereur, fils jaloux de concubines, cherchaient à lui faire toutes sortes de méchancetés. Mais l'empereur l'appelait à ses côtés comme conseiller secret. Rien n'y ferait : renonçant à la gloire, Po reviendrait à Chang-ming sur le dos d'un petit âne. Au passage, il sauverait la vie de ses parents abasourdis, obligés de reconnaître qu'ils n'avaient pas su le comprendre lorsqu'il vivait auprès d'eux comme un quelconque enfant. Et voici : Li Po leur a pardonné. Il s'est retiré dans sa cabane, sur la colline des Érables, près du torrent Chi. Mais on ne l'y laisse pas en paix. Fatal ennui ! De toute la Chine, les gens accourent pour le voir, comme des pèlerins en quête d'un sage du Tao.

En silence, Po tuait et ressuscitait ainsi des peuples comme ombres de marionnettes. Pour leur part, les concubines de Li Cheng et leurs enfants jaloux insinuaient qu'il était stupide non moins qu'égoïste. Que faisait-il sous le pin, sans jouets, dans le coin, là, entre deux murs d'enceinte ? Était-il malade ? Avait-il hérité du caractère de son grand-père ? Il deviendrait certainement un marginal, un bandit de grand chemin. Plus tard — le premier à émettre cette hypothèse fut l'historien Chiao-Nien, de la dynastie Yuan —, on supposa que dans cette rêverie solitaire se manifestaient déjà les signes de son génie.

Puisqu'il recréait l'histoire et la géographie selon son bon plaisir, Po fut le seul à ne pas s'étonner de l'arrivée soudaine, comme poussées par le vent vers Chang-ming, de troupes rebelles du Kansu guidées par les brigands du Pic Oriental. Un soir, tandis qu'il était assis mélancoliquement sur la colline, parmi les chaumes, le dos appuyé au tronc d'un amandier, Po entendit monter du village un bruit de galops et des cris.

Il vit plus bas, à travers les feuillages, une troupe de cavaliers barbus faire irruption sur la place dans le tourbillon de poussière d'un crépuscule jaune : des paysans, des femmes et des enfants fuyaient en hurlant. Les barbus tournoyaient, avec leurs chevaux, en lançant des flèches enflammées, autour du fortin de bois dans lequel s'étaient enfermés les quelques soldats de la garnison. La cabane du charpentier Hsiao, située à l'extérieur du village, près du mur d'enceinte en pierre de la maison des Li, prit feu brusquement.

Un paysan tirant une bufflonne passa sur le sentier, près de Po. Il essayait de courir, suivi par sa femme qui tenait dans ses bras un enfant. A la vue de Po, le paysan haletant cria :

« Que fais-tu là, jeune homme ? Rentre chez toi en courant ! Tu n'as pas vu les brigands ? Ils mettent le feu au village. »

Les voix des serviteurs, qui appelaient Li Po, parvenaient jusqu'au sommet de la colline. L'un d'eux, qui avait grimpé sur le toit de la maison, lui faisait des signes à l'aide d'un tissu jaune et bleu. Sautant d'un replat à l'autre de la pente, Po descendit en courant.

« Où étais-tu, imbécile ? Poète ! » hurla son père, Li Cheng, tremblant de peur, quand il le vit entrer.

Derrière lui, on ferma le portail du mur d'enceinte, qu'on consolida avec des pierres et du bois.

Un grand désordre régnait à l'intérieur de la maison. Des gens hurlaient. Po monta à l'étage supérieur, pour jouir de la vue par une fenêtre qui s'encastrait dans le toit incliné.

Il faisait nuit à présent, et comme il n'y avait pas de brume, la lumière des incendies épars permettait d'apercevoir sur la place, non loin de la pagode, le grand corps de Ma Kuo, le capitaine de la garnison, égorgé, ruisselant de sang, pendu la tête en bas à la branche d'un mûrier. Il y resta plusieurs jours. Des groupes de brigands dont l'armure brillait dans l'obscurité, reflétant les flammes, étaient assis par terre autour des feux pour manger d'énormes quartiers de porc à peine rôti, tandis que d'autres, au-delà du torrent, dormaient au milieu des plantes grasses, dans le jardin du monastère bouddhiste, parmi les paons sacrés, les ibis et les dindons.

Ce soir-là, les brigands assiégèrent la maison des Li, défendue par les serviteurs et des paysans réfugiés dans la première cour avec leurs bêtes qui mugissaient et leurs femmes qui gémissaient en couvrant de chiffons leurs enfants endormis à même le sol.

Po ne voulait pas dormir par une nuit pareille. Dans la cuisine, la nourrice, de vieux serviteurs et une religieuse bouddhiste de passage, assis en cercle autour du feu, récitaient des soûtras, auxquels ils mêlaient le souvenir d'autres pillages et des histoires de brigands qui, pour finir, n'étaient que fantômes. Po restait au milieu d'eux et dévorait ces récits trépidants et ces farces de gens qui n'ont rien à perdre.

A l'heure du rat, sa mère qui allait et venait, très agitée, dans la maison, apparut à la porte de la cuisine.

« Encore en compagnie des vieux et des serviteurs ? Tu devrais être au lit depuis longtemps ! Va donc embrasser la pantoufle de ton père, et puis file dans ta chambre ! »

Un peu plus tard, Li Po, un chandelier à la main, monta tout en haut de l'escalier où se trouvait sa petite chambre, près de la salle commune des serviteurs. La lueur de la chandelle faisait danser les ombres sur les murs. Il entra chez lui prudemment ; on lui avait dit de ne pas passer devant la fenêtre : une flèche aurait pu le blesser après avoir traversé le volet. Il se déshabilla, grimpa sur son lit, souffla la chandelle et voulut dormir.

De la nuit montaient jusqu'à lui, avec le chant des grillons, des sifflements, des jets de pierres et de flèches, le piaffement irrégulier des chevaux. Alors, il se boucha les oreilles avec ses paumes pour essayer de dormir. Mais voilà que surgit, maintenant qu'il se retrouvait seul, le souvenir de sa cousine Peng : il revoyait ce corps tout en sinuosités, enivrant comme de la liqueur, ou ce qu'il en avait pressenti, les jours précédents, sous une robe vaporeuse. Il l'avait connue et s'était épris d'elle une première fois, quatre ans auparavant, quand ils étaient tous deux âgés de cinq ans. Le mandarin Li Yang de Han-chung, cousin de Li Cheng, avait passé quelques jours à Chang-ming, lors d'un voyage d'agrément. Sa fille, la petite Peng, l'accompagnait. Po, qui préférait toujours jouer seul, ne voulut pas cette fois se séparer de la fillette. Il criait et pleurait dès qu'on la lui enlevait. Les femmes disaient qu'il était tombé amoureux. Maintenant, il se souvenait.

C'est un matin, ils sont assis sur un tapis dans la grande salle de jeux, inondés de soleil, elle cligne des paupières sur ses yeux marron et les frotte de ses petits poings, ce qui ne l'empêche pas de participer avec joie à tous les jeux qu'il lui propose ; brusquement, une corde qu'ils tirent chacun par une extrémité casse. La petite fille tombe à la renverse et ses jambes levées se découvrent, dévoilant quelque chose qui intrigue beaucoup Po depuis un certain temps. Feignant de regarder la corde cassée, il penche la tête et, tordant les yeux, essaie de voir. La petite, qui s'en aperçoit, rit mais se recouvre aussitôt. Emporté par la curiosité, il approche deux chaises de la fenêtre, en hâte, monte sur l'une d'elles et regarde au-dehors. Dans la cour déserte, entre justement un cheval couvert de sueur qui traîne un chargement de briques : « Viens voir le cheval ! le cheval blanc ! » crie-t-il à Peng. Elle grimpe sur l'autre chaise et, protégeant ses yeux éblouis, se penche pour regarder. Po, alors, fait tomber les morceaux de jouets cassés qu'il a dans sa poche, glisse de sa chaise et s'agenouille pour les chercher. Comme elle veut descendre pour l'aider, il crie : « C'est moi qui cherche ! Toi, regarde le cheval ! le cheval ! » Voilà Peng qui regarde dehors et Po qui rampe sur le sol, s'approche de la chaise et lève la tête, bouleversé. La robe longue est un obstacle : il en soulève un pan et aperçoit de nouveau, dans l'intimité des cuisses écartées, un peu de chair froissée. Mais il ne voit pas bien. Comme dans un rêve, il tend la main, effleure cette chair d'un doigt qu'il retire tout de suite, tandis que Peng se baisse pour le regarder et lui dit : « Que fais-tu ? »

Terrifié par un acte aussi notoirement interdit, il est sur le point de se sauver de la chambre ; seulement la nourrice, qui est entrée, a tout vu : elle l'emmène en invoquant l'âme des Ancêtres bienveillants, lui explique que regarder sa cousine dans ses parties intimes et rêver qu'on l'épouse est une faute terrible ; même le miséricordieux Bodhisattva — la nourrice comme tous les serviteurs est une bouddhiste dévote et Po est plus influencé par cette foi des serviteurs que par le confucianisme paternel — n'aura pas pitié de qui s'abandonne au désir d'un amour incestueux ; si un tel pécheur meurt sans expier, il se réincarnera dans le corps d'un animal parmi les plus immondes : rat, chauve-souris, ou putois.

La nourrice lui a fait tellement peur que, terrorisé à l'idée que Peng pourrait révéler aux grandes personnes son geste, il va se cacher tout le jour sous une haie, sans se présenter même à table. A l'heure du dîner, on le trouve, on le traîne, mais lui ne lève pas les yeux de son assiette. Après des mois, il lui arrive encore de se souvenir de son geste et de se sentir en faute ; n'empêche : ce qu'il regrette plus que tout, c'est que l'effroi l'ait empêché de bien voir.

Après le départ de l'oncle Yang, pendant des années il avait oublié Peng. Et puis il l'avait revue juste quelques jours avant l'arrivée des brigands ; elle était devenue une fillette un peu affectée. Ils avaient maintenant neuf ans tous deux. Grand-mère Li Mei, la mère du mandarin Yang, était venue en visite à Chang-ming accompagnée de sa petite-fille ; et elle était repartie deux jours avant l'attaque. Angoissé par le départ de Peng, Po avait, ces jours-là, fui la société, erré à travers champs, le long des torrents dans l'eau desquels résonnait le coassement des grenouilles, grimpé sur la colline derrière la maison, et là, étendu dans l'herbe, à l'aide d'un petit arc fait d'une branche de saule, il avait lancé en direction des arbres des flèches distraites. Il parlait avec Peng comme si elle était à côté de lui et comme s'ils vivaient ensemble, maritalement : rien qu'à imaginer cela, il sentait son membre durcir et s'humidifier de plaisir. Alors il récitait un soûtra bouddhiste et se répétait la promesse de vaincre ces désirs qui, engendrant la frustration, nous asservissent à la roue des naissances et de la mort ; il saurait développer un amour uniforme pour toutes les créatures animales, végétales et minérales, l'univers étant tout-un, et vivant. Il traversait une période de mysticisme, où les songes le montraient libéré des devoirs que lui imposaient ses parents : il avait grandi à tu et à toi avec les montagnes et le ciel...

Pour l'heure, là, dans son lit, au lieu de la tendresse qui le ronge, de la timide dévotion qu'il éprouve auprès de Peng, le voici, hardi, qui revoit et sent presque le visage de la petite fille, ses yeux, et sa poitrine, et son ventre avec le nombril, et ses jambes. Dans le noir, s'il presse le lit profond, il imagine que c'est son corps qu'il déshabille, qu'il caresse : fluide mais de feu. S'il donne un baiser au coussin, c'est sa bouche.

Comme il se touchait, il se retrouva dur. Mais essaya de penser, épouvanté, à cette éternité de pénibles réincarnations qui, comme l'enseignaient la nourrice et l'un de ses amants, le gros moine Tu, était la punition inévitable des incestueux : en tout cas de quiconque osait désirer une cousine. Po imaginait l'éternité — ou temps sans fin — comme cette longue route qui sort de Chang-ming et avance poussiéreuse à travers des gorges de roches livides le long du fleuve Cheng, bordée de cèdres aux troncs crevassés. Le voyageur, au fur et à mesure qu'il avance, s'aperçoit que les cèdres se suivent sans fin, chacun avec son ombre, et qu'il lui faudra passer entre ces deux rangées pour toujours. Or voici un petit monstre, une espèce de crapaud, et c'est lui, Li Po de Chang-ming, réincarné : il avance péniblement, sur ses petites pattes molles, entre les deux rangées très hautes, poursuivi par des chars, des chevaux, des soldats, qui l'écrasent sans lui prêter attention ; et chaque fois le petit monstre gluant se recompose et recommence à ramper sur la route encombrée, traversant une ombre de cèdre après l'autre, sans fin.

Voilà ce qui arrivera s'il meurt après avoir cédé à l'impulsion. Or cette nuit, on peut mourir : il suffirait que les brigands défoncent le portail ; ou qu'une pierre, en brisant une fenêtre, tombe sur le lit ; ou qu'éclate la tempête que le grand-père Li Ta a annoncée et qu'un éclair entre par la cheminée.

Le corps de Peng, plus tenace que la peur, et même que la peur de cette heure tardive et de cette obscurité vivante où Po se sent sombrer, est toujours là, qui l'attire. En vain, il se retourne pour se soustraire à l'envie. Il a mépris de sa faiblesse : quand, du Bouddha, tant d'histoires exaltent l'inflexible volonté. N'empêche : pour vaincre l'insomnie, Po sait qu'il devrait se laisser aller au plaisir.

Du monastère, au-delà du torrent Chi, arriva le bruit des cloches qui sonnaient toutes les demi-heures, augmentant son angoisse. Dans le noir, il glissa pieds nus de son lit, s'approcha de la fenêtre encastrée dans le toit, si incliné à cet endroit qu'il dut se baisser, et, s'accroupissant pour ne pas risquer d'être touché par une flèche, ouvrit. La lumière de la lune entra. Po souleva le visage, lentement, pour épier l'extérieur. La cour entourée de murs, les champs, la place du village avec le pendu, tout était plongé dans une lumière tranquille, comme dans l'eau transparente d'un lac. Un peu plus loin, pointait la pagode bouddhiste avec son toit en terrasse derrière les sapins argentés ; plus loin encore s'étendait le cimetière carré, avec ses tumulus de terre et, alentour, les champs de riz inondés, jusqu'au mont Wu, qui se profilait sur le ciel comme une émeraude. La nuit ne manquait pas de lumière ; les assaillants conservaient leurs feux allumés pour se réchauffer ou pour rôtir de la viande : tout autour, étaient assis les barbus en train de manger ou de bavarder ; les sentinelles, debout, s'appuyaient à leurs lances ; de nombreux corps étaient étendus pour dormir. Le silence était tel qu'arrivaient jusqu'en haut, avec le mugissement du torrent, des voix lointaines qui appelaient le bétail en fuite, pour le regrouper dans un champ de coquelicots : sous la lumière lunaire, on eût dit un tapis rouge brodé de fil d'argent. Po leva les yeux. Du côté de la pleine lune, le ciel était encore serein, avec ses étoiles, aussi nombreuses — selon son grand-père — que les grains de sable sur les rives du Chi. L'autre moitié du ciel était couverte de nuages noirs. A l'Orient, se succédaient les éclairs avec un grondement incessant de coups de tonnerre encore étouffés. La brise soufflant sur ses bras nus fit frissonner Po ; il respira l'odeur de la terre humide qui montait jusqu'à lui. Un premier nuage lécha la lune : une ombre s'allongea sur les champs et les monts. La lune fut avalée. Le paysage disparaissait : seuls, çà et là, des feux ; et des éclairs, sans arrêt.

Po ferma la fenêtre et s'avança à tâtons vers son lit. Les coups de tonnerre se rapprochaient. A nouveau, il ne pouvait dormir : épuisé, en sueur, il chercha à tâtons dans la poche de son habit — posé sur un tabouret — une minuscule statuette du Bouddha, en ivoire, que lui avait offerte le moine Tu, l'amant de la nourrice, lequel prétendait l'avoir fait bénir dans un monastère tibétain. Il s'agenouilla sur son lit, leva les mains et, serrant entre ses doigts le petit Bouddha, tandis que des larmes d'enfant coulaient sur ses joues, il l'invoqua avec ferveur pour qu'il l'aidât, en lui apportant la paix avec le sommeil : sans quoi la foudre risquait vraiment de le réduire en cendres pendant qu'il épancherait son désir, ou les brigands de le tuer. Hélas, le fier Bouddha ne le délivrait pas ! La colère lui serra la cœur, il s'étendit de nouveau à plat ventre, blasphéma contre les mille Bouddhas, et lança un défi au ciel : qu'il le fît mourir s'il voulait !

Le coussin était le visage de Peng qui se laissait embrasser. L'enfant agita son petit corps trapu, emporté, agressif contre une ombre si douce à violer, dans un plaisir d'autant plus vif et bref qu'il l'avait retardé. Apaisé, il demeura dans une tranquillité interdite. Le sommeil allait venir maintenant, il venait déjà.

Il fut réveillé par des cris stridents. Il courut à la petite fenêtre, l'ouvrit : sous le ciel sombre, le paysage était coupé par les éclairs. L'incendie d'un pavillon teintait le parc du monastère. Les cris venaient de là : sur l'herbe gisait l'un des moines, dans une flaque de sang, et, penchées sur son corps, quelques moinillonnes hurlaient pendant que d'autres suivaient quatre brigands qui, en jurant, traînaient vers le feu deux moines chancelants, la tête entre les mains. Quand ils furent près des flammes, les brigands y poussèrent les moines qui tombèrent en hurlant. Po horrifié les apercevait : deux taches sombres au milieu du feu. L'un d'entre eux se releva tandis que brûlaient déjà ses vêtements et ses cheveux, il appelait au secours, et courut vers ses tortionnaires, en titubant et gesticulant, les bras levés, comme pour s'accrocher à l'un d'eux. Mais le brigand, en reculant, tira promptement, d'un étui rouge noué à sa taille, une épée, la souleva et la fit retomber sur la tête du malheureux, qui s'ouvrit comme une courge. Lentement, le moine glissa dans la flamme de son habit comme s'affaisse une voile. Les brigands s'écartèrent en riant.

Comme il sentait qu'il allait s'évanouir, Po, pour ne pas tomber à la renverse, posa sa tête sur le rebord de la fenêtre et ferma les yeux. Puis, en se soulevant, il hurla, comme pris de folie. Personne n'entendait sa protestation : les cris des religieuses l'étouffaient. Bientôt le ciel gronda si fort que l'air trembla ; les éclairs chassèrent l'obscurité ; de grosses gouttes de pluie battaient les tuiles et les feuilles. Tandis que les brigands couraient vers un abri, les religieuses, étendues sous la pluie, élevaient leurs lamentations sur les cadavres fumants et noircis.

Po écarquillait les yeux sur l'horreur insensée de ce monde : qu'ensemble, brûlés par les éclairs, la tempête les engloutisse ! Deux bras l'arrachèrent de là :

« Au lit, au lit ! Que fais-tu là ? »

C'était la voix de la vieille nourrice.

« Ce sont des choses qu'un enfant ne doit pas voir. »

Après qu'elle l'eut bordé et embrassé, il hurla :

« Va-t'en, éteins la chandelle ! Je veux rester seul ! »

Après quoi il demeura tranquillement étendu : la maison tremblait sous la violence du tonnerre, les éclairs ininterrompus lui permettaient de compter — une fois de plus — les poutres du plafond, vieilles amies qu'il passait toujours en revue avec affection. Il pensa que, parmi les moines tués, il se pouvait qu'il y eût Lao, le vieux bibliothécaire qui d'habitude lui prêtait des livres. Pour trouver l'obscurité malgré les éclairs, il se blottit sous sa couverture comme dans une tanière. En éclatant, l'orage lavait toute chose ; Po avait le sentiment que le ciel descendait, avec sa force surhumaine, pour nettoyer le monde de tant de fautes accumulées. Les coups de tonnerre s'éloignèrent, mais la pluie diluvienne continuait de tomber et Po se sentait poli comme un galet, sans plus aucun désir, toute bénévolence. Il pensa abandonner la maison paternelle et devenir ermite pour rechercher le Tao et sa paix : un accord avec tous, si serein et tranquille qu'il lui arrachait des larmes, rien qu'à y penser. Il éprouvait une grande pitié envers lui-même, envers les vivants en général. Il se serra dans une couverture et pendant que la lumière de l'aube entrait par les fentes des volets, il s'assoupit dans le silence d'après la pluie. Au moment où sa conscience sombrait, une grande joie l'envahit.

Les pierres lancées par les bandits au cours de leurs assauts répétés eurent bientôt enfoncé les fenêtres des étages supérieurs, si bien que, les soirs suivants, ceux des serviteurs qui n'étaient pas de garde derrière le mur, les servantes, les concubines, les blessés et toute la famille dormirent dans la cave. Po se retrouva assis sur les marches, l'une de ces nuits, à côté de Ting, une jeune servante menue et mélancolique, arrivée depuis peu. C'était une nuit d'inquiétude : on craignait l'irruption des brigands d'un instant à l'autre, il y avait eu des morts parmi les serviteurs, les blessés se lamentaient, et les espoirs de secours se faisaient chaque jour plus rares. Po, dans la pénombre, regardait Ting d'un œil enchanté ; et elle se tournait de temps en temps pour lui sourire. Soudain, dans un jeu plein de tendresse, et les yeux dans les yeux, ils se bouchèrent réciproquement les oreilles, pour ne plus entendre les cris des blessés ni le bruit des pierres.

Là-dessus, en haut de l'escalier, apparut le beau visage robuste du commis Zao descendant près de Ting qui s'était écartée sur la marche. Zao ne s'assit pas : en gesticulant, il se vanta d'avoir touché un cheval ennemi avec une flèche, attrapa la main de Ting avec une familiarité mêlée de badinerie et, en adressant à Po, qui l'enviait, un regard qui semblait vouloir dire : « Pourquoi restes-tu là ? », il tira à lui la servante en la faisant descendre sur une marche demeurée dans l'obscurité. Ils s'y assirent, et Po vit, avec une stupeur amère, Zao entourer d'un bras le cou de Ting puis l'embrasser rapidement sur la joue. Elle rit, se défendit, écarta le bras de son ami et se tourna vers Po toujours assis sur sa marche. Po l'entendit murmurer :

« Arrête ! L'enfant nous voit ! »

Une jalousie rageuse, mêlée à un sentiment d'infériorité, saisit Po, qui ne bougea pas. Les gestes du garçon lui semblaient outrageants, grossiers : mais il aurait bien voulu en faire autant lui-même. Il tâta sa poche, où il trouva l'un de ses petits couteaux. « Je le saignerai ! » pensa-t-il en serrant le manche.

Presque tout de suite, Zao dut retourner au grand portail central, qui craquait sous un nouvel assaut. Po souhaita le voir mourir. Il descendit au bas de l'escalier, d'où Ting n'avait pas bougé, et y resta en lui lançant des regards malheureux.

Les brigands et les paysans rebelles forcèrent enfin la grosse porte, mal protégée par les serviteurs, et imposèrent aux Li la taille. A partir de ce moment-là, Po eut d'autres choses à faire. Comme son père Li Cheng, hautain, tergiversait et proférait des menaces, il fut frappé sur la tête par le chef des brigands : doucement, avec un bâton plutôt petit, et somme toute avec délicatesse. Mais, susceptible comme il était, il pleura de honte, et se cacha au fond d'un couloir sans issue. Regardés avec une horreur méprisante par les gens de la famille, les bandits, en attendant les sacs d'argent, se pavanaient à travers la maison, y exhibant leurs cottes vertes et leurs cuirasses dorées. Les sacs devaient être envoyés de Ch'ang-tu par certains parents qu'avait prévenus un serviteur.

Or, tandis que les autres Li juraient et, comme il se doit, s'arrachaient les cheveux, Po semblait indifférent. Sous le portique de bois, il regardait la cour où les chevaux blancs sans mors et les ânes des rebelles broutaient, avec les fleurs, les précieuses plantes naines : les pins tors, les chênes ventrus moins hauts que lui, entretenus depuis quatre cents ans à la grande envie des voisins. Les serviteurs qui avaient défendu la maison, couchés et entassés dans le jardin, liés les uns aux autres par les mains, marquaient de leurs blessures les fleurs blanches et bleues.

Po imaginait ces pattes de cheval et ces blessés dans la grande cour de la Paix céleste, à Ch'ang-an. Son père, caché dans sa chambre, un mouchoir trempé de vinaigre sur la tête, était l'empereur T'ang fait prisonnier. De nombreuses années plus tard, à la cour, Li Po raconterait ces fantaisies infantiles à Hsüan-tsung, l'empereur artiste en rirait de bon cœur et écrirait à ce propos la chanson : « Quand Li Po enfant m'emprisonna dans ses rêves... » Souverain sans honneur, Li Cheng abdiquait en faveur de son fils (la chose n'était-elle pas quelquefois arrivée au cours de l'histoire millénaire de la terre de Ch'in ?) et Li Po, sous le nom de l'Empereur bleu, rétablissait le prestige impérial ; il devenait l'ami de tous — les brigands joyeux et barbus passaient à son service. N'empêche que, pour le moment, ces paysans sales exagéraient, en mangeant et vomissant partout dans la maison.

Les brigands, des cœurs simples, lui rendaient sa sympathie. Quand ils voyaient pointer à une fenêtre la tête d'un des Li, ils faisaient des yeux méchants et tordaient la bouche. Mais ils traitèrent avec une sollicitude respectueuse cet enfant de petite taillle, au visage rond, aux yeux écarquillés, au nez un peu écrasé, à la grande bouche moqueuse, qui allait et venait, intrépide, parmi les pattes des chevaux, la tête en l'air, majestueusement silencieux et contemplatif, comme dans le portrait que fit de lui, cinq cents ans plus tard, le peintre Liang K'ai de la dynastie Sung.

« L'enfant fou n'a peur de rien », nota la servante Liu.

Et une religieuse bouddhiste de passage prédit que cet enfant-là deviendrait un grand général de l'empire.

Po n'avait pas peur parce que toutes ces figures — les chevaux pie, les soldats ricanant dans leurs manteaux rouges à boutons d'argent, les paysans qui sautillaient comme des fourmis furieuses parmi les grandes pierres trouvées au jardin, découpées comme des lambeaux de nuages — étaient pour lui les fragments chaotiques d'un cauchemar sur lequel il lui revenait de tisser des rêveries à la fois plus harmonieuses et plus réelles.

Lorsque, un des premiers soirs, il entendit les cris désespérés de sa mère et des concubines violées, çà et là, dans les chambres intérieures, sur le plancher de santal, par les brigands qui avaient découvert l'entrée des caves, il accourut sur ses jambes courtes, et depuis le seuil, immobile, vit l'un de ces géants revêtu encore de sa cuirasse, mais les fesses nues et poilues, s'agripper violemment à sa mère, justement à elle, étendue sur la natte. Deux autres bandits, en tirant sur ses pieds estropiés, maintenaient les jambes blanches de la femme ouvertes, et elle criait, et celui qui était sur elle, qui l'écrasait contre le plancher, avec son membre violacé qui parut énorme à Po, un membre dont les veines semblaient près d'éclater, on eût dit qu'il faisait tourner une meule, pendant qu'il allongeait ses jambes et ses pieds d'où pendaient ses pantalons verts et que les muscles de ses cuisses se contractaient frénétiquement : tout à fait comme Po avait vu faire, sur la grève du Chi, à un chat sauvage monté sur la chatte grise, avec cette différence qu'elle, la chatte, restait tranquillement couchée, faisant tourner ses yeux jaunes, un peu éblouie par le soleil.

Po ne fut pas autrement angoissé d'assister à cette nouvelle fantaisie des grands, et quand la chose sembla se conclure, l'homme hors d'haleine haletant comme un soufflet dans l'oreille gauche de sa mère qui s'était calmée, il revint sur ses pas tout doucement, afin qu'aucun de ces stupides adultes ne s'aperçût qu'il avait tout vu et tout compris. Il pleura, en revanche, lorsque deux bouviers ivres, se soutenant l'un l'autre, ouvrirent tout grand la porte de la cage dorée qui se trouvait dans la cour des saules, en laissant fuir tous les oiseaux, puis renversèrent la vasque aux poissons rouges, dont l'agonie empourpra l'herbe.

Durant cette période, Po, qui était le préféré des servantes, fut choyé dans leur chambre où il avait été couché dans un grand lit : il y était comme un prince mongol dans son harem. La timide émotion qui l'avait saisi deux ou trois nuits plus tôt le retint de s'approcher de Ting la silencieuse, la menue. Avec Liu, une servante joyeuse et épanouie qui le laissait entrer dans son grand lit pour se réchauffer, il se sentait au contraire tranquille, heureux, sans nulle crainte. Ting et les autres filles dormaient un peu plus loin : avant de s'endormir, elles se caressaient tendrement tout en gémissant de plaisir et riaient doucement pour que la maîtresse ne les entendît pas. Po n'osait pas regarder de ce côté-là. Liu, pour sa part, enlevait sa tunique et restait nue, assise sur son lit : il voyait ses hanches larges, blanches, ses cuisses, solides comme de grandes courges, qui se serraient autour d'un peu de poils. Quand elle se rendait compte qu'il la regardait, elle lui riait au nez. Mais ensuite, sous la couverture, elle lui prenait les pieds et les réchauffait entre ses cuisses, si bien que Po essaya d'épancher sur ses hanches le désir accumulé pour Peng. Un matin, trouvant sa jambe droite mouillée comme de colle, Liu dit à son amie Ting, pendant qu'elles s'aidaient à se laver dans le bain des servantes :

« Notre petit maître est devenu un homme ; à neuf ans ! Il est bien précoce ! Hier soir, comme je dormais, j'ai senti sa petit tige de jade toute droite en silence contre mes fesses ; mais, dans mon demi-sommeil, je n'ai pas réussi à bouger. Et voilà qu'il a perdu de la semence. La chose m'a tellement excitée que moi, je suis allée sur lui, je l'ai mordillé et léché pendant qu'il dormait. Maintenant, il est dans son lit, en train de fixer le mur, silencieux comme si la religieuse bouddhiste lui avait jeté un sort. Ce n'est pas général qu'il va devenir, celui-là, mais séducteur de femmes, le petit singe : un amateur inépuisable, comme Chao Yen. »

Quand elle l'aida à s'habiller, elle lui dit, en l'embrassant sur le ventre :

« Tu sais déjà en faire, des choses, avec ton joli zizi, hein ? Petit singe ! »

Po rougit jusqu'au nombril et feignit de ne pas comprendre. Il était vidé, déçu, comme quand ses rêveries héroïques se perdaient dans l'orgie effrénée des possibilités. (Ensuite, pendant des années, il s'amusa encore avec Liu sans plus connaître les souffrances d'amour. Trop d'autres choses dans le monde occupaient son attention.)

Plus tard, il descendit, comme le jour précédent, pour bavarder avec un nouvel ami, Tao, un géant tranquille, qui s'occupait de la cuisine des bandits. Il sortit sur le sentier pour regarder gaiement les paysans rebelles qui, tandis que les serviteurs fidèles se désespéraient, pillaient les champs des Li et regroupaient les troupeaux de buffles pour les emmener.

Un beau jour arrivèrent, sur un char tiré par deux buffles et escorté par sept serviteurs armés jusqu'aux dents, les sacs d'argent réunis par les Li de Ch'ang-tu. Alors, le chef des brigands, le célèbre Lao Nun, le visage plus rouge que de coutume, et grave à cause de l'effort qu'il devait faire pour trouver les mots justes, s'inclina devant Li Zheng, lequel, assis, l'air sévère, avec ses rares cheveux gris dressés sur les côtés de son crâne bosselé, semblait avoir vieilli de vingt ans. Comme un brigand qui se respecte doit faire, lorsque tout s'est réglé le mieux du monde, Lao Nun remercia le maître de céans pour sa généreuse hospitalité, et lui présenta des excuses pour le dérangement qu'en profitant de celle-ci il avait pu occasionner. Bien qu'il affichât encore un air courroucé, le bon Lao Nun était tout content de n'avoir plus à effrayer son monde en faisant les gros yeux et de pouvoir se permettre des gestes de gentilhomme. Il essaya d'exhiber sa culture — fils de propriétaire pauvre et sans recommandation, il avait échoué aux examens de littérature : mais échoué injustement, mugit-il : refusé trois fois, toujours à cause d'ignobles intrigues et de l'habituel favoritisme : c'est pour cela qu'il était devenu brigand — et il récita en passant, outre quelques sentences tirées des *Quatre Livres,* en remuant les bras et transpirant comme s'il conduisait un assaut, une poésie de Ch'ü tuan, de l'époque des Royaumes combattants.

> Mon âme, reviens
> aux joies infinies,
> accueille ce qui te plaît ;
> jouisse une fois encore le gourmet :
> perches de Perse venues bouillies,
> matelote de lapin...

Tout en se léchant les lèvres, Lao Nun perdit à cet endroit le fil.

Les brigands avaient chargé les ânes, prêts à repartir. Et après que le martèlement du sabot des chevaux se fut éloigné dans la plaine, derrière la poussière qui s'était élevée jusqu'à voiler le soleil au couchant, quand déjà tout le monde à la maison regrettait en secret qu'on s'enfonçât à nouveau dans l'ennui provincial, le petit Li Po, tout en essayant de tendre l'énorme arc que lui avait offert son ami Tao avant de partir, composa, c'est désormais attesté, sa première poésie, du moins la première à nous être parvenue. Une heure après, pendant qu'il faisait ce qu'il avait l'habitude de faire une fois par jour dans la chambre aux vases fétides — il semble que la position sur le vase lui fécondât l'esprit —, il la reprit et la transcrivit sur une feuille d'album :

> Dans la cour, les chevaux des envahisseurs avalent les pétales jaunes.
> Dans la maison des Li, les paysans rebelles vident déjà les outres,
> et le vin recraché s'épand sur le bois de santal.
> Dans le jardin, ne chantent plus les oiseaux : des mains cruelles ont ouvert au soleil la grande cage dorée : plus de chants, partout des cris, des coups brutaux.
> Un démon au sabre roux dans la chambre ombragée, part à l'assaut du sein tombant de madame Li.
> Dans le couloir sans issue, les serviteurs les plus anciens, plus fidèles,
> font des massages à la pauvre tête du sieur Li ;
> lui, vaniteux comme il est, n'ose plus, mains sur les hanches,
> contempler majestueux les portraits d'ancêtres, dans l'angle,
> et ses fils, le visage couvert de poussière, accusent :
> « Pourquoi, le plus petit des Li, Po le stupide,
> honte de la famille, quand la maison est envahie
> par des dragons de feu, dans l'alcôve de nos servantes
> s'éjouit, sa tige de jade dressée

contre le cul tiède et vorace d'une domestique sans raison ?
N'est-ce pas là un crime contre les lois célestes ? »
Et regardent de travers l'enfant, seul et tranquille, qui de sa fenêtre sur le toit, contemple les montagnes blanches, toujours égales, par-delà la cour en ruine et les champs des Li. Et Li Po ne se sent plus fils du très somnolent Cheng, mais d'un dragon lunaire.
Dans une ville fleurie, sur les nuages,
par-delà les monts enneigés,
un cheval aux ailes de grue l'a transporté.

Il ne fit lire ces « vers » à personne, sauf à son grand-père. Tout autre l'aurait accusé de sacrilège pour avoir trahi les règles de la piété filiale. Une dizaine d'années plus tard, il les montra, parmi des poésies diverses, à son ami l'ermite Tien Ti, avec lequel il vivait alors sur les pentes du Pic Solitaire.

Tien Ti s'exclama :

« Très cher Po, tu es un poète merveilleux ! Un nouveau T'ao Ch'ien ! Je suis fier de toi, et t'aime plus que jamais. Tu es bien mon adoré, ma verge ! »

(En fait, même retiré sur le Pic Solitaire, Li Po écrivait, prévoyant les jours où il reviendrait dans le monde pour y chercher la futile gloire littéraire, car il savait qu'aucune condition, pas même celle — béate — d'ermite, ne dure sans nous ennuyer !)

Aux siècles suivants, les commentaires savants n'accordèrent pas autant de louanges à ces poésies de jeunesse. Le lettré Tung Pa, de la dynastie Sung, dans son *Commentaire aux vomissements précoces de Li T'ai-po,* jugea que ces vers péchaient quant à la métrique et qu'ils étaient prétentieux. Il releva pourtant qu'on saisissait en eux déjà les tendances taoïstes et anticonfucianistes du poète, sa précoce indifférence envers les choses jugées importantes par la plupart, son heureux mélange de fidélité au réel et d'audace fantastique.

Tung Pa, philologue astucieux, y décela même le germe de certains thèmes récurrents dans toute la poésie de Li Po :

— le thème du vin et de l'ivresse,
— celui du chant des oiseaux,
— celui du dragon,
— celui de la lune,
— celui des montagnes.

Relevant ensuite l'usage scandaleux du caractère moderne ⊕ (cul) dans une poésie de style antique, Tung observa que, en cela aussi, s'annonçait le futur Li Po, le jouisseur sensuel, le contempteur des règles humaines et célestes : « Ce qu'on ne pardonnerait pas à un vulgaire moderne, concluait-il, on le concède là au génie. »

2

Ce que Li Po apprit de son grand-père

Selon le *Chieh-tzu yan hua-chuan,* un vrai lettré est tout à la fois un poète et un peintre.

Li Po, pour sa part, peignait de temps en temps, ajoutant dans un coin de la soie des vers d'une écriture extravagante. Parmi ces peintures, il en est une qui présente un intérêt biographique — une copie tardive nous en est parvenue —, intitulée : *En écoutant les cigales.* Une montagne aux contours indécis tient lieu de fond : un arbre et quelques bambous s'élèvent autour d'un abri, sous lequel un vieil homme est à demi couché ; la tête soutenue par un de ses bras replié, il regarde le paysage ou bien écoute d'invisibles cigales. L'abri est entouré d'une palissade avec une petite porte en bambou, par laquelle entre un lettré.

Celui-ci, d'après ce que raconte Hsia Mu dans sa *Vie et Éloge de Li T'ai-po, l'Immortel en exil,* n'est autre que le poète lui-même, qui imagine ainsi répéter en adulte un geste que tant de fois il avait accompli enfant quand, l'été, il montait jusqu'à la retraite de son grand-père sur la colline des Érables. Le vieil homme à demi couché serait précisément Li Ta. Et dans l'un des coins de la soie, il est écrit :

A Chang-ming, il y a trente ans,
le vieux Li Ta écoutait
par un juillet ensoleillé
chanter les cigales.
Ores avec lui je les entends

et Chang-ming, tel qu'il était,
par un juillet ensoleillé
à chaque crissement de cigale...
du temps que j'étais enfant.

Le vieil homme vivait pendant l'été en ermite sur la colline, se nourrissant de fruits sauvages et passant la nuit dans les érables quand il entendait rôder des bêtes féroces aux alentours ; il consentait, à la mauvaise saison, à vivre dans la maison de Li Cheng, mais dans le logement chaud de la dernière cour à côté des cuisines, et n'entrait même pas dans les appartements de son fils pour les repas : il mangeait dans la cuisine avec les serviteurs.

Tout petit, alors qu'il tient encore à peine debout et qu'il doit s'agripper à chaque pilier de la palissade, Po, quand les femmes ne le lui interdisent pas, arrive à la porte du vieil homme ; là, immobile sur le seuil, il regarde son grand-père qui écrit, debout devant un pupitre qu'il s'est fabriqué lui-même en encastrant obliquement une table sur un pal piqué dans le sol. Papa Cheng, lui, quand il écrit, est assis dans un fauteuil. Mais le grand-père dit que c'est contre-nature ; est-ce que les singes ont besoin de chaises ? Et puis Li Cheng, qui est toujours assis à pondre des décrets et à flanquer des impôts aux pauvres, a un ventre de glouton qui flotte comme une citrouille sur deux brindilles rachitiques.

En prononçant à haute voix chaque syllabe et approuvant avec des signes de tête ce qu'il se découvre savoir — c'est uniquement de cette manière qu'il réussit à penser —, Li Ta grave ses feuilles de larges paraphes.

« Il ne trace pas des caractères mandarins mais des coups de griffes de coq, le vieux fou ! déclare Li Cheng à Po. Il n'a jamais passé les examens d'État. Dès l'enfance, il a vécu en vagabond ; c'est le déshonneur de la famille. Laisse tomber !

— Il n'est pas fou », proteste Po.

Son papa Cheng et sa maman sont toujours nerveux, affairés, tandis que le grand-père est tranquille comme un chat et traite Po en égal, sans bêtifier comme font les grandes personnes avec les enfants. Le grand-père ne s'occupe pas des autres et explique à Po qu'il faut vivre comme font les sages animaux, heureux de la nuit et du jour, du soleil et de la neige ; respirer comme eux, observer, baiser quand l'occasion se présente. Selon le dicton — Être vivant : la joie des Immortels n'est pas différente. « Ainsi vécut, dit le grand-père, Lao-tzu qui fut copiste pendant cinquante ans dans l'école de son village et refusa au moins trente fois une promotion de bibliothécaire, jusqu'au jour où il partit sur sa vache et, avant de se perdre dans la forêt, écrivit le livre du Tao, uniquement parce que, sans cela, le douanier ne le laissait pas traverser la frontière. C'est ainsi qu'ont vécu les premiers habitants de la terre de Ch'ín et de Ch'u, quand il n'y avait ni chefs, ni fonctionnaires, ni distinction entre ce qui est à toi et à moi, ni sentiers, ni chars, ni ponts, ni barques : les femmes n'étaient pas des épouses, les enfants connaissaient leurs mères mais pas leurs pères, les humains et les animaux collaboraient et se partageaient les fruits de la terre. »

Le vieil homme écrit un traité hermétique, on ignore pourquoi et pour qui. A Po, bien qu'il n'y comprenne à peu près rien, ce traité semble être une action plus digne que toutes celles qu'il voit faire chez lui ou au village à grand renfort d'ordres hurlés, de coups et d'efforts serviles.

Po attend que son grand-père se détache de son pupitre et l'emmène. Mais quelquefois, dans le silence de l'après-midi, la voix éraillée ânonne des refrains jusqu'à ce que le soleil se couche, immense sur l'horizon, et que la lumière, entrée jaune par les grandes fenêtres, embrase de lueurs pourpres les vitres de la crédence où le vieillard cache les rares livres qu'il a dérobés lors de ses voyages, dans quelques bibliothèques de campagne : il les garde sous clef, comme son seul trésor.

Quelquefois, Po le découvre devant la crédence, le regard

plein de visions confuses, occupé à ranger ses livres ; sur quoi il enfonce ses oreilles dans ses épaules, secoue sa tête comme s'il voulait la détacher et rit vulgairement. D'autres fois, s'il fait froid, le vieillard se recroqueville dans son lit, sous le duvet, en tenant ses genoux sur son ventre, et crie : « Ce n'est pas une vie. »

Le soir, Po regarde son grand-père, muni de ciseaux et d'une lanterne, tailler dans le jardin les plantes — la taille après le coucher du soleil, assure le *Chieh shih-chu chai* ou « Jardin des dix bambous », renforce les esprits végétaux — pendant que, dans les buissons, les grillons chantent et que les épaules, les cheveux de Po, se mouillent de rosée. L'été, quand papa Cheng est en voyage, Po peut dormir par terre à côté du vieil homme qui ronfle dans sa cabane, au fond du bois : on entend les bêtes crier si fort pendant toute la nuit qu'il semble qu'un assaut se prépare.

Chaque jour, le vieil homme monte à grandes enjambées vers le sommet de la colline. Changeant tout à coup de rythme, il galope trois ou quatre minutes, pour donner libre cours à ses forces vitales, puis il reprend son pas habituel ; ou encore il monte sur son âne. Po le voit rentrer après le coucher du soleil, détaché sur le ciel, passer dans la cour à califourchon sur Hia, l'âne noir, et se laisser bercer par le mouvement, heureux, les mains croisées sur le ventre, sans tenir la bride. Quand il glisse du dos de la bête, il répand autour de lui une odeur de bois et tend à Po des fruits sauvages.

Quelquefois, il prend Po sur l'âne avec lui et, ensemble, ils montent en empruntant des pentes escarpées jusqu'à ce que le village soit tout petit au-dessous d'eux et que, de ses bruits, n'émergent plus que de rares appels. Étendu sur l'herbe, Li Ta apprend à Po à reconnaître chaque feuille, et lui explique comment les fleurs se rencontrent et se reproduisent, comment dans chaque poignée de terre des milliers de petits animaux murmurent et jouissent ou même se mangent les uns les autres, sans être préoccupés par la mort.

Tandis que le grand-père plonge son visage dans l'herbe, Po court, revient, pose des questions, grimpe sur les amandiers, les néfliers. S'il tombe et se blesse, le grand-père rit si fort que Po ravale ses larmes, nettoie avec sa salive la terre de ses écorchures, et repart à l'assaut d'un poirier. Le grand-père indique la direction dans laquelle, au-delà des collines et des montagnes bleues, doit se trouver Ch'ang-tu, le chef-lieu du Szuch'uan, et plus loin le palais abandonné de Lo-yang parmi ses jardins devenus maintenant sauvages, et Ch'ang-an, la nouvelle capitale.

Quand, le soir, se tenant par la main, ils reviennent vers la maison qui blanchit parmi les érables rouges, ils s'arrêtent sur le sentier pour parler aux paysans : il y a là des jeunes gens chargés de paniers, des femmes qui portent en équilibre sur leur tête des gerbes d'herbes, des vieillards qui tirent la corde d'un couple de bœufs attelés, des hommes qui rentrent, la bêche sur l'épaule, et, rencontrant leurs maîtres, s'arrêtent volontiers pour parler.

Ou encore, Li Ta et Po descendent au bord du torrent, là où le Chi se précipite entre des blocs formant une gorge, ramassent des framboises parmi les épines ; l'eau gronde en cascade, des grenouilles sautent, les pas résonnent dans l'herbe épaisse, les branches se balancent dans l'eau ; des groupes de buffles qui rentrent des pâturages s'arrêtent pour regarder, bienveillants, ces humains descendus sur la grève, et puis ils repartent en rang.

Plongés dans l'eau, Li Ta et Po pêchent à la main en saluant de cris chaque prise. Sautillant sur les cailloux, grand-père disparaît dans le torrent ; Po s'étend sur le sable et regarde le ciel. Une trouée d'azur tendre s'ouvre entre les bambous ; y passent des nuages légers. Le vent les emmène dans la direction que le grand-père a indiquée comme celle de Ch'ang-an, au-delà des montagnes ; c'est là, à la cour, que des dignitaires, des lettrés, des dames aimables, cultivées, et leurs très douces filles expertes en citations, accueilleront Po un jour et goûteront ses vers, et chuchoteront d'appartement en appartement, à coup d'amoureux murmures et de bruissements de manches, que ce Li Po, de la souche des Li, qui vivait inconnu de tous dans le Szuch'uan, s'est montré, déjà tout jeune homme, un poète supérieur à T'ao ch'ien.

Le grand-père interrompt les rêves de Po pour lui raconter sa vie, une fois de plus.

« Quand j'avais ton âge, petit rat, notre famille qui, aux dires de cet endormi de Cheng, est si ancienne, allait souvent au lit l'estomac vide... »

Le père du grand-père, le sieur Li Meng, était un jouisseur, un joueur célèbre dans les maisons de plaisir du Szuch'uan. Il avait l'estomac et les testicules trop vigoureux pour pouvoir s'appliquer à l'étude ; si bien qu'à Lo Yang, le professeur Chin-Pai l'avait chassé de la salle d'examens à coups de bâton. Désœuvré, inconscient, Li Meng dépensait sans compter, tandis que la propriété rendait de moins en moins : en ce temps-là, les brigands infestant la région avaient réussi à soulever une révolte paysanne qui, jamais domptée par les troupes envoyées à cette fin sous le commandement du docte et accommodant général Wang, ne s'apaisa que par épuisement interne, bien des années après. Dans ce remue-ménage, le sieur Li Meng avait su conduire allègrement sa barque mais en se compromettant avec les brigands. Et sa femme, qui était tombée amoureuse d'un gigantesque et loquace chef de bande, l'avait suivi dans les montagnes au moment de la retraite. Li Meng, qui s'était disputé, dans un mouvement d'orgueil compréhensible, avec ce fanfaron, n'avait, pour embêter sa femme, pas accepté sa protection et était demeuré chez lui. Or, les autres propriétaires n'avaient pas tenu compte de l'éminente dignité des motifs qui l'avaient fait rester à leur merci et, par une aube brumeuse d'été, alors qu'il rentrait à cheval d'une maison de plaisir sur la route de Ch'ang-tu, un pauvre paysan, à qui en échange on effaça une dette, l'avait tué à coups de bêche. Qu'avait donc fait Li Meng ? Selon les propriétaires, il avait tenu grand ouvert le sac où les brigands entassaient leurs propres dépouilles. Lui, cependant, avait toujours soutenu n'avoir été qu'un simple médiateur, un négociateur : non sans en retirer quelques profits, évidemment. Les gens, c'est bien connu, rendent mal le bien qu'ils reçoivent.

C'est ainsi que Li Ta enfant s'était retrouvé sans père ni mère. Des serviteurs fidèles le conduisirent chez un parent, qui l'exploita comme garçon à tout faire dans son potager. Mais lui, ne supportant pas d'être commandé, prit la fuite : alors, de monts en vallées, il fit le tour du monde civilisé appelé Chine ou Empire du Milieu, des cîmes glacées du Septentrion aux terres brûlées du Midi, des nuages marins du Levant aux déserts de sable d'Occident. Dans le recensement de l'année 650, il fut enregistré comme contumace : « Li Ta de Chang-ming, fils du défunt Meng ; condition : présumé vivant ; activité : fuyard. »

En passant d'un métier à l'autre, parce qu'il avait une passion pour les vieilles comédies et les chansons populaires, et qu'il était séduit par la vie errante, il finit par devenir auteur comique, chanteur d'opéra, joueur de *pi-pa* et, à l'occasion, prestidigitateur, saltimbanque, conteur sur les marchés ou dans les cours d'auberges : après quoi il faisait le tour du public, une soucoupe à la main.

Comme il fréquentait les plus étranges compagnons de voyage, il se fit une culture populaire et philosophique : hôte pendant l'hiver de quelques propriétaires amateurs de théâtre classique qui s'ennuyaient, il apprit, pendant les journées de neige et de silence, à lire, en puisant dans la bibliothèque plus ou moins riche que chaque nobliau de campagne possédait. Le matin du départ, il emportait quelques volumes, comme pour remercier de l'hospitalité : il n'était pas voleur, mais il n'avait pas le choix : à l'époque des T'ang, les livres coûtaient trop cher.

Les T'ang — la famille impériale — portaient, eux aussi, à l'origine, le nom de Li. Parvenus au pouvoir avec la guerre civile de 618, ils avaient refusé pendant longtemps aux nombreux Li de l'empire le droit de revendiquer une parenté avec eux. Mais les branches riches de la famille, dispersées çà et là dans le pays, ayant acquis de l'influence à la cour, étaient constamment sollicitées par des parents pauvres, qui revendiquaient comme un droit au mieux-être le simple fait de porter le même nom que la dynastie impériale. Ces postulants, pour la plupart, arrivaient mal en point, de loin, et il fallait au moins, selon l'usage, les héberger un peu. Si bien que les Li influents obtinrent à la fin de l'empereur que, non à tous les Li de l'univers — ils étaient vraiment trop nombreux —, mais au moins à ceux qui pouvaient prouver avoir eu des gentilshommes parmi leurs ancêtres, fussent assignés soit une charge, soit un lopin de terre. C'est ainsi qu'on avait attribué à Li Ta la charge d'écrivain communal du bourg de Fang-yen, dans la région méridionale du Hunan.

Suivit un épouvantable voyage hivernal à dos d'âne, au cours duquel il jura à chaque bosse de la route contre ceux qui l'obligeaient à recevoir pareil bienfait. Arrivé dans ce village reculé où la peau des gens tendait vers l'olivâtre et le barbare, il dut passer un uniforme violet avec des écussons, et écrire lettres ou suppliques pour les analphabètes du coin ; or, analphabètes, ils l'étaient tous.

Dans l'unique pièce qui composait son bureau, une vieille cabane aux murs suintants, sur la place de la mairie, il planta son pupitre, ferma la porte avec une targette, et refusa de l'ouvrir quand quelqu'un frappait. Jusqu'au jour où il se convainquit qu'il était investi d'une responsabilité publique : alors, dans son uniforme violet, il monta sur le toit de la cabane et commença à tenir à ce peuple olivâtre de longs discours. Il semble qu'il fit des assertions étranges, scandaleuses, illégales, du moins aux dires du capitaine de la garnison, un dénommé Chong, expert en histoire patriotique. Il alla — le loup, même déguisé en agneau, reste toujours un loup — jusqu'à jouer, pour illustrer ses propos, en dansant sur le toit, des passages de comédies. Les paysans restaient là bouche bée, puis s'éloignaient en secouant la tête. Leur dialecte était différent du sien et, dans la fougue de son discours, ils ne saisissaient pas grand-chose. Pourtant, l'un d'eux, une fois, hurla on ne sait quoi. Et puis les mendiants, les serviteurs en fuite, d'autres désœuvrés de même espèce, assis sur les trottoirs, l'écoutaient avec plaisir. Il arriva même que l'un d'entre eux applaudit et rit, troublant de ce fait l'ordre public. La dignité de la charge s'en ressentait. Si bien que M. Chong, le capitaine, prit un jour son courage à deux mains, entra dans la cabane de la poste, et pria Li Ta de surseoir, oui enfin, s'il vous plaît, à de semblables actions car lui, qui avait lu Szu-ma Ch'ien, pouvait le dire : elles n'étaient pas prévues par le règlement.

« Si cela vous fait plaisir, l'ami ! répondit Li Ta. Pour moi, peu importe.

— Mais où vouliez-vous en venir, s'enhardit le capitaine, en prenant cette initiative ?

— J'obéissais à une impulsion du cœur. »

Le capitaine fronça les sourcils ; mais l'affaire était réglée. Li Ta ne monta plus sur le toit et le village fut rassuré.

Un indigène parvenait quelquefois à entrer timidement dans la cabane pour se faire rédiger une pétition, afin que l'autorité supérieure réparât l'injustice de quelque fonctionnaire local. (Dans cet empire bien organisé, tout le monde avait le droit de protester contre les abus de pouvoir, quitte à trouver ou ne pas trouver écoute et justice, suivant les relations et le grade de celui contre qui la plainte était déposée.)

Li Ta s'engageait lui-même dans la forme qu'il donnait à ces lettres de dénonciation, élaborant un discours rempli d'inventions personnelles et y ajoutant même des dessins satiriques — par exemple, des fonctionnaires en train de satisfaire leurs besoins corporels — et il signait : « Li Ta de Chang-ming, maître naturel du peuple de Fang-yen, bourg situé près du marais homonyme, composa et rédigea d'une main experte, pour le compte de tel paysan, le jour de la telle lune, de la telle année de l'impératrice Wu-hou, à l'heure du rat assoupi. »

L'ennui est que semblable procédure n'était pas admise par le protocole ; et le haut personnage destinataire, remuant les lèvres de perplexité, jetait au panier la réclamation. Les paysans de Fang-yen murmuraient. Et les supérieurs de Li Ta — tous les employés municipaux étaient ses supérieurs hiérarchiques, sauf le balayeur du canton —, après lui avoir fait d'inutiles reproches, le traduisirent devant les autorités compétentes. Le dossier voyagea et, au terme de quelques années, arriva entre les mains du gouverneur du Hunan en personne, le mandarin Pang Nan-Fu, qui était un savant, amateur de musique ou plutôt de percussions : venant du Nord, il haïssait la région perdue qu'on l'avait envoyé gouverner.

Il convoqua Li Ta au palais du gouvernement, dans la ville de Fang-fang-tung. Quand il vit devant lui cet étrange personnage, et quand on lui rappela — il n'avait aucune mémoire des affaires — qui c'était, il lui ordonna de s'agenouiller selon l'usage. Li Ta le fit et se baissa maladroitement devant le mandarin tout bleu, qui, distrait, sursautait et chantait comme on sanglote un thème musical syncopé, tandis que, de la main droite, obstinément il tapait avec une baguette imaginaire, de façon rythmée, sur un gong.

Li Ta, en ricanant amicalement, se gratta les genoux et se releva sans y avoir été invité. L'un des horribles soldats de la garde le poussa aux épaules pour qu'il se remette à genoux. Li Ta tomba en avant, heurta du menton le sol, et, se relevant en se frottant, appuya ses épaules à l'une des parois.

Ainsi protégé, il tira la langue au soldat moustachu qui montra ses dents noires et sembla vouloir se jeter sur lui. Mais le gouverneur veillait : il n'avait pas souri et son visage était resté parfaitement lisse. Il demanda pourquoi diable, dans des suppliques prolixes sur des affaires archi-stupides, Li Ta écrivait autant de sottises ; puis, déroulant une feuille devant lui, il pencha la tête en arrière, car il était presbyte, et lut à haute voix des phrases insensées. Il leva les yeux et dit :

« Le papier parle ! Ces discours, mon garçon, te présentent sous un mauvais jour. »

Li Ta fit un clin d'œil, expliqua qu'il faisait exprès de montrer qu'un mot en vaut un autre, que celui-ci est celui-là, et que tout est le même, du moment que, comme dit Lao-tzu,

> Le Tao dont on peut parler
> n'est pas le véridique Tao,
> le nom qui peut être nommé
> n'est pas non plus le vrai nom.

Pang Nan-fu cessa de soulever et d'abaisser sa petite main grasse sur un rythme de percussion, s'agrippa à la tête du dragon qui tenait lieu d'accoudoir à son fauteuil, et se pencha en avant.

« Ça, je le sais, dit-il, je ne suis pas un bouseux de Fang-yen ! Mais considère, mon fils, à quel point tu es sonné ! Tu confonds la théorie et la pratique. Le monde devrait tourner comme disent les sages ; mais en pratique, il tourne complètement à l'opposé, mon cher. C'est dans la conscience de cela que réside la différence entre le fou et le sage, qui a aussi des pensées folles — seul l'idiot n'en a pas —, mais les assouvit en rêve ou en privé, peut-être avec ses femmes et ses concubines, tandis qu'il laisse les choses du monde extérieur suivre leur cours. Et si tu ne criais pas maintenant très fort que tu es fou, tout finirait très mal pour toi ! Parce que je devrais proclamer que tu es un saboteur glissé dans l'administration, un anarchiste. Tu es plus dérangé qu'il n'est possible à notre tolérante organisation de le supporter sans s'en trouver troublée. La montagne sait bien qu'elle ne pourra pas être entamée par la petite souris : dans sa sagesse millénaire, elle laisserait courir ; mais les paysans, les marchands et autres indigènes crasseux...

« Par Confucius ! Encore un moustique, cria-t-il, soudain agité, à ses serviteurs. Là ! Chassez-le ! Mais doucement, ne le tuez pas ! »

Un de ses serviteurs, le moustique entre ses mains jointes, ou peut-être feignant de l'avoir attrapé, descendit dans le jardin pour le déposer sur les poils d'un chien. Pang Nan-fu s'était calmé et continuait :

« Ces crasseux sont montés jusqu'à ma villa, souillant le seuil de leurs pieds sales, pour demander justice contre toi. Qu'ils protestent de loin, par une supplique écrite ! Nous, mandarins, sommes au monde pour aider les imbéciles à ne pas se faire manger par les rapaces. Mais que je doive sentir leur puanteur de porcherie chez moi, c'est trop ! Or que pouvaient-ils faire, les malheureux, si l'écrivain, toi mon cher, déformait à sa façon leurs suppliques ? C'est pour cela qu'ils sont venus m'interrompre, un jour où je composais de la musique, me gâchant toute une matinée. Remercie le ciel de mon scepticisme, partant, de mon indulgence, et que quelqu'un en haut lieu, plus haut que là où je m'assois, t'ait recommandé à cette place. C'est seulement pour cela que je ne te condamne pas à un joli lot de coups de fouet, et au pilori.

« Les fous ne me déplaisent pas. Mais ton comportement, tu comprends ?, jette le discrédit sur toute la catégorie des petits employés : ce pays-ci est une conquête récente et qui doit être gouvernée avec douceur. Le petit peuple ne saisit pas les nuances, il doit être excusé, mais le gros porc de commerçant les saisit encore moins. Ils ne savent pas que la mouche blanche, outre qu'elle amuse, met les règles en valeur, par contraste. Le peuple a un préjugé, une idée fixe, il veut partout la justice, l'équité : qu'on applique à tout le monde les mêmes mesures. C'est pourquoi le fonctionnaire doit être anonyme, sans fantaisie. L'ennui est notre destin.

« Toi, tu avances au gré de tes caprices. Tantôt tu en fais trop, tantôt tu ne fais rien. Et le peuple se sent frustré, dépossédé de son droit de se faire écrire des pétitions selon la règle : droit auquel il est attaché, même s'il n'en retire aucun avantage. Pour ces raisons, je ne puis te maintenir à ton poste. Je l'ai déjà fait écrire à l'honorable Li Yung de Ch'ang-an, ton bienfaiteur : tu es irrécupérable pour un travail régulier.

« Et maintenant, mon garçon, agenouille-toi et incline-toi devant moi. Non pour moi, moi je n'ai pas de vanité, je suis vieux ; mais ces serviteurs et ces soldats doivent voir que tout le monde me respecte, autrement ils se troublent. Et la surprise éveille des doutes, des questions. Regarde celui-là ! Son front commence déjà à se plisser, il est presque en train d'avorter d'une idée. Si je lui laisse le temps de l'enfanter, il commencera à me manquer de respect. Donc, baisse ta crête, agenouille-toi ! »

Or depuis un moment déjà, Li Ta entendait voler tout près un autre moustique ; en suivant du regard ses circonvolutions, il fit un saut, l'attrapa entre ses deux doigts, et l'exhiba triomphalement au mandarin.

« C'est toi qui l'as eu ! Bravo, le vieillard ! s'écria Pang Nan-fu. Tu as encore de bons yeux. »

Il réfléchit, puis proposa :

« Veux-tu passer à mon service comme chasseur de mouches ? Tu aurais l'honneur d'être dans mon entourage. Ou alors, je te procure une indemnité — pas bien grosse, car le coffre du gouverneur sonne creux — qui te suffira pour retourner chez toi, vers le nord, en direction de la vraie Chine ! Là, je t'envie ! Là-haut, à Ch'ang-an, on dirait qu'ils m'ont oublié. J'ai peur de pourrir ici jusqu'à l'âge de la retraite. Alors ?

— Je pars, trancha Li Ta.

— Bravo ! Tu es un homme libre. Embrasse ma pantoufle, choisis un âne dans mon écurie, et salue pour moi, quand tu passeras tout près, le fleuve Jaune et ses montagnes. »

Lorsqu'il apprit que son vieux père, après avoir dépensé tout l'argent de son indemnité, avait repris ses vagabondages de théâtreux, Li Cheng, devenu entre-temps fonctionnaire en service, à cause de Dieu sait quel privilège, dans la ville même de Chang-ming où il avait récupéré des terres de famille, décida, pour faire une carrière plus rapide, de démontrer à ses supérieurs et au peuple sa dévotion filiale : il invita le vieillard qu'il haïssait — en faisant le saltimbanque et en abandonnant ses enfants, Li Ta s'était, selon lui, déshonoré — à venir vivre dans sa maison. A la fin, Li Ta se laissa convaincre, attiré non par la possibilité d'un refuge mais par la nostalgie des collines natales.

Il avait eu Li Cheng, parmi d'autres enfants perdus, d'une religieuse bouddhiste chassée du couvent en raison de la légèreté de ses mœurs ; la compagnie errante l'emmenait en tant que sorcière : la nuit, lorsque la charrette de Thespis traversait des gorges escarpées, elle avait pour tâche d'éloigner les esprits par ses hurlements et les sons rituels du gong. Li Ta et la religieuse n'avaient pas abandonné leurs enfants par méchanceté ou manque d'affection — ils étaient tendres avec eux quand ils les avaient sous les yeux — mais parce qu'ils les perdaient de vue et, au fil des incidents de voyage, les oubliaient. « On perd aussi les choses les plus utiles : un parapluie, un béret », écrivit par la suite, sur ce thème, Li Po, qui semblait avoir hérité de cette grand-mère, qu'il ne connut jamais, une nette tendance à l'ivrognerie.

De riches parents, donc, avaient adopté Li Cheng, et le garçon, tatillon, obéissant, un peu poltron et espion, s'était fait bien voir de ces bien-pensants. Il avait étudié, étudié encore, peiné sur ses livres jusqu'au diplôme, puis il s'était préparé pendant des années aux examens de fonctionnaire. Il avait été recalé deux fois, mais la troisième, la famille avait graissé un peu les rouages, et il avait réussi. L'administration a-t-elle besoin d'intelligences prodigieuses ? Elle exige des bêtes de somme, non des chevaux de course. Li Cheng était travailleur, ambitieux, respectueux des formes, et il savait les exécuter avec scrupule. Sa nouvelle famille obtint pour lui la restitution par l'empereur des terres des ancêtres Li de Chang-ming, occupées depuis l'assassinat de Li Meng par des voisins. Moyennant quoi, dans la ville, Li Cheng était craint à cause de sa charge de magistrat, mais très mal vu. Nombreux étaient ceux qui attendaient sa première faute. Et il ne fit pas une grande carrière. Sur ses manières de gentilhomme, il y avait beaucoup à redire. Quand il citait un auteur classique, on pouvait se boucher les oreilles. Du petit poème qu'il avait élaboré pour l'examen d'État, maintenant accroché au mur de la pièce principale dans un cadre d'or, Li Ta aimait dire en riant que c'était une imitation pédante des anciens, avec autant de sensibilité « que dans le cul d'une vache ».

« Et la calligraphie, qui sait exprimer le caractère ? La sienne tombe toute d'un côté, comme un ours qui danse. La culture sied à l'endormi autant que le bât au mouton. »

Li Ta et Po parlaient souvent de leur tyran commun.

« Où est l'endormi ? Que trafique-t-il ? » demandait le vieil homme.

Ce matin, raconte Po, Li Cheng a fait son entrée dans la salle d'audience en habit vert de magistrat. Depuis l'aube, une délégation de marchands attend à genoux d'être reçue pour discuter d'un compromis sur les impôts. Mais Li Cheng, assis derrière sa chaise, les fait attendre dans l'antichambre pour les intimider. Et pendant ce temps, il s'ennuie. Il convoque l'intendant et, tout en rongeant son pinceau, lui pose des questions sur les nouveaux travaux d'irrigation ; mais il n'écoute pas les réponses. « Que de discours ennuyeux débite ce brave homme, pense-t-il. Si au moins je pouvais faire entrer ces porcs, je m'amuserais à les tourmenter ; mais il faut qu'ils attendent pendant un laps de temps proportionnel à mon importance. » Alors il ferme les yeux et s'assoupit.

Le vieux Li Ta se moque de son fils et conseille à Po :

« Ne deviens pas un fonctionnaire. Demeure attaché à la terre. Le poète doit imiter la nature. Moi, je n'en ai jamais fait qu'à ma tête. Je me suis toujours arrangé pour avoir mon écuelle de riz sans m'avilir dans des emplois publics. Quand je jouais au bord d'un puits, dans la cour d'une auberge sordide, je devais m'égosiller, à cause du mugissement des bêtes, des querelles des spectateurs ; mais je restais un oiseau en liberté. Deux sous pour mon miel me suffisaient. Quand j'étais fatigué, j'arrêtais. L'endormi, au contraire, veut faire carrière, de l'argent et bonne impression. Ce qui le transforme en esclave. Celui qui commande sert ! »

Po fut convaincu pour toujours que la combine bureaucratique et toutes les activités régulières ne pouvaient convenir qu'à des êtres sans cœur. Quand son père et sa mère le traînaient à des cérémonies, ou quand il y avait des invités à la maison, Po avait honte de ses parents, si réservés et si laids. Il les méprisait : leur voix sonnait faux avec les étrangers, leurs compliments cachaient l'envie, leurs effusions n'étaient qu'ostentation d'étiquette. Le dégoût des bonnes manières s'était si bien développé chez l'enfant qu'il pissait dans les coins et enfilait sa tête entre les jambes des servantes. Il lui restait encore une certaine crainte d'un père à la main leste ; mais elle s'étouffa dans le dégoût le jour où l'inspecteur gouvernemental Mao Long arriva à la maison, et où il vit Li Cheng, terrorisé, s'agenouiller devant lui à chaque pas, mettre les paumes de ses mains sous ses genoux, et frapper de son front osseux le sol, sanglotant, implorant, tandis que Son Excellence, balayant les pièces de sa traîne, donnait des coups de poing sur les murs, tapait des pieds, soufflait, urinait, riait, contrôlait les comptes, et — pendant que ses sbires cassaient les serrures et les coffres, à la recherche des doubles fonds — enfilait dans un de ses sacs toutes les monnaies d'or et d'argent qui surgissaient, en répétant que la hache du bourreau était toute prête pour Li Cheng. Lequel avançait sur les genoux en suivant l'inspecteur d'une pièce à l'autre, et sanglotait comme un enfant, et criait qu'il ne le ferait plus, jamais plus. Les yeux écarquillés, il regardait rouler sur le sol ces pièces que, nuit après nuit, enfermé dans son bureau, en proie au soupçon et à la peur, il avait cachées ici et là, après avoir fait fouiller en sa présence ses serviteurs, jusqu'entre les fesses.

Ce n'était pas la première fois que l'inspecteur se mettait en colère. Li Cheng, si chichiteux et moraliste en apparence, s'était depuis beau temps détourné du droit chemin, accordant à tels propriétaires et marchands certains privilèges, contre un véritable tribut, qui avait fini par peser sur ces gens davantage que les impôts dont il les avait exemptés. Certes, se faire payer ou garder une partie des impôts perçus était chose normale pour un fonctionnaire de l'empire. On a calculé que les rentrées illégales leur rapportaient vingt fois plus que leur salaire, qui à son tour rapportait plus que la moyenne des rentes terriennes. Un gentilhomme ne s'enrichissait que par ces rentrées illégales, et une famille qui n'avait aucun de ses membres dans l'administration était destinée à la décadence rapide. De temps en temps, on voyait surgir un moralisateur maniaque, un lettré idéaliste, qui rêvait au retour de la pureté confucéenne : les autres pratiquaient la corruption comme une chose inévitable, et même bénéfique, puisque la tolérer était le seul moyen qu'avait l'État de payer de façon appropriée son armée de fonctionnaires, tout en leur permettant d'éponger — selon une technique où la circonspection le disputait à l'arbitraire — le surplus de rentes des sujets, sans que l'État lui-même eût à se charger d'un système de taxes et de contrôle plus compliqué, plus coûteux et même plus impopulaire. La corruption était, en somme, tolérée comme la solution la moins mauvaise ; mais elle n'en demeurait pas moins illégale. De temps en temps, même si c'était rare, l'État devait intervenir pour moraliser, afin que ses sujets l'attribuassent non au gouvernement mais au fonctionnaire. Pour s'en sortir, il fallait alors à ce dernier user de ruse et de sociabilité. Un marchand mis à contribution devait être indemnisé, ne serait-ce que par des mots et des manières amicales qui lui fissent sentir que celui qui le tourmentait était un cœur noble, un homme bien né et de valeur. Il fallait en outre passer une bonne partie du profit illégal, sous forme de cadeaux, aux fonctionnaires des grades supérieurs, pour qu'ils fermassent un œil sur ces vétilles. Seulement, dans la hiérarchie, surgissaient toujours des supérieurs nouveaux : comme lorsque après avoir franchi une chaîne de montagnes, on se retrouve devant d'autres monts, et encore moins accessibles.

Celui qui, comme Li Cheng, se rendait antipathique parce que peu sociable, ladre et revêche, pouvait, quand il lui arrivait de pécher, encourir de gros ennuis, bien qu'il eût volé moins que les autres. Cherchant à apaiser sa mauvaise conscience, il multipliait les hésitations : pour mieux cacher ses vols, il n'en partageait pas le fruit avec les autres : et c'est ainsi qu'il les rendait vraiment impardonnables ; pendant que beaucoup, à la fois débonnaires et décidés, nageant dans les pratiques illégales comme poissons dans l'eau, les faisaient paraître aux yeux de tous aussi naturelles qu'inévitables. C'est ainsi qu'il arriva par deux fois à Li Cheng d'être puni, plutôt que ceux qui avaient osé intenter contre lui un recours. La première fois, il avait été exilé, avec la charge de fonctionnaire aux frontières, sur l'aride haut plateau de l'extrême Occident ; il semble justement que c'est parce qu'il n'avait rien à y faire qu'il engendra Li Po. La seconde fois, il resta quelques mois en prison pour s'y rééduquer, tandis que le vieux Li Ta pouvait jouir sans plus de problème de ses biens et s'employait à les mettre sens dessus dessous : lorsque, à nouveau gracié et réintégré dans son poste, Li Cheng revint à Chang-ming, il s'arracha ce qu'il lui restait de cheveux et commença à prier les esprits des Ancêtres, tout au fond de la salle obscure, d'emporter avec eux le vieillard. En plus, il demanda l'aide de certains sorciers paysans, qui lâchèrent sous le lit de Li Ta une bande de petits esprits malins, les Ku, histoire de provoquer une crise d'apoplexie chez le grand-papa, encore si robuste par ailleurs.

Au matin, le vieil homme racontait que les Ku, mâles et femelles, avaient jailli sur sa couverture et étaient venus danser sur son ventre : seulement lui, avait attrapé son membre, prêt à les enfiler, tant et si bien que c'étaient eux qui s'étaient sauvés la queue entre les jambes. Il disait encore que dans les yeux de son fils, des yeux de merlan frit, de taupe transie, d'eunuque hémorroïdaire, il lisait chaque matin l'attente de sa mort ; mais que Li Cheng devrait l'entretenir longtemps encore, comme ces barbares du sud, les Indiens, doivent engraisser leurs vaches sacrées, quitte à retirer l'herbe de la bouche de leurs enfants ; et qu'il devrait, Li Cheng, respecter ses caprices de philosophe, autrement lui, Li Ta, irait sur les routes pour protester ; et si les gens de Chang-ming commençaient à dire que Cheng maltraitait son vieux père, sa carrière serait finie. Il ne se pouvait pas qu'il fût vraiment son fils ! Quelqu'un d'autre avait dû mettre la main à sa naissance.

« Nous autres, nous n'avons pas de famille ! expliquait-il à Po. Nous sommes des créatures du vent : comme les oiseaux, comme le singe qui se balance avec sa queue à la branche d'un pin, aussi heureux qu'un immortel. »

Il avait développé une théorie de l'unité de l'univers dans le double sens du bas et du haut. Par la route du bas, l'homme venait du singe. Pour se replonger dans le Tao ou mer du cosmos jusqu'à ce que le ciel embrasse la terre en un cercle rassemblant les contraires, il convenait de refaire la même route à partir du haut : donc se couvrir de poils et redevenir singe.

Au milieu des papiers de Li Po, le biographe Hsia Mu trouva un morceau de toile peint par le vieux Li Ta et qu'il décrivit comme « une peinture naïve mais de quelque talent ». Sous des arbres tracés à l'aide de signes bleus mal assurés comme dans les dessins d'enfants, un singe vêtu à la façon des lettrés, assis dans une cabane avec un livre entre les pattes, regardait la lune se lever. Li Ta avait — de fait — l'intention de vivre comme un singe. De son visage ne ressortaient que les yeux, comme des braises, et une grande bouche rieuse édentée, entre une barbe hirsute, une crinière grise et des sourcils broussailleux. Son point faible, c'étaient les dents : il ne voulait pas que le barbier Tu les lui arrache et souffrait pendant une semaine, jusqu'à ce que sa joue enfle monstrueusement et que du sang infecté sorte de ses gencives ; alors, il criait de joie : le mal était passé. Il va sans dire que son haleine puait, ce qui fit protester la jeune Liu quand elle commença à s'accoupler avec lui. En plus, il refusait de prendre des bains. Comme Li Cheng craignait le jugement des gens, et avait peur qu'en sentant l'odeur de son père ils l'accusassent, lui, de négliger ses devoirs, il le faisait saisir par ses serviteurs pendant son sommeil : ils le déshabillaient, le jetaient dans l'auge aux cochons remplie d'eau fumante, le lavaient de force. Li Ta, endormi et bougonnant, se frottait les yeux, sans daigner les ouvrir, pendant que les serviteurs lui enfilaient une tunique propre. Si elle n'était pas jaune, le vieil homme n'en voulait pas : il prétendait que toute autre couleur, en soustrayant le yang du corps, attire les maladies. Au demeurant, comme il souffrait de prurits séniles, pour se gratter le dos, il se roulait par terre les pieds en l'air, en gloussant de plaisir, si bien que la tunique ne restait pas longtemps jaune. Une nuit, après l'auge, on essaya de lui enfiler une tunique de couleur sombre — certaines sources parlent de violet, d'autres de bleuâtre — et, dans son demi-sommeil, il ne se rendit pas compte de l'outrage ; mais le lendemain, il courut nu à travers tout le bourg, couvert entre poitrine et cuisses de tant de poils gris qu'il avait vraiment l'air d'un gros singe ou d'un ours chassé de sa tanière par le froid. On lui remit la tunique jaune, qu'il porta de ce moment-là jusqu'à sa mort.

Depuis des mois, il concoctait un élixir de vie éternelle, d'après la recette d'un mendiant boiteux, un prétendu magicien taoïste, qui s'était installé à Chang-ming dans les cuisines de la maison même, jusqu'au jour où l'abruti l'avait fait jeter en prison sous prétexte qu'il sentait mauvais. L'entreprise était difficile : il manquait à Li Ta un cœur de singe et une corne de licorne, mais il s'était déjà procuré une verge d'âne coupée en pleine érection.

La chose s'était faite par un beau jour d'été. Dans les champs jaunes aux pieds de la colline, parmi les sentiers et les canaux à l'équerre où l'eau gargouillait, sous le grand soleil, les femmes et les paysans, penchés sous leurs larges chapeaux de bambou, se renvoyaient des chants d'un groupe à l'autre. Les paysans entonnaient :

Voici les épis ! Voilà que le blé
est devenu dur et mûrit !
Chassez-en les vers, les insectes.

Et les femmes :

Les chapeaux de bambou s'agitent.
De vos bêches fouillez le sol
pour arracher la mauvaise herbe.

Il faisait une chaleur torride, la joie montait, tant et si bien qu'ils furent beaucoup, après s'être réunis, à interrompre leur travail pour encourager Hia, l'âne noir, à tirer un char surchargé sur le chemin de la colline. Hia, malgré les coups de bâton, et au terme d'humbles efforts, n'avançait que de quelques pas. A chaque bosse du terrain, il s'arrêtait, dégouttant de sueur. Les paysans riaient ; les femmes demandaient au vieux Ho et à ses fils d'alléger le chargement. Mais Ho, furieux, continuait à donner des coups de bâton, à envoyer à l'âne des coups de poing et de pied, en hurlant :

« Tu y arrives, ou je te tue !

— Je sais comment il faut faire ! » déclara, en s'avançant, Yin Lu, un paysan petit et maigre pour lequel Li Po, qui était là, tenant son grand-père par la main, avait une grande admiration.

Yin Lu était de retour à Chang-ming depuis peu, après une longue absence d'où il avait ramené une femme au visage exotique et aux yeux insolents, « de sorcière » disaient les gens. Yin Lu la craignait et l'aimait d'un amour profond. Or, elle avait été vue, nue du nombril jusqu'en bas, en plein champ, étendue dans l'herbe haute d'un fossé avec le forgeron Ni ; et une autre fois avec Hsiang, le fils du bourrelier. Les anciens du village, après une réunion du conseil, rapportèrent le fait à Yin Lu : qu'il veille à ce que sa maison soit propre ! Mais, peut-être influencé par sa femme, il n'avait pas admis la faute et n'avait pas bougé le petit doigt pour défendre son honneur : si bien qu'on le disait avec mépris complètement asservi à la sorcière. Il se contentait de ne plus adresser la parole à Hsiang, ni au forgeron Ni. Un soir, le dernier de ses enfants (dont on disait au village qu'il était en vérité le fils de Hsiang) avait été emporté par une crue tandis qu'il jouait au bord du torrent Chi. Les gens décidèrent que la faute en revenait à Yin Lu : sans raison, puisqu'il avait toujours semblé tendre avec l'enfant, que sa mère négligeait.

Le père de Yin Lu, Yin La, un petit vieux ridé et titubant, était, lui, abruti par le vin rouge de mil. Le soir, son fils venait le chercher à l'auberge, en disant : « Papa, partons ! » sans plus de reproche, et le vieil homme le suivait, soumis ;

ou plutôt, c'était le fils qui traînait le père à la maison en le tenant par un bras, fixant les passants d'un regard qui décourageait commentaires et moqueries. Yin Lu, pour sa part, ne buvait que du thé. Il jouait aux cartes, aux échecs, au trictrac, avec des paysans, des commerçants, des nobles de passage, et gagnait toujours. Le prix de la victoire, pour les autres, était quelques verres de vin ; lui se faisait payer en brioches et gâteaux : il en croquait quelques petits morceaux sur place, et apportait à sa femme le restant.

Une fois par an, pour la fête du solstice d'hiver, il libérait ce qui se révélait alors une nature excessive : immobile, à l'auberge, il buvait, énormément, en silence, avec de petits yeux resplendissants de joie, tout un jour et toute une nuit. Il acceptait les défis — qui tiendrait le plus longtemps ? — et son petit corps mince l'emportait sur les plus robustes ivrognes de la région. Ivre mais conscient, il vidait verre après verre avec un sourire indéfinissable, jusqu'à l'heure du bœuf ; alors, se concentrant sur lui-même, sans regarder personne, il se levait, fouillait dans toutes ses poches pour contrôler ses gains, et lentement s'en allait vers la sortie. Dans la cour, il pissait longuement. Ensuite, il disparaissait dans l'obscurité.

Au petit jour, des travailleurs le découvraient en train de dormir une centaine de mètres plus loin, dans un fossé, près du sentier qui conduisait de la taverne à sa cabane ; il dormait à plat ventre et continuait de transpirer dans l'aube glaciale par l'effet de ce feu qu'il avait avalé. Si quelqu'un parvenait à le réveiller en le secouant, il se levait sans parler, ramassait ses affaires avec soin et, lentement mais sans chanceler, poursuivait jusque chez lui, se jetait sur son lit tout habillé, dormait un jour et une nuit, puis retournait à son travail. Lui parlait-on de la fête, il souriait sans dire mot ; il ne recommencerait pas jusqu'au prochain solstice d'hiver.

Il avait quitté le village encore adolescent après une querelle avec son père ivre pour défendre sa mère, et les gens disaient qu'il avait fini dans une bande de brigands, célèbre parce qu'elle ne dérobait qu'aux propriétaires et prétendait vouloir rétablir dans les villages la possession commune des terres. C'est peut-être pour cela que petits propriétaires et boutiquiers parlaient toujours de Yin Lu avec malveillance, prétendant qu'après la dissolution de la bande il avait fréquenté les maisons de plaisir en joueur et, qui plus est, en tricheur ; que cent fois il avait été frappé par des partenaires qui, après avoir perdu, avaient découvert ses trucs ; et qu'il avait même fait de la prison. Mais maintenant, on le considérait moins comme un personnage dangereux que comme un idiot, un bon à rien. Le fait est qu'il vivait sur les coupes de bois, comme bûcheron à la journée, dépourvu de toute initiative. Et pourtant, il savait lire comme peu de gens. En rentrant au bourg, il avait ramené, en plus de sa femme, deux ou trois livres, dont on disait qu'ils contenaient ces fameuses doctrines — inadmissibles — sur la possession commune des terres : des terres et même, murmurait-on, des femmes ; avec des prophéties sur l'avènement tout proche d'une nouvelle loi plus juste, « le nouveau ciel et la nouvelle terre », loi à la suite de laquelle il serait demandé des comptes à tous les riches et à tous les méchants. Yin Lu ne parlait pas de telles idées, ni de son passé. Mais il apprenait à lire dans ces livres à ses fils et même à ses filles, qu'il traitait, comme sa femme, avec une tendresse timide et sans familiarité.

Ce qui prouvait, selon Li Po enfant, la supériorité méconnue de Yin Lu sur les gens du village et de tous les villages voisins, c'était sa dextérité dans les jeux de taverne. En jouant avec tranquillité, presque avec apathie, Yin Lu savait deviner, même au plus léger mouvement du visage, les cartes que l'adversaire avait en main, et les coups qu'il préparait. Les gens ne trouvaient rien d'extraordinaire à cela. Po, au contraire, y saisissait une promptitude de décision, une perspicacité psychologique qui, dans des conditions de vie plus favorables, auraient peut-être conduit Yin Lu à diriger une armée, à gouverner un État : comme le paysan Liu Pang qui, prenant la tête d'une révolte populaire, était devenu à la fin empereur, fondant la dynastie des Han.

Quand un voyageur de passage — jamais les gens du cru — manifestait de l'admiration pour un si grand savoir-faire, Yin Lu se tournait vers lui pour le regarder en souriant, sans commentaires. Po pensait que peut-être il ignorait lui-même l'intelligence et la supériorité morale que traduisait son comportement. Les joueurs accompagnaient les parties de cris, de fanfaronnades, de moqueries, de reproches. Yin Lu, lui, se limitait à quelques prévisions ironiques, souriait aux erreurs les plus grossières d'un compagnon, mais ne lui faisait jamais de reproches. Il semblait distrait et pourtant une attention tendue se lisait sur ses lèvres minces, à certains éclairs de ses pupilles marron qui effleuraient rapidement l'adversaire, sur la peau tirée de son visage osseux. Comme lorsqu'il s'était enivré pendant la fête du solstice d'hiver, il riait doucement, avec une béatitude ingénue, des yeux simplement : non par vanité, mais en somme parce que le travail avait été bien fait, ou parce qu'il voyait ses prévisions confirmées. Après quelques parties, il jetait les cartes, repoussait son siège et se levait pour aller retrouver sa femme ; l'insistance des autres ne modifiait jamais sa décision.

Yin Lu, donc, s'avança avec son sourire habituel :

« Je connais un moyen », dit-il.

L'âne ne tirerait l'énorme charge jusqu'au sommet que si l'on approchait tout près de son museau l'arrière-train d'une femelle : il fallait l'ânesse grise du meunier Pin.

On rit et décida d'essayer. On amena l'ânesse et on approcha de sa croupe le museau de Hia, lequel, ne prêtant plus attention à rien d'autre, commença de la flairer et, bien qu'elle se dérobât, tenta de travailler de la bouche, puis de la langue, avec l'acharnement de qui a connu un long jeûne. Po s'aperçut que le mâle dégainait son épée noire sous son ventre. Yin Lu, qui observait sans rire ni faire de commentaires, tenait l'ânesse par la bride et la tirait vers lui, afin qu'elle progresse sur le chemin en pente. L'ânesse obéit tranquillement et Hia prit la suite, en traînant par à-coups le char surchargé.

Les gens accouraient pour voir la scène : Hia suivait comme un forcené, levant la tête et tirant sans faire attention au poids ; mais le malheureux restait en arrière. Alors, Yin Lu arrêtait la femelle et Hia, se rapprochant, essayait de hisser ses pattes de devant sur la croupe. Sur quoi, tirée sans rémission par Yin Lu, l'ânesse repartait et Hia, de nouveau, avançait, tout en sueur. A la stupeur de Po, son épée énorme avait encore grossi : brillante de transpiration, veineuse et si longue qu'elle touchait presque le sol, on eût dit une cinquième patte. Hia commença à braire désespérément.

Tandis que l'excitation croissait, les paysans suivaient au long de la pente. Les hommes s'approchaient des femmes, qui se laissaient culbuter en riant dans les bas-côtés : ils se grimpèrent bientôt les uns les autres par groupes de trois ou quatre, s'arrachant mutuellement leurs culottes et se prenant sous le soleil.

Les plus nombreux, toutefois, suivaient la charrette. Au sommet, on céda la femelle à Hia qui brayait. Yin Lu ne voulait pas ; il essaya de l'entraîner à l'étable, mais on l'en empêcha. En un ultime effort, Hia grimpa sur cette croupe immobile, indifférente, et c'est presque comme s'il se laissait guider par la mort qu'il y enfonça une bonne partie de son bâton, avec un hoquet désespéré. Il tendait les jarrets et secouait la tête de bas en haut comme une marionnette géante qui ferait la révérence.

Les paysans, arrivés à une clairière où se trouvaient une cabane et une meule de paille, jaune contre le ciel bleu, se jetèrent cette fois les uns sur les autres en déchirant leurs vêtements. Certains couvraient encore des femmes ; mais d'autres, par manque, surprirent des garçons : comme faisaient, selon la légende, leurs ancêtres pour fêter chaque équinoxe de printemps, au temps des tribus. Une orgie s'improvisa sur l'herbe et tout sembla y converger. Les cigales stridulaient, les poules gémissaient sous la griffe des coqs triomphants grimpés sur leur dos, le soleil étourdissait. Et par-dessus tout cela, resurgit le braiement hoquetant, moribond, de Hia, qui, perdu dans son plaisir, étirait les jarrets dans un ultime spasme, puis restait hébété, collé à sa compagne.

Alors le vieux Li Ta bondit, repoussant les grosses jambes d'une paysanne qui l'enlaçaient, et courut, un couteau à la main, vers les deux bêtes. Furieusement, à coups de poing, il repoussa le membre de Hia hors du refuge humide dans lequel il s'attardait et en coupa une tranche noire, comme le lui avait enseigné le magicien taoïste. Le sang gicla, comme une gorge tranchée, sur la paille et sur les gens qui s'y tortillaient.

Cette fois encore, ce fut Yin Lu qui trouva le remède. Il était resté assis dans l'herbe à l'écart, enlaçant ses genoux. Il avait assisté à tout avec son habituel sourire tendu aux lèvres : sa femme n'était pas là et, par égard pour elle, il n'avait participé à rien. Il accourut, arracha une bande de cuir des harnais de Hia qui, hurlant, à demi mort, était tombé sur ses genoux de devant, et fit un solide garrot sous le scrotum, en amont de la blessure pour éviter que la pauvre bête ne perdît tout son sang.

Li Ta, lui, courait comme le vent, serrant dans ses mains son trésor : un petit morceau de chair encore chaude, sanguinolente, qui dégouttait sur sa tunique et ses sandales.

Hélas, il ne parvint pas à se procurer le cœur de singe, ni la corne de licorne dont il avait encore besoin dans le creuset pour l'élixir. Comme un fantôme, il allait et venait dans les bois armé d'une massue, sans pour autant rencontrer de singe, ni même réussir à prendre au piège un malheureux écureuil : il n'attrapait que menu fretin. Quant aux licornes, les livres disent qu'elles préfèrent les îles des Bienheureux, sises au-delà de la mer, celles que seuls les sages, par certaines soirées limpides et sans vent, aperçoivent du rivage avant de devenir immortels. Sur la terre ferme, la dernière qu'on ait vue, c'était celle qui sautillait toute blanche au milieu des grenadiers d'un jardin, tirant un char fleuri, la nuit où naquit Confucius : mille deux cents ans avant notre récit.

« Mais puisqu'il y en a une qui est apparue, une autre pourra apparaître ! » pensait Li Ta en se promenant l'oreille tendue ; un jour ou l'autre, il entendrait galoper une licorne, là, dans le pré, derrière la maison, ou dans quelque sentier du bois. Pourvu que ce soit à temps ! Po avait entendu dire que les vieillards sont agressés par les Maux, le démon de la Mort et le lutin de l'impuissance...

Pour le moment, Li Ta n'avait pas besoin de remèdes contre l'impuissance. Certes, veuf depuis des années et dépendant de l'avare Li Cheng, il n'avait jamais pu s'acheter une concubine. Mais en suivant toujours sa « voie d'en haut », fort de l'observation que, chez les animaux, pères et fils peuvent s'accoupler avec la même femelle, un soir qu'il avait surpris sa belle-fille seule et nue dans le gynécée, en train de se laver, accroupie au-dessus d'une cuvette, il s'approcha d'elle silencieusement et la pénétra : non, au vrai, de la manière que, selon Confucius, le ciel a enseignée aux hommes pour qu'ils se distinguent des bêtes. La belle-fille se laissa faire, comme étourdie ; et seulement vers la fin, en entendant un bruit de pas, elle hurla.

S'étant frayé un chemin parmi servantes et concubines, Li Cheng put voir ses serviteurs entraîner le vieillard tandis qu'il essayait encore de s'agripper aux hanches blanches de la femme à nouveau calme et couchée là. Plus tard, les servantes y allèrent de leurs commérages : Mme Li ne s'était-elle pas retournée sur le dos depuis un moment déjà et de ses jambes n'avait-elle pas enlacé le dos de son beau-père, ce qui, dès les Anciens, était tenu pour le signe certain d'un consentement féminin ?

Pour l'heure, la femme s'était redressée et, agenouillée devant Li Cheng bouleversé, réclamait vengeance en pleurant. L'ennui est que, dans cette position, elle n'exposait que mieux ses rondeurs : le vieillard, solidement retenu par les bras des serviteurs, tenta encore de tendre vers toute cette blancheur son membre turgescent d'où jaillit presque immédiatement ce qui, non sans dessiner une parabole, s'en alla tomber aux pieds de Li Cheng.

C'est à ce moment-là seulement qu'on réussit à emmener le vieillard ; plus tard, à la faveur de la nuit, afin que la chose ne devînt pas publique, les serviteurs, qui avaient reçu un supplément de vin, le rouèrent de coups, et Li Ta dut à leur vieille sympathie de ne pas mourir dans la tempête. Li Cheng, à ce qu'on croit, se serait mis à ce moment d'accord avec un médecin de Ch'ang-tu pour faire castrer son père. Mais, repris par son habituelle crainte des gens, il lui céda finalement une fille de la maison, contre promesse qu'il laisserait en paix les paysannes qui travaillaient dans les champs et autres servantes.

Un jour, alors qu'il n'avait que six ans, Po, comme il entrait chez son grand-père, l'avait trouvé nu en train d'enlever les pantalons de la servante Liu — la même sur les cuisses de laquelle, trois ans plus tard, lors du passage des brigands, il devait laisser sa première obole. Eux ne s'étaient pas rendu compte de sa présence ; Liu, sur ordre, s'agenouilla jambes écartées, paumes à terre, tandis que le vieillard étendu fouillait afin de trouver pour sa langue un passage. C'est ainsi qu'il aperçut l'enfant, et se leva à sa rencontre.

« Tu le sais, à quoi sert le merle qui prend son vol sans avoir d'ailes ?

— Je sais, répondit Po, qui le fixait abasourdi.

— Tiens, sens comme il est dur ! Pour peu que Liu le touche, il s'allonge encore : sûrement plus que celui de l'endormi ! »

Il s'approcha à nouveau de Liu qui s'était relevée, fit danser un moment ses seins, d'une bourrade la jeta à terre, puis se coucha sur elle, en tournant vers Po le visage :

« Je vais te montrer le singe à deux dos. »

L'enfant observait. Liu avait écarté les jambes avec entrain. Le grand-père s'agitait, il allait et venait, tout en sueur, en murmurant des mots qui ne semblaient pas très gentils à l'enfant, tels que . « truie », « pisseuse », « remplis-toi, petite oie ! ». A la fin, elle haleta à son tour, puis écarquilla les yeux et gémit : « Oh, oh, mon amour ! » Ensuite de quoi elle le traita de « porc ».

Po était encore troublé en voyant tout cela. Par la suite, il apprit à en rire. Certains jours, le vieillard avait des difficultés : alors, il se limitait à faire à Liu, ou à se laisser faire, des choses qui évoquaient le lapin qui broute. Liu avait en cet endroit un tout petit point qui ne semblait pas facile à trouver. Le grand-père le frottait de la langue ou du doigt, et tendrement l'appelait petit bouton, petite clochette, ou cœur de la fleur. Liu, pendant ces attouchements, devenait rouge, donnait des coups de pied, gémissait, mordait l'épaule ou le cou du vieillard, et mouillait les draps tant l'humeur qui coulait entre ses jambes était abondante.

Un beau jour, le grand-père enseigna à Po la manière de faire lui aussi ces choses-là, d'abord avec le doigt, puis avec la langue, et à perfectionner sa technique pour trouver le cœur de la fleur.

« Apprends l'art et range-le dans un coin de ta tête ! »

Po s'amusait. Mais, par un après-midi étouffant d'août, il prit peur. Le grand-père, ivre, et tenant dans une main son membre gonflé, le poursuivait en marmottant :

« Je veux dépuceler mon petit chiot ! »

Il avait fermé la porte. Po, pour fuir, se mit à courir autour du pupitre. Liu, qui était nue par terre, essayait d'attraper le vieil homme par une jambe. Il trébucha, tomba et se laissa persuader. Comme Po tremblait toujours, terrorisé, le grand-père lui donna une petite fessée, en riant ; après quoi il se retourna et imposa à Liu ce qu'il avait voulu faire à l'enfant. Au vrai, Liu n'était pas plus que Po rassurée, et c'est de force qu'il la fit se retourner sur le ventre ; elle regimbait ; mais elle était servante et devait obéir. D'abord, elle cria, de douleur ou de rage, perdit même une goutte de sang ; puis comme le vieillard caressait ses seins, elle se montra complice et commença à se toucher elle-même par-là, en bas, tant et si bien que Po rassuré s'enhardit jusqu'à l'aider à se satisfaire.

Dernière étape : le vieux Li Ta se mit à forniquer avec une ânesse qui, contrairement à Liu, en subissant, demeurait immobile et méditative. Il appelait encore Po au spectacle, mais le garçon s'était dégoûté : désormais, il se réfugiait dans ses rêves.

Après ces exploits, Li Ta, content de lui, grimpait dans les érables rouges, se tenait en équilibre comme un vieux saltimbanque et se frappait la poitrine à coups de poing comme s'il jouait du tambour. Puis, à la fin des fins, il revenait à son traité. Après quelques lectures à haute voix dans les cuisines, interrompues par les rires des serviteurs, il avait opté pour le refus de le montrer aux bipèdes. Un lettré de passage débarquait-il à la table de Li Cheng ? Po avertissait son grand-père :

« Aujourd'hui, il y a un homme cultivé à déjeuner. Il vient de Su-chou ! Liu dit qu'il y aura trente couverts.

— Provinciaux ! s'indignait Li Ta. Où sont de nos jours les érudits ? S'il n'était pas une brindille, un peu follet, cet individu ne se serait pas laissé glisser jusqu'à Chang-ming pour soutirer un repas à l'endormi ! »

Comme tous ceux qu'il avait volés étaient de vieux livres, il s'était convaincu de la décadence des auteurs modernes, au point de n'avoir aucune intention de les lire. N'empêche : lors de ces visites, il rôdait tout agité derrière les portes de la salle à manger, tendant l'oreille aux discours. Après quoi il haussait les épaules, et, le visage dégoûté, retournait dans sa chambre. Un jour, il récita la chanson bien connue :

De l'hôte qui vient de la cour
les bavardages, interminablement,
coulent ; du campagnard timidement,
les pensées calmes suivent leur cours ;
Messieurs, je vous en prie, ne me racontez pas
Ch'ang-an et ce qui s'y passait !
A votre entrée, la harpe s'accordait déjà
et sur mes genoux attendait.

Quoi de plus vrai ? Dans la solitude, l'idée se libérait, engrossait la page, et chercher des approbations signifiait jeter des perles aux cochons. Mieux valait lire ses écrits aux cigales, à l'âne, auditeur extatique, aux saules et, de nuit, aux étoiles. Vers la cabane, seule éclairée dans le noir, montaient les mugissements des buffles et les braiements venus des collines : à de tels moments, l'harmonie avec le monde était parfaite.

Seule, une vieille femme qui travaillait sur un métier à tisser avait parfois l'honneur de ses lectures ; elle secouait la tête, émerveillée par l'existence de tant de mots curieux : mais les patrons, c'est bien connu, sont tous un peu fous. A Liu, également, il faisait part de pensées distraites, quand, nu et satisfait, après l'accouplement, il remplissait sa pipe, assis par terre.

« Vous, vous avez toujours envie de parler après ! » disait-elle sans l'écouter.

Il ne le faisait pas pour communiquer avec Liu : il pensait à haute voix pour se retrouver, après l'amour, de nouveau seul avec ses fantasmes. Liu se lavait entre les cuisses, se rhabillait, s'en allait de son côté : le vieillard continuait à parler tout seul.

Quand il eut trouvé un disciple en Po, il commença à se monter la tête. Il se pavanait sur la place, tournait autour de chaque diligence en provenance de Ch'ang-tu, espérant en voir descendre un voyageur à sa recherche, porteur d'une lettre cachetée contenant une invitation à la cour. Il y serait allé immédiatement. Il rêvait de s'asseoir sur un tabouret personnel, à la droite même du Trône du Dragon. On vient vers lui, même de Chang-ming : pour faire comparaître, humblement agenouillé, l'endormi ; lui, alors, rit, et prononce une condamnation à mort, par écartèlement, et l'endormi fait dans sa culotte pendant qu'on l'entraîne, lié par les mains et les pieds comme cochon à la broche ; alors il le rappelle et, toujours en riant, lui fait grâce. Sa belle-fille, cependant, il la garde pour lui seul.

Rêvant de la sorte, Li Ta se promenait heureux à travers le village ; tout en boutonnant sa tunique, il saluait gentiment les passants et les gens assis au premier soleil devant le portail des cours et de l'auberge : paysans, porteurs, boutiquiers, soldats, mendiants, ménagères, et putains à trois sous. A la cour, il se souviendrait de tous ces imbéciles, pour s'entourer de leurs visages bénéfiques. En revanche, à rencontrer sur la route le regard de son fils, lorgnant à travers les ouvertures de sa chaise à porteurs soutenue par des serviteurs au pas de course, il perdait toute sa bonne humeur.

Pour se libérer de cette coexistence déplaisante, il décida d'expédier son traité à un érudit de l'Académie impériale, Han-lin. Pendant plusieurs jours, il relut, ajouta, déplaça, recopia. Mais plus il corrigeait, plus il lui semblait que la signification des mots s'évaporait. Ce qui lui avait semblé à la rédaction couler comme un fleuve lui paraissait maintenant comme enlisé dans un marécage. Il s'interrompit alors, et c'est seulement quand il eut renoncé à l'expédier que le traité redevint à ses yeux un chef-d'œuvre.

Lorsque Po, après le départ des brigands, lui fit lire en cachette son poème qui disait l'endormi battu et sa mère violée, Li Ta rit tellement que, pendant toute la journée, il se roula par terre, avec son habit jaune, tout en se tenant le ventre de peur que ses boyaux n'éclatent. Et si des serviteurs l'interrogeaient, il répondait :

« Je ris, je ris, mais je ne vous dirai pas pourquoi ! »

Il avait promis à l'enfant de garder le secret. Le soir, il se releva, nettoya son visage couvert de poussière, en le frottant avec une de ses manches, et décida de ne pas rester à la traîne de son petit-fils. Aussitôt dit, aussitôt fait, il commença à rédiger un mémoire destiné à l'empereur, sur les conditions du pays. Il y suggérait de réformer jusqu'en ses bases la société, de l'ancrer à nouveau dans les principes du Tao, afin qu'il n'y eût plus ni brigands, ni soldats, ni délinquants, ni juges, ni patrons, ni serviteurs, ni riches, ni pauvres, et que chaque homme jouît à part égale des biens communs, et que chacun fût si heureux dans son propre village et se sentît tellement en paix qu'en entendant aboyer les chiens et chanter les coqs du village voisin il n'eût jamais la curiosité d'y aller voir. Il suggérait de faire élire comme empereur du peuple l'homme le plus sage du pays, même si c'était un paysan ; n'était-ce pas ainsi qu'avaient été choisis les souverains de l'Antiquité, à commencer par l'Empereur jaune ?

Pour sa part, cette réforme de l'univers n'excitait pas Li Po s'il ne devait pas y jouer un rôle important. Son grand-père le rassura : il aurait sa place. Dès que la supplique arriverait à destination et qu'il serait appelé à diriger le plan de réformes, il prendrait son petit-fils comme assistant en service spécial.

« Toi, devenir fonctionnaire ? Mais grand-père, protestait Li Po, ne disais-tu pas que les fonctionnaires, tous, sont des sangsues ?

— Nous bouleverserons la face du monde ! » plaida Li Ta.

Oui, mais Po, lui, voulait rester en paix : être entretenu comme poète par l'État, vivre dans une maison tranquille, pleine de livres et de bouteilles, au milieu d'un jardin fleuri, non loin de Ch'ang-an ; devenir l'ami des bon vivants les plus cultivés, et participer en leur compagnie à des banquets somptueux, avec les vins les plus choisis et les gibiers les plus délicats ; enfin, maintenant qu'il en avait appris la technique chez son grand-père, taquiner le sexe des femmes les plus belles et les plus hautaines qui se rencontreraient tant dans les pavillons impériaux que dans le reste de la cité.

« Bon, promit le grand-père, quand tu en auras assez de faire la révolution, tu resteras en ville pour composer tes petits écrits. »

Quant à lui, son traité devait absolument arriver entre les mains de l'empereur en personne. Mais au palais, un conseiller secret ou un eunuque intrigant pourraient — c'était sûrement gens très curieux — ouvrir le paquet avant le souverain et, devant son contenu, le détruire par jalousie ou s'en attribuer la paternité pour en tirer gloire immortelle.

C'est pourquoi Li Ta décida de se mettre en route vers Ch'ang-an. Dès que les premières fleurs de pêcher seraient écloses, il partirait, traverserait les monts à dos d'âne, puis glisserait en barque le long des fleuves et des canaux, parmi les rivières roses et les collines bleutées — il connaissait l'endroit —, jusqu'au fleuve Jaune. Il demanda à Li Cheng un peu d'argent — de cet argent que sa réforme devait abolir, pour revenir aux premiers systèmes d'échanges, troc ou don — sans expliquer à quoi il le destinait. Par le cordonnier de Chang-ming, il se fit faire de grosses chaussures hautes et épaisses qui seraient très commodes pendant la saison des pluies — le voyage devait durer des mois. Il commanda au marchand d'ombrelles qui, une fois par semaine, descendait des monts du Tapir, un immense parapluie jaune, et un manteau vert avec un capuchon rouge, doublé de fourrure. Il étudia l'itinéraire sur différentes cartes, se procura une boussole, choisit le serviteur qui l'accompagnerait ; il espérait bien convaincre au dernier moment Liu de se sauver avec lui, contre la promesse de l'émanciper et de l'épouser à peine arrivés à Ch'ang-an. Il enverrait ensuite chercher Li Po, avec l'escorte de serviteurs que l'empereur ne saurait manquer de lui offrir.

Il préparait son départ dans une grande effervescence, quand Li Cheng fut informé de la chose et eut recours à la force pour éviter le scandale. Que diraient les gens, s'il laissait partir son vieux père à la veille de sa mort ? Sans compter que ce fou serait tout à fait capable d'arriver à destination ! Il le voyait déjà, une nuit, à Ch'ang-an, essayer de forcer la porte de la Ville interdite, agressant les gardes. On l'enchaînerait, le chef de la garnison le jugerait séance tenante, le condamnant au supplice du pal pour sacrilège, et qui pis est interdisant à tous ses descendants l'accès aux charges publiques. Il le fit donc surveiller jour et nuit par des serviteurs de confiance et l'empêcha même d'expédier sa *Modeste proposition sur le rétablissement des méthodes de gouvernement de l'Empereur jaune en vue de l'instauration d'un nouvel âge d'or.*

Pour Li Ta, ce fut un sale coup. La tête contre son parapluie désormais inutile, il se mit à pleurer. Il vieillissait, il avait cessé d'écrire.

« Je suis fatigué, disait-il. Mon traité ? Je l'ai caché au creux d'un arbre. »

Il perdait la mémoire et négligeait même Liu. Il allait et venait pendant toute la journée, dans les bois, à la recherche de la licorne, et fabriquait des pièges pour la capturer. Il rentrait à la maison rompu de fatigue. Les derniers temps, il s'assit immobile et silencieux pendant des jours entiers sur le seuil devant le portique où le soleil chauffait le plus. Po le fuyait à présent comme on fuit les malades. Il commença à bafouiller. Était-ce obscurités voulues, ou bien était-il tombé dans un état de confusion ? Il ruminait longuement d'obscurs jeux de mots. Il traçait sur les murs un cercle coupé par une croix et un carré magique ou un octogone. Un matin, il prit

Po par un bras, le conduisit devant un de ces signes et cita :

« Celui qui parle ne sait pas, celui qui sait ne parle pas. »

Des années plus tard, quand Li Po connut sur les monts du Tigre le patriarche Hui-neng — l'inventeur du bouddhisme Ch'an ou philosophie du silence —, il put proclamer, tout content (selon Hsia Mu), que son grand-père, mort depuis si longtemps, avait peut-être bien pressenti la nouvelle sagesse.

« Il a exalté mon enfance, aimait-il à dire. Sans lui, je ne serais pas devenu celui que je suis. »

Si bien que le critique Tung Pa de la dynastie Sung, dans son *Commentaire excellent aux vomissements précoces de Li T'ai-po*, écrivit : « La littérature donne souvent une légitimité sociale à ce qui est à l'origine asocial ; à des désirs que la morale interdit. Li Po sut donner une forme juste à ce qui chez Li Ta restait une intuition excentrique, fatale chez un individu privé de culture classique et défavorisé par le sort, dont les tentatives par conséquent ne purent échapper à l'oubli dans lequel il est légitime que tombe une œuvre qui n'a pas trouvé la forme ronde de la beauté. La poésie de Li Po est l'expression d'une rébellion individuelle, idéaliste, allergique aux règles et aux hiérarchies sociales. Un tel individualisme bizarre trouvait sa source dans la lymphe plébéienne que Li Po avait sucée, pour ainsi dire, avec le lait de sa nourrice, puis en grandissant à Chang-ming dans une chaude familiarité avec les paysans et avec son grand-père. Les Li, famille de vieille souche, comptaient certes des lettrés et des ministres parmi leurs ancêtres ; mais dès l'enfance, le grand-père avait vécu en dehors de la tradition bureaucratique, et dans ses propres vagabondages il avait été en contact avec toutes sortes de petites gens. C'est sans doute cette lymphe populaire qui permit au petit-fils de repousser l'éducation paternelle, et de développer tant d'originalité. Toute chose grande et nouvelle naît du peuple, concluait Tung, mais elle ne se développe que si elle se détache du peuple, si bien qu'il ne la reconnaît plus comme sienne : il la reconnaîtra quand elle sera devenue patrimoine commun, œuvre classique. »

Li Po était encore un enfant, inconscient de ce qu'est la mort — « L'enfant, a dit Chuang-tzu, est comme le savant : il ignore la mort et vit dans le présent » —, lorsqu'un matin la servante Liu le réveilla, le lava et l'habilla de blanc, la couleur du deuil. Pourquoi ? Ce n'était pas un jour de commémoration des Ancêtres. Peut-être un dignitaire de l'empire était-il mort ? Dans l'air piquant d'une aube de printemps déjà ensoleillée, on le traîna par la main dans la salle des cérémonies.

Avançant ahuri parmi la foule, il vit, étendu dans le cercueil ouvert, son grand-père apprêté dans sa tunique jaune. Devant le cercueil, huit moines bouddhistes tapaient sur des gongs et poussaient, pour chasser les esprits, des mugissements retentissants. Po écarquilla les yeux : le visage du grand-père était pâle, étonné. Po entendit sa mère — qui se tenait dans un angle, entourée par les autres femmes — murmurer qu'on sentait déjà l'odeur de la mort et donner l'ordre à Liu d'ouvrir la fenêtre. Po respira fort, pour sentir l'odeur du cadavre — qu'il imaginait celle de la cave quand on trouve une chouette ou des rats morts ; il sentit monter du jardin le parfum des roses que le grand-père soignait, deux jours plus tôt encore, amoureusement.

3

Portrait mémorable du mandarin Yang et de sa femme Pivoine

L'école du village de Chang-ming n'offrait rien à Po pour la poursuite de ses études. Quand il eut quatorze ans, on l'envoya à Han-chung, comme hôte de « l'oncle » Li Yang, en fait le cousin de son père, chez qui Po trouva ce qui lui avait manqué dans sa famille : un milieu où l'on savait jouir de la vie.

L'oncle Yang ? Une autorité locale : le préfet de la province. L'homme est trapu et sanguin ; sa tête chauve et brillante ne fait qu'un avec son cou ; son visage rouge est parcouru de rides entrelacées qui le font ressembler à un vase d'argile craquelé, dont les anses seraient ses grandes oreilles : un visage qui paraît borné tant qu'on n'y a pas remarqué les yeux qui pèsent sur les poches lacrymales : des yeux perçants, malins, sardoniques.

C'est un homme arrivé, l'oncle Yang, mais désormais sans ambition. La seule chose qui l'intéresse, en dehors de sa province, est la carrière de deux dignitaires de la capitale, de vieux compagnons de classe qui, contre le règlement, réussissent tous les trois ans à lui éviter une mutation ou même une promotion, et lui conservent indéfiniment ce poste médiocre de préfet de Han-chung. Les courriers apprennent au mandarin Yang qu'aux frontières de l'empire se pressent les Tartares, les Ouigours, les Tibétains ; que dans les provinces inquiètes, les gouverneurs se rebellent contre le pouvoir central ; que l'on se déchire, que les paysans meurent de faim ou sont déportés. Mais tout cela devient pour lui un sujet de conversation calme : des choses qui arrivent au-delà des monts, loin des vallées verdoyantes du Han-chung, où la paix fait fleurir les pruniers.

Au-delà des montagnes, le mandarin Yang passe, dit-on, aux yeux de ses collègues pour un personnage insensé. Mais il ne franchit que rarement les frontières de sa province, ce qui l'obligerait à dormir dans des relais de poste, sur des matelas où peut-être la nuit précédente s'est étendu un lépreux ou un jeteur de sorts. S'il y est contraint, il emmène avec lui, dans un char, un lit, une chaise et une table. En revanche, il domine sa province comme un monument. Il la gouverne en débonnaire et aime s'y mêler des affaires de chacun. Souvent, il ignore la lettre des lois, et il s'en vante ; il fait confiance aux employés qui, pour cela, l'adorent. Si une circulaire impériale arrive, il s'en fait expliquer par son secrétaire le style juridique et fleuri.

« Quand j'étais jeune, j'étais loin d'être un imbécile ; mais maintenant, que ce soit diabète ou goutte, je ne comprends plus rien : les raisonnements se mélangent dans ma tête qui bout comme une marmite de fèves. »

En fait, il ne suit jamais les discours des autres jusqu'au bout, par impatience, convaincu qu'il a tout saisi dès les premiers mots ; non qu'il les croie, mais parce qu'il y cherche les motivations cachées, et sait immédiatement isoler pour en tirer profit ce qu'il peut entrer de naïveté chez son interlocuteur ; si bien qu'il réussit admirablement dans les affaires sans avoir besoin de leur prêter trop d'attention. Il lui suffit d'exploiter systématiquement les points faibles de la personne avec laquelle il traite, à moins que la passion ne bouleverse son intuition, comme c'est le cas en famille : il devient alors crédule et capricieux comme un petit enfant.

C'est justement quand il avoue qu'il ne comprend pas, qu'autour de lui on imagine qu'il en sait le plus long : il profite aussi de cela ; et son incapacité même à saisir des pensées compliquées l'empêche de sortir du concret. Est-il en public ? Il parle lentement, par saccades, il peine pour articuler un discours ; il ne trouve pas ses mots, qui lui restent dans la gorge, il balbutie, s'interrompt, regarde autour de lui, évite de se compromettre à l'abri de ce parlotage, blesse par une boutade qui contredit son ton débonnaire ; et brutalement, tout d'un coup, il arrive à l'essentiel : « Messieurs, il faut me cracher ces sous... ou ces soldats. »

A la différence d'autres gentilshommes et fonctionnaires qui ne trouveraient pas cela digne d'eux, il aime s'occuper personnellement de ses biens. Ses deux compagnons devenus puissants à la cour ont obtenu pour lui de vastes propriétés par donation impériale — une grande partie du sol est propriété domaniale, et se trouve louée aux paysans ou concédée aux familles des fonctionnaires les plus méritants. En outre, par l'intermédiaire des organes de la province qu'il gouverne, il a fait concéder à des prête-noms l'adjudication très surévaluée des travaux de construction routière, des carrières de pierre et d'une mine d'argent. La voiture préfectorale tirée par quatre chevaux le transporte, dans son vêtement officiel rouge, avec le poisson d'or à la ceinture. Comme un vulgaire marchand, il se rend à la foire de Hanchung pour acheter bufflonnes et ânesses, ou bien il dirige sur ses propres terrains la construction de nouvelles routes, canaux, moulins, petites digues : quelquefois même en y dépensant, par passion, plus que ce qu'il en retire. Il dispose des paysans comme s'ils étaient sa propriété, parle avec eux dans le dialecte local, les frappe paternellement, mais leur envoie le sorcier dès qu'ils sont malades. Il traîne aux grandes récoltes sa famille récalcitrante et les pâles fonctionnaires aux pieds plats qui, respectueux ou ironiques, doivent donner un coup de main. Il ne dévoile pas certaines de ses recettes pour la fabrication des liqueurs, sans boire lui-même beaucoup pour autant ; il en envoie comme cadeau de fin d'année à ses amis les plus importants ou en fait vendre jusque dans la capitale.

Jusque dans le maintien de son corps trapu, dans son pas pesant, il affiche des traits campagnards, même s'il s'habille avec un luxe incohérent. Comme un paysan, il se lève à l'aube, ouvre toutes les fenêtres de son palais, fait des commentaires solitaires sur la saison ou la paresse de la jeunesse moderne qui, si l'on n'y veillait, dormirait jusqu'à l'heure du serpent ; et ses éclats de voix, en résonnant dans les couloirs, réveillent tout le monde. Tandis que les serviteurs se lèvent en jurant et que les membres de sa famille se retournent dans leur lit, lui sort à l'aube, avec un garde du corps qui reste toujours à quatre mètres derrière sur les routes où ne résonnent encore que des pas de boulangers ou de maquignons avec qui il s'arrête pour bavarder des choses de la vie. Puis, par curiosité, il va contrôler les travaux en cours, réveille les ouvriers entassés sous les hangars, attrape lui-même une pelle pour donner l'exemple ; pas plus d'un instant après, en frottant fort ses paumes l'une contre l'autre pour se nettoyer, mais on dirait plutôt qu'il joue des cymbales, il entre, entouré de courbettes, dans une maison de thé, pour prendre son petit déjeuner. Un palanquin le conduit ensuite au tribunal où il s'amuse à étonner les gens pendant toute la matinée. L'après-midi, il le passe à aller et venir sur ses terres, avec ses pieds de paysan chaussés dans des bottes de prince, et ainsi jusqu'à la tombée du jour, non sans s'exciter toujours sur de nouveaux projets : ces étendues bleuissantes de champs, de bois, de collines n'épuisent pas le plaisir de la possession, en réveillent encore le désir, au contraire. Plus il s'agite et plus il voudrait jouir de la paix de se sentir propriétaire et bienfaiteur des choses et des gens : jouir en somme de ce qui a donné à sa vitalité particulière forme concrète.

En revanche, dès qu'il s'arrête, il se met à penser, il se fait un mythe du passé au détriment du présent ; il se sent vieux, se découvre des douleurs dans tout le corps, se plaint de la goutte, du diabète, d'avoir mal aux yeux, s'endort, tombe en léthargie, devient ennuyeux et contrariant, éclate en colères puériles : la brièveté de la vie le rend fou furieux : comment admettre que le temps soit court à ce point même pour ceux qui détiennent et le pouvoir et les biens ? Pour se sentir à nouveau vivant, il doit agresser les choses, en posséder de nouvelles. Il agrandit sa maison, fait le projet de pavillons en forme de papillon ou de crabe, songe à des portiques de bois décoré, imagine un lac dans le jardin, consolide les murs contre les tremblements de terre, plante de nouveaux arbres, essaie de réparer lui-même certains objets, et finit en colère par les remettre complètement cassés entre les mains de son intendant.

« Vois ce que tu peux faire, Mu, mon ami ! »

L'intendant les passe à un serviteur, qui les jette aux ordures.

Dans sa demeure ou matrice, le mandarin Yang se repose : dehors, c'est la nuit, la tempête, les embuscades des brigands, les fantômes des morts demeurés sans sépulture ; et les plaines inondées, les arbres arrachés, les villages où le riz fait défaut ; ici, au contraire, aux pavillons succèdent les cours protégées par des murs, par des soldats : y resplendit la lumière de cent lanternes, les poêles tiennent chaud, les greniers sont pleins à chaque saison, le mandarin vit sur son bien. Assis dans un fauteuil confortable, il écoute son fidèle Mu qui s'occupe des comptes ; ses meubles sont solides, ses peintures sont anciennes, sa bibliothèque bien fournie, il a près de lui sa femme, ses enfants, son neveu, et si par hasard surgit en lui quelque crainte, il peut au moins se rassurer en faisant un tour de contrôle jusqu'aux gardiens qui, toutes les demi-heures, indiquent l'heure en tapant sur des gongs pendus aux gouttières des toits.

Le mandarin Yang, donc, a peur de mourir. Pour une simple écorchure au doigt, il s'agite, appelle les médecins en consultation, craint la tétanie. Pour éviter les maladies, il suit des rituels compliqués : ne jamais quitter sa veste de laine, ni manger des mets cuisinés directement sur le feu, ni dormir la tête au sud et les pieds au nord — aucun animal ne le ferait —, ni rester au soleil sans qu'un serviteur le protège avec une ombrelle, ni s'accoupler avec sa femme les jours néfastes du mois, ni arriver à l'orgasme avant elle, qui lui soustrairait alors la force du yang, tandis que si lui dure davantage, il lui soustraira la force du yin, qui permet de vivre longtemps.

Alentour, il risque de rencontrer le mal, des vieillards affamés, ou bien au bord des rues de périphérie les cadavres de morts de faim : et il en souffre. Une fois qu'on le véhiculait en chaise à porteurs et qu'il bavardait joyeusement avec le chef des gardes, le capitaine Fang, qui le suivait en courant, il porta ses mains à son visage et se mit à sangloter parce qu'un enfant traversait devant lui comme un oiseau blessé, sautillant sur l'unique jambe qui lui restait.

« Je ne veux pas voir ces choses ! »

Et il tapa sur la tête du capitaine avec son bâton de commandement.

« Je veux rencontrer des gens heureux. »

En larmes, il descendit de la chaise à porteurs et, en dodelinant de sa grosse tête, courut à travers la place du Marché pour acheter un somptueux cadeau à sa femme. Il trouva chez un marchand arabe un hippopotame apprivoisé, le tint en laisse, le ramena chez lui en se couvrant de boue, et l'installa dans la piscine du jardin de l'épouse. Laquelle s'évanouit d'horreur quand elle vit l'animal barboter, et, se reprenant, ordonna à ses serviteurs de le rôtir. L'ingénieur militaire de Han-chung construisit une énorme broche où l'animal fut rôti à feu doux, en plein air. Le mandarin Yang pleura une fois de plus : il s'était pris d'affection pour la grosse bête et crut reconnaître dans le destin de celle-ci le sien propre.

Très souvent, ses initiatives suscitaient le rire. Chez lui, on lui reprochait un gigantesque mauvais goût. Il se fâchait et son visage virait au violet, il criait qu'il avait sacrifié sa vie pour une famille d'ingrats qui ne trouvait rien d'autre à lui rendre qu'un manque de respect insupportable. Que les autres rient de plus belle et il s'effondrait sur une chaise, agitait les bras, et hurlait pour les embêter qu'il se trouvait sur le point d'être arrêté pour malversation : autant qu'ils le sachent ! Lui pouvait bien finir ruiné ! Il s'en réjouissait : au moins, on ne l'exploiterait plus, et ce serait à eux tous de l'entretenir : un si pauvre vieux !

C'est aussi que partout le mandarin Yang se permettait un comportement sans pudeur, se donnait en spectacle. Quelquefois il se faisait passer pour fou, peut-être pour ne pas montrer combien il l'était. A l'observer, Po par moments le trouvait vraiment fou, sans toutefois que la somme de ses bouffonneries le rendissent asocial comme l'avait été grand-père Li Ta. Malgré son délire dans les détails, il ne rompait jamais vraiment dans l'ensemble de sa vie les digues de la raison et du bon sens : il était même plus cohérent et prudent que nombre de gens et ne réussissait pas par hasard dans ses entreprises, inspirant confiance justement aux traditionalistes et aux dévots.

S'il fait le bouffon ou l'idiot, c'est parce qu'il s'ennuie dans ses fonctions officielles ; ou il le fait pour tourmenter les autres sans qu'ils puissent lui demander des comptes pour ses offenses. Par exemple, il les interroge en public sur les sujets les plus délicats ; ou bien s'il entre dans l'échoppe d'un forgeron ou d'un marchand de bougies, il se plaît à montrer au pauvre diable combien il est malheureux, inculte, et lui suggère de changer de métier, d'aller chercher de l'or dans le désert de Gobi ou pêcher des perles dans le golfe de Hang-chou. Après quoi il rit :

« Si seulement vous me donniez raison ! Mais vous, vous ne savez que dire : " Oui monseigneur, oui monseigneur ", et puis, sombres crétins, vous n'en faites qu'à votre tête. »

Jouer les ingénus : c'est ainsi qu'il se moque des plus faibles, quitte à leur donner un pourboire quand il s'en va. Le pauvre homme reste là, perplexe quant à l'état mental de Son Excellence, et du coup incapable de ressentiment.

Davantage qu'avec les notables de la ville, il aime bavarder avec les brigands capturés ou les prisonniers de droit commun. Il va dans les prisons, et, devant une coupe de vin, se fait raconter leur histoire. Souvent, il leur évite la torture ou leur accorde une liberté anticipée après s'être fait promettre que désormais ils se comporteront en gentils-hommes ; et il trouve pour l'un un travail de jardinier dans un monastère bouddhiste, pour l'autre une place de nourrice sèche dans une famille riche. Selon lui les délinquants, pour qui sait les prendre, sont des espèces d'enfants, et s'entendent bien avec les enfants.

S'agit-il, au contraire, d'un visiteur important ? Il feint de ne pas le reconnaître, ou de ne pas savoir lire sa supplique, ou d'être sourd. L'autre ayant exposé le but de sa visite, le mandarin à la fin interroge :

« Mais pourquoi êtes-vous venu chez moi ? Que voulez-vous ? »

Le visiteur balbutie à nouveau une explication ; Yang lève les yeux au plafond, et prend un air perdu pour dire :

« Que dois-je faire ? Ici personne ne m'explique rien ! Ils me laissent seul ! Chin-i, Chin-i ! »

Le secrétaire accourt ; et Yang :

« Il y a là Machin qui prétend être ici pour le machin : que devons-nous faire ? Occupe-t'en, fiston. »

Sur quoi il s'éloigne en marmonnant :

« Je suis foutu ! Je ne comprends plus rien et on me laisse seul. »

Le secrétaire n'a plus qu'à expliquer au requérant interdit que Son Excellence se moque de l'univers.

Si un ami de Li Po arrive à la maison par hasard, l'oncle Yang aime jouer le rôle du serviteur, va ouvrir et court crier à sa femme, de façon que le visiteur entende :

« Il y a un type ici. Qui dit qu'il est l'ami de Po. Si tu voyais cette allure ! Un vagabond. Je retourne vite là-bas, de peur qu'il ne vole un vase ou un guéridon. »

Il revient, et, avec un sourire suspicieux, demande au visiteur perplexe :

« Vous êtes bien certain, jeune homme, d'être un ami de Po ?

— Mais oui.

— Un ami de mon neveu ? Pourquoi alors vous habillez-vous ainsi ?

— Et comment, monsieur ? »

A l'époque, les étudiants affectaient des allures d'ermites barbus et chevelus.

« Vous n'avez pas honte ? Moi, pauvre vieux, j'aurais pu avoir un coup de sang de peur, en vous voyant ! Asseyez-vous là. »

Il indique le divan, passe sa main sur son visage ridé, se fait bienveillant :

« Peut-être voudrez-vous une belle tranche de pain de mil trempée dans du lait avec de la confiture de tilleul ?

— Je n'ai pas faim, monsieur.

— On dirait le contraire. Pourquoi donc êtes-vous maigre à ce point ? Vous n'avez pas d'oncle pour vous entretenir ? Moi, je suis l'oncle de Po. Le préfet. »

Le visiteur esquisse une révérence gauche. Le vieux continue :

« Je vois que vous laissez pousser votre barbe, vos cheveux. Hum ! Seriez-vous taoïste, par hasard ? Mépriseriez-vous nos institutions sacrées, dont moi-même je suis une bien indigne part ? C'est mal ! En tant que préfet, je pourrais vous faire arrêter pour les mauvaises pensées que je lis sur votre visage. Mais je vous pardonne. Vous m'amusez. Après tout, les murs du tribunal ne vacilleront pas pour quelques crachats. Mais, si vous permettez, une chose m'intrigue : je vous vois sans cesse arpenter la rue de la Paix, ou ricaner assis sur les marches du Palais vert, que vos fonds de culotte ont fini par entamer. Vous aimez les chansons, le vin ; et vous n'aimez pas le travail. Je me le demande : est-ce que vous prétendez vivre toujours aux crochets de vos pères ou de vos oncles ? »

Il passe de là aux confidences.

« Regarde-moi ! Regarde comme je suis laid, pelé, avec des yeux gonflés de crapaud. Il y a quarante ans que je travaille comme un âne, que je me lève à l'heure du coq et commence aussitôt à pousser la meule. Toi, tu dois avoir quinze ans, et tu as déjà dû t'accoupler avec une femme, non ?... Tu vois ! Moi, je me suis marié à trente-huit ans, et avant, je n'avais jamais vu un nombril de femme au lit. Je n'avais pas le temps ! La fortune de la famille était compromise, moi je devais la restaurer. Avec ce peu de cerveau que j'ai, il m'a bien fallu étudier, puis travailler sans m'accorder de récréation. Je ne pensais jour et nuit, avec frénésie, à rien d'autre qu'à remonter la pente. J'y ai réussi. Et maintenant ? Le temps, c'est de la poussière qui glisse entre les doigts. Vous avez raison. On meurt et dans son cercueil en teck — le mien est déjà prêt, tout couvert d'or —, on n'emporte rien de ce que l'on a planté dans la terre verte... »

De temps en temps, les occupations quotidiennes dans lesquelles le mandarin Yang est le plus souvent pris lui paraissent mesquines ; il s'évade alors dans le culte bouddhiste, avec ses moines, ses processions, ses temples peuplés de statues d'or au milieu de jardins. On dirait qu'il est au théâtre : il pleure comme un veau, tant l'émeuvent les rangées de religieux récitant des soûtras, les baldaquins bleus, les étendards, les coiffes rouges et dorées qui ondoient au milieu de la foule au son du gong et des tambours.

Il s'en va avec son préféré, Li Po — dont il connaît par cœur toutes les poésies —, hors de la ville, par-delà les peupliers qui bordent le fleuve, jusque sur la montagne. Là, il descend de sa chaise à porteurs, abandonne ses serviteurs et ses gardes, leur demande d'attendre en bivouaquant sous un chêne, et continue seul avec Po. Le monastère de Han Lien, tout petit, entièrement construit en bois de rose, apparaît brusquement entre les arbres, comme une vision céleste : la tour avec ses huit cloches d'argent, les toits bleus qui descendent par degrés, le temple rose sur la rive du lac cerné de roche jaune et de bois : presque une demeure pour les Immortels, une tranche de ciel qui, en se reflétant dans l'eau, serait tombée sur la terre. Les moines accueillent le mandarin avec curiosité ; lui, leur donne une bourse contenant une aumône importante ; et voilà le vieil homme assis sur un banc en compagnie de son neveu pour jouir du bruissement des chênes, du sifflement des oiseaux. Les moines leur servent le thé sur de grandes pierres qui tiennent lieu de table. Ensuite, ils se promènent tous deux, seuls, autour du lac, surprennent les grenouilles qui croassent, la tête hors de l'eau ; et arrivés en haut du mont, sous un pin tordu solitaire, près d'une énorme effigie du Bouddha sculptée dans la roche, ils regardent Han-chung au milieu de la plaine aux collines fleuries.

« Tout cela est à moi », se rengorge le mandarin.

Sous les T'ang, le culte des lieux antiques a fait prospérer le tourisme, et Son Excellence, pour sa part, aime visiter les trésors de la région : les gigantesques statues des Rois sages, sur la route de Lan-t'ien, le sépulcre de Confucius, à Lu, les antiques tours de pierre éparpillées dans les montagnes. Le jour où il s'est rendu auprès de la petite tour blanche de Sun-yueh, qui a la forme rare d'un paraboloïde conique et date, dit-on, de la dynastie primitive des Shang, il a chassé ses accompagnateurs et est resté là, à la regarder, immobile, à distance, pendant plus d'une heure. Puis, à grands pas, il a couru jusqu'à sa base et s'est mis à caresser la surface des pierres. Il touche, il touche encore, et lorsqu'il se retourne, ses proches voient qu'il a le visage baigné de larmes. Il tâte la pierre et pleure : tel est le mandarin Yang, qui vit intensément chacun de ses sentiments, et ne sachant pas les communiquer par des mots, les extériorise avec tout son corps, comme la peau de certains animaux laisse transparaître chaque mouvement de leurs muscles : il manifeste tout ce qu'il éprouve de façon dramatique ou grotesque, et l'acte le plus incohérent est pour lui, à ce moment-là, le seul possible, si bien que personne ne peut lui en tenir rigueur ; quant à lui, infantile et autoritaire, faible et tyrannique, il trouve là le moyen d'imposer chacun de ses caprices.

Incapable de réfléchir, il a besoin de spectateurs qui lui confirment que ce qu'il fait est plein de sens, et même important. Tous sont prêts à le lui jurer, excepté sa femme, Mme Pivoine, qui le domine affectivement. Venue d'une famille plus honorable que la sienne, c'est une dame encore belle, nonchalante, imaginative, calme en apparence, mais en réalité inquiète. Pour lui comme pour Po — qui sent chez sa tante un certain mystère et désire, la nuit, ce corps de Junon défendu —, elle est majestueuse et fuyante malgré sa disponibilité. Le mandarin Yang entreprend maintes choses pour mériter l'amour et l'admiration de sa femme. Elle ne lui accorde qu'une indulgence ironique, le traite comme un enfant et fait ce qu'elle veut. Il la tourmente par sa jalousie et ses attentions d'ours ; ému et fier, en revanche, dès qu'elle l'accueille avec plaisir. Pour animer ses journées, il remplit la maison de parents et d'invités, donne des fêtes et, s'il la voit contente ou un peu reconnaissante, s'assoit silencieux dans un angle pour la contempler, elle, ses danses et ses plaisirs : en proie à une extase telle qu'il en oublie même de faire le bouffon.

Mais le plus souvent il la trouve mécontente, évasive comme un animal prisonnier qui s'appuie de la tête contre les barreaux de sa cage. Parmi leurs hôtes, il y en a toujours un qui est amoureux d'elle et dont elle impose la présence à son mari. Po avait rapidement compris que tout le monde, à la maison, savait qu'un tel était son amant, et que tel autre l'avait été des années auparavant. Son oncle était-il le seul à ignorer ce qui se passait pendant son absence dans les appartements de sa femme ? Po avait remarqué qu'il la regardait souvent avec crainte, tendre, triste, en silence : car c'était un homme fort pudique en ces choses. Quelquefois, il tournait comme un ours en cage autour du pavillon où elle recevait ses amis et amies en défendant à son mari d'y entrer. Et un jour qu'il ne lui avait pas obéi, elle lui avait refusé l'amour pendant deux mois. Le rassurer était pour elle chose facile : il y a de ces jaloux crédules, qui, au simple démenti de leurs femmes, oublient tous leurs soupçons ; ou peut-être préférait-il se laisser aveugler pour ne pas avoir à reconnaître pareil désastre. Et puis, certains ont du mal à admettre qu'on peut leur faire ce qu'ils n'ont jamais fait à d'autres ; et le mandarin Yang, plus même que rare, unique parmi les gentilshommes de son époque, était monogame par instinct ; il ne s'était jamais acheté de concubine, avide depuis vingt ans de ce seul corps, plus jeune que le sien.

Li Po découvrit vite que, certains jours, un malaise couvait entre eux, qui quelquefois éclatait en querelles. Aujourd'hui Mme Pivoine accuse le mal de tête, et reste dans ses appartements : le repas se passe dans le silence et la morosité. La maison semble n'abriter que des étrangers. La vieille mère de l'oncle Yang, Mme Mei, fait des allusions sarcastiques à l'absence de sa belle-fille ; son fils l'interrompt en suppliant. Un peu plus tard, la tante se glisse en robe de chambre, comme si elle avait vieilli soudain, dans la cuisine, pour y prendre quelque chose, en affichant son refus de se faire aider même par ses servantes. L'oncle Yang, qui a peut-être simplement rappelé les droits de l'époux à un moment qui ne convenait pas à Madame, a maintenant l'air de qui se sent coupable, et souffre. Plus tard, la « grand-mère », installée dans son fauteuil vert, détourne ses grands yeux aqueux de la broderie qui l'occupe et pose son regard, d'un air à la fois compatissant et moqueur, sur sa belle-fille qui lui tourne le dos ; elle secoue son large visage aux joues tombantes, comme pour dire : « Décidément, elle ne sait rien faire, celle-là. »

Et c'était vrai. Mme Pivoine passait ses journées à lire des vers, à recevoir des visites, à respirer les fleurs de son jardin. Langoureusement submergée par l'ennui, elle allait et venait dans la maison, déplaçant les rouleaux de peinture d'une paroi à l'autre ; elle s'occupait, avec ses jeunes servantes, de coiffures ou d'habits, et descendait avec elles au marché pour choisir des étoffes ou des rubans ; à sa façon de caresser ces jeunes filles, à certains de leurs fous rires complices, Po se mit à soupçonner quelque chose qui l'intriguait et l'excitait, mais dont il ne réussit jamais à avoir la preuve. Parfois, elle restait pendant des heures immobile sur son lit, volets mi-clos, puis s'asseyait, prenait son luth et jouait dans la pénombre des mélodies monotones. Po et l'oncle Yang aimaient l'écouter, ainsi penchée sur son instrument, les cheveux tombant sur ses yeux ; elle redevenait alors une jeune fille rêveuse en proie au malheur.

Elle s'habillait avec recherche, dans un mélange d'élégance et d'étrangeté, même à la maison, comme si elle était toujours sur le point de sortir : ses habits, ajustés, modelaient une silhouette élancée — elle ne trahissait pas ses quarante ans — qui en imposait ; ses longues jambes avançaient avec distinction, à pas harmonieux et nets ; son visage aux yeux attentifs et aux lèvres charnues était porté par un long cou. Po rêvait de la saveur de ces lèvres, parcourait en imagination ces jambes dont les servantes louaient la perfection.

Un après-midi, Chin-chin, l'enfant trouvé qui exécutait dans la maison les plus basses besognes, rejoignit Po qui le traitait en ami, et le tira par la manche.

« Viens voir ce que ta tante est en train de faire ! »

Il l'entraîna au fond du jardin où ils grimpèrent sur la cage aux paons ; de là, s'agrippant aux branches d'un noyer, ils passèrent sur le toit de la maison basse, cachée entre les feuilles, du chef jardinier Feng, mari de la nourrice, première femme de chambre de Mme Pivoine ; et Hsüeh était là, comme si elle montait la garde.

Au bout du toit, on découvrait un mur, dans lequel s'ouvrait la petite fenêtre d'un pavillon transformé en serre pour les plantes rares. Foulant sur la pointe des pieds les tuiles peintes, Chin-chin s'approcha de cette fenêtre grillagée, y colla son visage, puis se retourna :

« Dommage ! Aujourd'hui, on ne voit rien. »

Po l'imita. A l'intérieur croissaient des plantes de toutes sortes, retaillées par la lumière dorée qui traversait les vitres dépolies. Ils entendirent des bruits comme de lutte et un gémissement à bout de souffle.

« Tu les entends ? dit Chin. Quand le chat dort, les souris dansent. C'est Madame ta tante et le majordome Tun qui font... »

Avec le pouce et l'index, il forma un cercle où il fit aller et venir plusieurs fois le majeur de l'autre main.

« Comment le sais-tu ?

— Je les ai vus entrer ! Et avant-hier, d'ici, je les ai regardés s'embrasser tout nus : lui avait seulement son bonnet sur la tête, et elle, ses pantoufles aux pieds. Aujourd'hui, ils se sont mis près du mur, on ne les voit pas.

— Je ne te crois pas !

— Eh bien, attends. »

Po s'écarta, s'étendit sur les tuiles, caché par le feuillage du noyer ; il replia ses bras derrière sa tête et regarda le ciel bleu. Mais Chin continuait de ricaner. Po, blessé, coupa :

« Arrête !

— Les voilà, annonça Chin. Je les vois ! »

Po ne bougeait pas.

« Elle est en train de s'habiller ! Ta petite tante toute nue ! Elle qui te plaît tant ! »

Po, s'étant à nouveau approché, l'aperçut là, en bas, qui se penchait pour essuyer la sueur ou se nettoyer. Il vit son dos blanc, parfait, ses jambes. Puis elle se redressa et arrangea ses cheveux. Tun apparut près d'elle. Il avait enfilé ses chaussures et sa chemise, mais plus bas, il demeurait nu. Passant près de sa maîtresse qui cherchait par terre une épingle, il lui donna une grande tape sur le derrière et rit. Elle se rhabillait.

« Partons ! » décida Po, assombri.

Mais avant de sauter du toit, il fallut attendre : en se penchant entre les feuilles du noyer, ils avaient vu la nourrice Hsüeh, toujours de garde devant la porte de la serre, observant par le trou de la serrure, une main entre les jambes.

« Tu l'as raconté aux autres ? s'inquiéta Po.

— A personne.

— Alors, n'y reviens jamais plus ! J'ai dit ! »

Plus tard, ils virent le majordome donner, en sortant, de l'argent à Hsüeh. Po avait pour lui de la haine. Quelques jours plus tôt, l'oncle Yang avait voulu le congédier pour fainéantise, et c'est la tante qui l'avait défendu. A présent, il se pavanait, insolent, la poitrine en avant.

Un quart d'heure plus tard, Mme Pivoine sortit à son tour.

Bien que son habit fût boutonné jusqu'en haut, elle semblait avoir froid, la tête rentrée entre les épaules. Elle marchait le long du mur, tête basse, caressant le tronc des amandiers sans se retourner pour répondre à la vieille Hsüeh qui venait derrière elle et bavardait.

Elle ne semblait pas contente. Po sentit qu'il la méprisait, qu'il la haïssait pour le tort qu'elle faisait à l'oncle. Ses propres rêves avaient été blessés, comme fleurs piétinées par un hippopotame, par ce halètement du majordome au-dessus d'elle. Pourtant, la nuit, il sut qu'il la désirait encore plus.

Les jours suivants, étendu dans l'herbe, il se proposa de lui parler, de la dissuader de recommencer : « Elle aura peur que j'en parle à mon oncle et elle s'arrêtera ! » Mais quand il s'aperçut qu'elle retournait à la serre, il n'osa pas intervenir. Comment le lui dire ? Un matin, tandis qu'il était avec elle au jardin, il chercha les mots appropriés, s'approcha ; mais devant son regard interrogatif, il eut honte.

Puis un jour que, serrée dans un manteau vert à fleurs violettes, elle se dirigeait vers la maison du jardinier, il la poursuivit. Elle entendit ses pas sur le gravier et se retourna :

« Qu'as-tu, Po ? »

Il murmura :

« N'y va pas ! »

Il tremblait et sentait un pincement douloureux à l'estomac. Elle rougit, son éventail tomba, il se précipita pour le ramasser ; elle, alors, reculant :

« Mais que dis-tu là, imbécile ? »

Elle le fixait avec, à ce qu'il lui sembla, un mélange de peur et de mépris. Po se couvrit les yeux. Elle, le prenant sous le bras, l'entraîna jusqu'à la maison.

« Que sais-tu ? demanda-t-elle (elle semblait tranquille). Qui te l'a dit ?

— Un serviteur. J'ai promis de ne pas dire son nom.

— Mais ce n'est pas vrai !

— Je vous ai vus sortir de là. »

Po cherchait à se justifier.

« Eh bien, là, il ne s'est rien passé ! Simplement... j'ai eu là-dedans une discussion avec ce goujat et je lui ai intimé l'ordre de cesser de... me faire la cour. Qu'as-tu cru ? Tu me prêtes des goûts bien vulgaires ! »

Elle s'était mise à rire.

Elle lui prit le menton, souleva son visage et ajouta :

« Si c'était ce que tu craignais, cela te déplairait beaucoup ? Pourquoi donc ? »

Elle semblait affectueuse, mais Po n'avait pas oublié qu'elle l'avait traité d'imbécile.

« Cela te déplairait ? Dis ? » insistait-elle.

Po fit signe que oui.

Elle rit, comme flattée.

« Pour ton oncle ou pour moi ? »

Po se tut.

« Pour moi ou pour toi ? »

Po fit signe que oui.

« Alors, tu ne diras rien à personne. Je le sais. Et moi, je te promets, donne-moi ta main, que ce type-là, je le ferai licencier : crois-tu qu'il m'intéresse ? »

Elle lui caressa les cheveux.

« Tu vois ? Nous sommes encore plus amis qu'avant. Donne-moi un baiser. »

Il se souleva sur la pointe des pieds, et déposa sur l'une de ses joues un chaste baiser de neveu, puis il s'en fut.

Les jours suivants, elle semblait désireuse de parler, sincèrement bien disposée ; mais Po, lui, n'arrivait pas à la regarder dans les yeux.

Un après-midi qu'il était assis sur un tabouret bas, en train de corriger un poème, elle se blottit contre lui.

« Pourquoi m'évites-tu ? Tu me regardes avec sévérité ! »

Po rougit.

« Tu devrais me faire lire au fur et à mesure chacune de tes poésies. Viens donc, allons par là ! »

Et elle le prit par la main.

Dans son appartement, après avoir fait sortir la vieille Hsüeh, Mme Pivoine remplit deux coupes de vin rosé, en tendit une à Po, obtint qu'il lui confie, bien qu'il en fût honteux, son poème, s'assit et le lut pendant qu'il buvait.

« Quel talent extraordinaire tu as, mon fils ! Un talent qui fait presque peur ! »

Elle se pencha par-dessus son fauteuil, leva sa main droite couverte de bagues et lui caressa une joue.

« Et quelle peau ! »

Po frissonna.

« Tu n'as jamais écrit de poèmes d'amour ?

— Non.

— Tu n'as jamais couché avec une femme ?

— Si.

— Avec des servantes de la maison, j'imagine. Mais avec une vraie femme ? »

Po fit signe que non.

« Pour un garçon de ton âge, avec ces yeux de petit tigre affamé, il faut une vraie femme, et exigeante. Allons, bois ! »

Elle buvait en renversant la tête et sa gorge frémissait.

« Il fait chaud. »

Elle dégrafa sa robe, puis disparut dans la pièce voisine.

« Un moment ! »

Po entendit bruire les vêtements. Elle reparut dans une robe de chambre presque transparente. Quand elle se rassit, ses longues jambes maternelles sortirent de la robe que rien n'entravait. Était-ce un hasard ? Sans pourtant les regarder, Po voyait ces jambes, jusqu'au vêtement le plus intime sous lequel le sexe se dessinait.

Incertain quant à la signification de ce qui arrivait — la tante avait un peu bu — et toujours plus intimidé, Po eut le sentiment pénible qu'il fallait faire quelque chose pour qu'elle ne se sentît pas repoussée.

Par chance, elle commença à se confier. Elle expliqua qu'elle aimait beaucoup l'oncle Yang, mais n'avait jamais éprouvé avec lui beaucoup de plaisir, peut-être précisément parce qu'il l'adorait, et parce qu'il était ennuyeux.

« Qu'y puis-je ? Je m'entiche brusquement d'un garçon stupide ou d'un serviteur qui ne mériterait même pas de me défaire un nœud, et le voilà qui devient autoritaire avec sa patronne et puis s'en va en sifflotant, les pantalons défaits et les mains dans les poches. Mais maintenant, c'est toi qui me plais, mon beau petit neveu. »

Sur quoi, elle l'embrassa.

Il fallait décidément faire quelque chose : Po tendit une main, pour caresser l'une de ces jambes de marbre découvertes ; Mme Pivoine le saisit au poignet, comme pour l'empêcher de continuer, puis, d'un coup, attira cette main inerte sur son ventre et la caressa.

« Que tes doigts sont beaux : déjà robustes et encore lisses ! »

Brusquement, encore une fois, elle lui desserra la ceinture et le toucha. Il y avait dans ses gestes quelque chose d'agressif, elle ne semblait plus maîtresse d'elle-même ; parce qu'elle était bouleversée peut-être, ou comme si elle jouait un rôle. Quelque chose de dur figeait son regard. Son front parut petit à Po : elle s'était agenouillée et s'acharnait avec sa bouche comme sur un fruit prometteur. Inutilement.

« Entre nous, ça ne marche pas », conclut-elle en se relevant.

Elle referma sa robe de chambre.

« Tu ne fais rien pour éviter d'offenser une dame qui ne te plaît pas. Mais tu es mignon, même comme ça. »

Et elle l'embrassa sur le front.

Dans cette société patriarcale de bureaucrates confucéens, se plaignit-elle, les femmes étaient asservies à leurs pères et à leurs maris. Il en avait été autrement aux temps primitifs, quand la vie suivait ses rythmes naturels : les mythes étaient là pour en témoigner.

« Mon oncle ne t'asservit pas. »

Elle répliqua que, justement, qui n'est qu'esclave profite de chaque instant de liberté. C'est contre la sujétion qu'elle réagissait par une agressivité sexuelle intempestive qui, pour finir, chaque fois, lui rappelait, comme cela avait été le cas avec Po, l'humiliation d'être femme. Elle qui avait à sa disposition un seigneur amoureux se faisait traiter comme une prostituée par des serviteurs vulgaires. C'était la faute du système social...

Ces discours révélaient à Po une femme à la pensée indépendante ; il la trouva étrange, certes, mais aimable à nouveau. Elle, tout en parlant, avait repris un air placide :

« La vérité, c'est que tu ne veux rien savoir des autres femmes parce que tu es amoureux de Peng, dit-elle à la fin. Mais attention : avec une cousine, sang du même sang, l'amour est bien plus interdit qu'avec une tante achetée ! »

4

La cousine Peng

Peng, la fille du mandarin Yang et de Mme Pivoine, était devenue une belle adolescente de quinze ans, aux yeux rêveurs dans un visage ovale, au corps souple et fragile. Lorsque Po arriva chez son oncle, sa cousine était partie au loin chez une vieille parente qui l'avait désignée comme son héritière. Mais dès que Po la revit, à son retour, il en tomba amoureux, en soupirant timide, et redécouvrit ces peines qu'il avait oubliées depuis longtemps.

Il la rencontrait rarement, presque uniquement aux repas ; les frères ou cousins de sexe différent devaient vivre dans des appartements séparés et il était inconvenant pour eux de se fréquenter. Chaque matin, à l'école, Po s'asseyait plein d'ennui à son banc en attendant le moment de revoir Peng au déjeuner, et imaginait entre eux un tendre dialogue. Peine perdue : en sa présence, il ne savait plus parler ; il prononçait des phrases stupides, se sentait ridicule et importun. Pendant tout l'après-midi, il rôdait autour du pavillon de sa cousine pour l'épier, caché dans le parc. La nuit, il s'abandonnait sans retenue et même plusieurs fois de suite à la fascination de son image : comme toute la maison, ses draps lui semblaient imprégnés de la présence parfumée de Peng. Comme s'il voulait se venger de sa timidité diurne, il imaginait alors les positions les plus brutales. Mais le sentiment de culpabilité qui suivait cet inceste rêvé le laissait mécontent et ces excès du corps l'épuisaient nerveusement.

Pour se protéger, il fréquentait le monastère bouddhiste hors les murs de la ville ; mais c'est en vain qu'il se faisait prêter par le bibliothécaire des livres enseignant la maîtrise des impulsions désordonnées.

Il s'éloigna dès lors de ses compagnons de classe qui lui paraissaient trop peu mûrs et parlaient du sexe avec grossièreté, se vantant entre eux de leurs relations avec des servantes ou des putains. Po évitait ce genre de discours en haussant les épaules, et ne parla à ses camarades ni de sa passion ni de ses pratiques solitaires : au demeurant, il lui semblait que son silence révélait quelque chose de honteux.

Étant donné qu'il était impossible de se marier avec une cousine, qu'il courtise Peng serait apparu comme un scandale ; d'ailleurs, le mariage de Peng avait été arrangé par l'oncle Yang quand elle n'avait encore que trois ans et les noces seraient célébrées bientôt : presque chaque jour, un damoiseau imbu de sa personne venait rendre visite à celle qui était sa fiancée, et restait chez le mandarin pour le dîner.

Un matin venteux de mars, Po se leva tard et s'assit sous le portique, un rouleau de vers entre les mains. Il ne parvenait pas à lire. Il regardait sa cousine qui, avec quelques amies venues lui rendre visite, se promenait dans le jardin, au soleil, et se penchait sur l'herbe pour ramasser des fleurs. Po voyait son visage aux pommettes un peu hautes, son long cou, sa robe rose qui bruissait tandis qu'elle se baissait et qui, serrée à la taille, accentuait la légère rondeur de sa poitrine naissante ; Po avait le vertige en imaginant les jambes qui bougeaient, serrées sous ce bruissement.

Peng riait et parlait avec ses amies de façon précieuse ; de temps en temps, elle se tournait vers son cousin, écarquillant les yeux avec la coquetterie de qui se sent suivie avec admiration : regards de défi ? d'invite ? Po avait plutôt l'impression qu'elle faisait avec ses amies quelque commentaire ironique sur son compte : le fait est que plusieurs fois, comme il restait là, boudeur, elle s'était moquée de lui, peut-être pour le provoquer. Peu importait : derrière des gestes vifs, Po sentait chez sa cousine un caractère si calme, si harmonieux, amoureux de la solitude et de la nature, que, face à elle, il éprouvait un sentiment d'infériorité. Désormais, il n'essayait plus, pour réagir contre sa propre timidité, de dire des choses intelligentes ou de jouer le rôle de l'anticonformiste qu'elle estimerait original. Il savait ses efforts si évidents aux yeux de Peng qu'ils suscitaient encore davantage son ironie. Ce qu'il ignorait, c'est que la brusquerie de Peng à son égard tenait à ces mêmes motifs qui le rendaient, lui habituellement si loquace et si assuré, brusquement gauche devant elle. Il se contentait maintenant de la regarder, sans approcher.

Or, voici qu'aujourd'hui, c'est Peng qui vient vers lui et s'enquiert de ce qu'il est en train de lire. Ce que Po a entre les mains et qu'il feint de parcourir, est de T'ao Ch'ien. Elle, alors, demande lequel de ses recueils de vers il convient de lire pour arriver à la compréhension de l'œuvre entière. Assurément, elle le dit pour mettre Po à l'aise, pour le placer sur son terrain. Mais Po, qui d'abord ne voyait que Peng dans tout le jardin, maintenant qu'elle est devant lui et que, d'un mouvement rapide, elle écarte ses cheveux pour libérer ses yeux rieurs, ne voit plus rien, comme qui regarde le soleil. Il répond avec une telle rudesse et une telle imprécision qu'il la décourage... Elle s'est écartée, mortifiée, convaincue que son cousin la considérait comme une idiote avec laquelle il ne valait pas la peine de converser.

A l'heure du déjeuner arriva le beau Tan Tu, le fiancé, qui, plein de lui, répétait des stupidités plus ou moins vulgaires et se comportait déjà en maître avec Peng ; elle, parfois se soumettait en riant, mais le plus souvent répondait par des sarcasmes qui apportaient à Po un peu de consolation.

A table, entraînés par l'oncle Yang, tous les convives plaisantaient ce jour-là : sauf Po, qui restait renfrogné, au point que l'oncle Yang lui demanda :

« Qu'as-tu mon garçon ? Tu es envoûté ? Courage ! Allons, de la vie ! »

Soucieux de ne pas perdre la face, Po chercha une phrase incisive ; sans la trouver. Enfin, avec un filet de voix, il sortit une formule toute faite où par-dessus le marché passait quelque chose de haineux : il la prononça en mangeant tellement ses mots que personne ne l'entendit. Peng et Tu parlaient à voix basse, et riaient ; Po craignit qu'ils ne se moquassent de lui. Elle le regarda avec cet habituel air de défi où Po lut encore une fois du mépris.

Comme il ne supportait plus de les voir ensemble, il quitta la table avant la fin du repas. Dans le jardin, il faisait chaud. Il retourna dans sa chambre, s'étendit sur son lit et longuement, immobile, les mains derrière la tête, fixa l'ombre allongée de la lanterne, sur le plafond. Des bruits entraient par la fenêtre qui donnait sur la cour : la scie du menuisier, le marteau du forgeron, des cris d'enfants en train de jouer, les voix des femmes qui les appelaient, les palefreniers qui nettoyaient en braillant les écuries : une vie concrète, sans rêves : il semblait à Po que, sous la lumière printanière, ces cris signifiaient la promesse d'une vie dans laquelle tous ses désirs se réaliseraient.

Chaleur, fatigue : il se leva, quitta la maison. En empruntant des rues bordées de murs couleur de vin le long desquels tombaient des glycines violettes au parfum entêtant, il sortit par la porte du Couchant. Il marcha dans la campagne par des chemins boueux, le long du fleuve Chung qui, jaune et lent, s'élargissait parmi les rizières à perte de vue. Il rencontra un charretier qui marchait à côté de ses bœufs tirant du bois, des chasseurs qui criaient, leurs chiens aboyant autour d'eux, et, dans la cour d'une auberge sombre d'où montait un chant rauque, il vit une gamine qui lavait dans une jarre un enfant squelettique ; devant la porte de chaumières peintes en vert, des femmes assises filaient en prenant la lumière.

Il se mit à grimper sur la colline de Tung-lin d'où venait toutes les demi-heures le son des cloches d'une pagode bouddhiste. La montée accentua l'épuisement qu'il attribuait au combat qu'il menait contre l'image jamais incarnée de Peng. Il s'assit sur une pierre près d'un pin tors qui s'inclinait au-dessus d'une petite mare, guère plus qu'une flaque. Tout autour, rien que la paix : bruissements de feuilles et vols d'insectes. Il voyait Han-chung dans la plaine et le cours serpentin du fleuve qui, après d'amples méandres, s'enfonçait parmi les monts dépouillés. Délivré de l'image de Peng, avec l'univers à ses pieds, redevenu orgueilleux dans sa solitude, il se voyait en poète célèbre, fatigué des illusions, des amours, dédaigneusement retiré du monde.

Vous demandez pourquoi dans les hauteurs je vis ?
Le cœur en paix, je me tais, mais souris,
le fleuve coule, glissent les vents :
tel m'est le monde, du vôtre différent.

A peine eut-il écrit ces vers qu'il cessa de se sentir seul et en paix ; il les redit à haute voix, imaginant les réciter pour Peng : c'est seulement ainsi que toute pensée prenait valeur réelle. Dès qu'il s'éloignait des autres, il avait l'impression de se retrouver avec elle, et la vie en lui s'épandait, se reversait dans les fleuves, dans les bois : il se fondait dans le tout. En ces cas-là, l'émotion paralysait son imagination, il ne trouvait plus les mots ; mais ce jour-là, il réussit à composer.

Sur le mont solitaire assis :
Montagne près d'un lac sous les pins
taciturnes. Et du soleil le dessin
dans l'eau tranquille reproduit.
Nulle vague pour rider la paix,
nul insecte, nulle feuille ne bruit.
Moi, immobile, assis près d'une haie :

espaces sans bords, effrayants : et m'oublie
et le monde, et déjà il me semble
que gisent là épars mes membres.
Reste le lieu :
silencieux.

Plus de mille ans après, ces vers seraient traduits dans un almanach anglais — pour Noël 1816 — qui les publia au milieu de chroniques de voyageurs et d'estampes de Pékin. Quelques poètes occidentaux semblent s'en être inspirés.

Po voulut s'abandonner à la paix évoquée : mais le fantôme de Peng reprit corps et Po dut une fois encore l'apaiser. Personne ne le voyait ? Il regarda tout autour, puis s'étendit près de la rive et, en pressant son ventre sur l'herbe, céda à son emportement. Caché derrière un tronc d'arbre, il se nettoya avec des feuilles. Il était mortifié d'avoir cédé à nouveau, justement après avoir goûté à l'idée d'une impassibilité orgueilleuse. Pour lui, la sagesse n'était-elle donc qu'un rêve d'enfant ? De la pagode descendit un son de cloche, plus grave que ceux qui appelaient les moines à la méditation. Po emmenait souvent avec lui un rouleau, des discours de Bouddha traduits en chinois par Bodhidarma. Il l'ouvrit et, en lisant, chercha le moyen de se détacher du désir frustrant. A ce propos, Meng Tsao-lu dans les *Pérégrinations de Li Po,* écrites à l'époque de l'empereur Ch'ien-lung, observe qu'un garçon de quinze ans plein d'imagination aspire d'ordinaire à vivre selon des principes absolus et non suivant les compromis qu'il voit pratiquer par les adultes ; qu'il recherche des certitudes quant au sens de la vie : Po se proposait de devenir un homme parfait, pur, dont l'existence réaliserait les valeurs suprêmes. Mais une impulsivité désordonnée, une nature passionnée le faisaient dévier du droit chemin, et le conduisaient d'excès de plaisir en repentirs ; quand il se croyait tout près d'atteindre son idéal, une exaltation des sens ou une émotion subite venaient le démentir.

A présent, tandis qu'il descendait parmi des rochers jaunes

en faisant attention de ne pas glisser sur les aiguilles de pin, Po songea qu'en vérité il désirait être un homme complet : si son avidité l'empêchait de rejoindre le modèle du sage, eh bien, il était préférable, plutôt que de vivre d'aspirations vaines, de s'accepter comme il était, fidèle à la violence de ses instincts, au jeu alterné du plaisir et de la douleur. Po commençait à avoir des doutes sur la doctrine cosmologique du bouddhisme, chère à son oncle Yang comme autrefois à sa nourrice et au moine Tu : sur la roue des naissances et des morts comme processus de réincarnations malheureuses auxquelles on devrait échapper.

Le soir commençait à tomber lorsque Po, après avoir montré ses papiers aux gardiens et ses poches aux gabeleurs de la porte du Fleuve, rentra à Han-chung. A cette heure, il se sentait plus vif ; il vit des chaudronniers et des potiers penchés sur leurs établis, dans la pénombre de leurs boutiques, des femmes appuyées aux portails entrouverts, des jeunes filles qui murmuraient au fond des cours ; dans la lumière adoucie du soir, tout semblait à la fois tendu et solennel, comme si une annonce de paix était tombée sur la ville et que tous, trépidants comme sereins, attendaient un autre signe...

Il se fit préparer une fouace de riz avec de la confiture de tilleul. En mangeant et en buvant du thé, il erra de pièce en pièce : dans un grand désordre, serviteurs et servantes nettoyaient le sol, toutes les fenêtres étaient ouvertes, sur les terrasses ondoyaient au vent tapis et couvertures pendus à des cordes de chanvre. Dans deux jours aurait lieu la cérémonie que les moines de la pagode de Han Lien, en procession et en grande pompe, avec étendard, baldaquins et cierges, célébraient tous les ans, dans la salle fermée à clef, devant la relique d'un doigt de Bodhidarma, achetée à prix d'or au Tibet par l'oncle Yang.

Po trouva la salle entrouverte : l'intendant Mu, dévot et contrit, allait et venait sur la pointe des pieds pour nettoyer cet endroit dans lequel les serviteurs n'avaient pas le droit d'entrer. Po poussa la porte : agitant une main, Mu lui fit signe de s'en aller sans souffler mot. Po entra malgré tout. La pièce sentait le renfermé. Sur une vieille table vermoulue était posé un reliquaire en or avec un petit rideau pourpre. Tout était rendu plus doré et plus rouge encore par les rayons du couchant qui incendiaient les fenêtres. Bien que l'intendant lui répétât que c'était interdit, Po souleva les rideaux et vit un petit os sous la vitre. Il chercha la clef dans l'intention d'ouvrir le reliquaire, pour troubler encore plus le vieil intendant. Mais la clef était introuvable et le vieillard, l'agrippant par le bras, réussit à le traîner dehors.

Po reprit ses pérégrinations : dans le bureau de l'oncle Yang, il ouvrit la grande bibliothèque vitrée et grimpa pour prendre des livres. Il jeta sur certains un regard approbateur et trouva parmi eux un *Classique de la piété filiale des jeunes filles et de la dévotion conjugale des épouses*, écrit au VIe siècle par un confucéen. Sur la seconde page, jaunie, il y avait une dédicace d'une écriture un peu gauche :

> « A la bonne Pei Mei, que j'espère pouvoir compter bientôt parmi mes chères filles, j'envoie ce petit livre dont les mots savants lui permettront d'apaiser son désir de se perfectionner dans les vertus du nouvel état qui l'attend, en espérant que cet humble don lui prouve l'affection de sa future mère : Li Lai, mandarine de quatrième classe. »

Suivait une date qui prouvait que ce cadeau était vieux de soixante ans. Il avait été offert à la grand-mère Li Mei, désormais décrépite, qui, assise dans le fauteuil vert près de la fenêtre, levait sur Po et sur les autres ses yeux larmoyants, inexpressifs, pour les baisser de nouveau avec obstination sur sa broderie. Cette vieille fanée avait été belle, peut-être autant que Peng, qui disait-on lui ressemblait. Elle s'était mariée et avait fait en criant des enfants dont beaucoup étaient morts tandis qu'elle, encore attachée à la vie, mangeait goulûment du blanc de canard et des nids d'hirondelles. La vie ! Il fallait la vivre jusqu'au bout : ne pas prétendre s'égaler à la mystérieuse unicité de Bodhidarma qui, deux cents ans plus tôt, avait quitté les désirs insensés du monde pour atteindre à la paix du nirvāna : se mêler plutôt à la foule qui, dans deux jours, allait accourir pour orner la relique, pour s'extasier devant les moines recouverts d'or, pour chiper sur les plateaux d'offrandes les mets, pour danser dans le tumulte de la fête et du vin. Renoncer à la perfection : être une parmi les dix mille. Se plonger dans la poussière du monde, ses plaisirs et même ses excès, demeurer fidèle à cette vie qui ne revient pas, pour en conserver, en s'isolant un moment, les instants caducs, le souvenir précieux — c'est à cela aussi qu'avait servi cette dédicace familière à l'écriture gauche, rédigée en marge d'un texte populaire par une mandarine morte depuis cinquante ans : les conserver en leur donnant une forme et un sens, comme avaient fait les Anciens, et en premier T'ao Ch'ien dont les vers vieux de trois cents ans étaient comme pain qui sort du four :

> Passent des nuages insistants : passent !
> Et pluie régulière : goutte à goutte !

Il sortit sur la terrasse, parmi les toits. Des nuages roses, aux contours assombris par le couchant, filaient, tirés par le vent de mars dans un ciel qui s'obscurcissait. Derrière un vase ventru d'orangers, il trouva une balle faite de chiffons, oubliée là par les enfants des domestiques ; il se mit à la lancer sur un panneau lézardé, entre une gouttière verte et deux fenêtres. Et tout d'un coup, tandis qu'il la rattrapait et la relançait, que le vent s'engouffrait sous sa chemise et l'ébouriffait, il prit la décision : il n'accepterait plus la doctrine du Bouddha, il ne rechercherait plus la perfection, mais la plénitude, l'assouvissement de ses instincts les plus contradictoires ; il se jetterait tout entier, jour après jour, dans les passions qui surgiraient sans s'occuper du lendemain et en chassant, ivre de vie, la pensée de la mort. Au même instant, il comprit que ce n'est pas à coup de preuves et de raisonnements qu'il se délivrerait de la foi qu'on lui avait inculquée, mais par un acte de fidélité envers lui-même. Une décision, au vrai, bien hasardeuse ! Jeter les textes sacrés, ne plus fréquenter les moines, déclarer à tout le monde que la religion n'était que folie, se vanter de son incroyance avec ses amis et avec Peng qui ne pourrait que l'admirer — ou se moquer de lui ? Il citerait à tout le monde Confucius qui « n'a jamais parlé des monstres ni des esprits ». Il n'avouerait à personne qu'au fond de lui-même, il était encore incertain. Il ferait l'expérience. Si, après cela, il ne se sentait pas en paix, il aurait toujours le temps de revenir entre les bras de Bouddha.

En réalité, après ce crépuscule de mars, Po ne fit pas marche arrière. Au début, ces interrogations et ces aspirations, qui dans le passé l'avaient fait demeurer sous les arcades d'un temple devant des rangées de Bouddhas sculptés tous semblables, remontaient à la surface. Mais avec le temps, les doutes ne se firent plus ressentir. Le biographe Hsia Mu écrit à ce propos : « La présomption, l'étourderie, la volonté d'attirer l'attention de Peng l'avaient poussé sur une nouvelle voie. Et sur cette base, qui peut paraître inconsistante, prit forme cette originalité morale qui le rendit par la suite capable de refuser, même à la cour, toute règle et tout conformisme. »

De la terrasse, il lança la balle et contempla la barrière rouillée qui dessinait un bel entrelacs de fruits et de fleurs, les tuiles vertes moussues, les montagnes derrière les sapins, la nuit qui allait tomber. Il y avait là un monde entier à posséder, à exprimer. La vie résidait aussi dans un désir interdit qu'il essaierait de satisfaire : convaincre Peng. Il fuirait avec elle ; ils se cacheraient pour échapper à la crucifixion, punition que la loi réservait aux couples incestueux...

Des voix familières l'appelèrent : à table ! Il descendit d'un pas royal et alla s'asseoir en silence à sa place. Il avait peur de consumer sa joie en l'exprimant. Il regarda Peng à plusieurs reprises et elle, comme si elle lisait dans ses yeux, lui répondait par des regards confiants. Tout semblait possible. Après le dîner, Po suivit Peng qui franchissait le portique pour aller ramasser des vers luisants. Dans un angle sombre, derrière une colonne, il glissa les bras sous ses aisselles. Peng s'immobilisa et Po, avec une joie débordante, embrassa ses cheveux. Peng ne bougea pas. Puis elle se détacha pour retourner auprès des autres. Sur le seuil, elle tourna la tête brusquement et regarda Po, les yeux écarquillés : de terreur ? de complicité ? de défi ?

Peu après arriva Tan Tu, sûr de lui et possessif comme toujours, et Po fut à nouveau jaloux. Peng, qui lui envoyait des œillades, éloigna à plusieurs reprises de son épaule la main de son fiancé et répondit d'un ton cinglant à l'un de ses traits d'esprit. Mais pendant tous les jours qui suivirent, elle évita de se retrouver seule avec Po et lui, tout en y pensant continuellement, ne parvint pas à s'approcher à nouveau d'elle. Quelques mois plus tard, Peng se mariait et s'en allait vivre avec son mari, promu commissaire des gardes impériales, à Ch'ang-an. Po lui avait offert en cadeau de noces une clepsydre.

(Une trentaine d'années plus tard, quand Po, poète désormais célèbre, se retrouva à Ch'ang-an, logé à la cour avec les jongleurs, les magiciens, les nains et les chanteuses, les deux cousins se revirent ; et Po, qui depuis de nombreuses années n'aimait plus Peng, lui fit tranquillement le récit de sa passion d'autrefois : il apprit, non sans une certaine stupeur, que cette passion avait été réciproque et que Peng avait attendu qu'il force les obstacles qu'elle lui imposait. Le baiser sur ses cheveux ce soir-là, dans l'ombre de la colonne, défiant les autres qui auraient pu les voir, demeurait pour Peng un souvenir précieux.

Encore transportée par le songe, bien que femme du monde à présent, Peng traitait son cousin célèbre avec une admiration dévote, qui lui parut être une autre forme d'amour. Si bien que Po s'attardait volontiers dans sa belle maison chaleureuse pour évoquer le passé et fuir l'avenir, comme dans un refuge maternel. Ainsi, durant un mois d'avril venteux où le ministre avait envoyé Tan Tu, encore beau bien que grassouillet, inspecter les frontières sur la Grande Muraille, un soir après le dîner, comme les tambours du couvre-feu avaient déjà résonné, et comme on ne trouvait plus de porteurs, qu'il était dangereux de s'aventurer dans les rues infestées de voleurs et que les filles de Peng s'étaient retirées dans leurs chambres, Po obtint de sa cousine la permission de rester dormir. Et bientôt il passa du lit étroit de la chambre d'amis au lit plus confortable de la maîtresse de maison. A la longue, une place lui fut faite et pas simplement pour une fois. Ce fut donc au moment où le désir n'en était plus pressant qu'il put avoir le corps opulent de cette matrone, fraîche et poétique comme une jument. Gamin, il avait imaginé avec une joie bouleversante ce qui maintenant, après que ce fut fini, lui semblait au bout du compte un peu mélancolique. « Ce que l'on a trop désiré, pensa-t-il, s'obtient quand ce n'est plus nécessaire : c'est seulement à qui possède, qu'il est donné supplément. »)

5

Comment Li Po annonça sur fond de fanfare sa retraite dans les montagnes

Un concert de trombones, de tambours, de gongs les rejoignit pendant qu'ils dînaient à l'étage supérieur : un air fort mal accordé de fanfare

musique triste
grincement des sons
torture du rythme

montait de la cour. La concubine Kuei devina la première ce que c'était : selon une coutume de Ch'eng-tu, six vieillards du quartier populaire des Porteurs d'eau fêtaient sous leurs fenêtres les gentilshommes qui venaient d'obtenir un diplôme : ils s'étaient déplacés ce jour-là jusqu'à Chang-ming.

Li Cheng, sa femme, ses enfants et ses concubines se penchèrent aux fenêtres. Un peu plus tard seulement, Po les imita. Sous les mûriers de la cour, six petits vieillards vêtus de noir — couleur de bon augure —, aux vestes trop longues, s'agrippaient à leurs instruments rauques comme s'ils craignaient de se faire emporter par le vent qui soufflait fort. Vus de la fenêtre, à la lueur des lanternes, ils semblaient écrasés contre le pavé. Après *Le Propos de devenir un bon fonctionnaire,* ils entamèrent *Le Cheval qui s'ébat dans les champs au printemps.* Au troisième air, Li Cheng leur jeta une enveloppe garnie de monnaie :

« Assez, ou ça va devenir ridicule. »

Po proposa de faire entrer les vieillards et de leur offrir à boire, mais cela ne se faisait pas. Eux, d'ailleurs, après avoir soupesé l'enveloppe, envoyèrent une dernière rengaine, et remontèrent sur leurs ânes, lesquels s'étaient dispersés dans la cour pour manger des feuilles de mûriers.

Ce même jour, effectivement, le jeune Po était revenu de Han-chung nanti du diplôme de l'École préparatoire. Se rasseyant pour dîner, Li Cheng demanda à quelle université il désirait s'inscrire :

« A Lo-yang ? Ou bien tenter le concours du collège impérial de Ch'ang-an ? »

Li Po leva de son assiette un regard effronté. Parler de ses affaires personnelles en famille le dérangeait. D'une voix un peu tremblante, mais brutalement, il déclara qu'il ne poursuivrait pas ses études.

L'année précédente déjà, à Han-chung, l'avait hanté le projet de quitter l'école et de se sauver dans la montagne. Seule la présence de son ami Tien Ti l'avait retenu. Ç'aurait été tellement plus agréable : lire et écrire des vers en se promenant à travers la ville ou par les collines ! Comme cette fois où, renvoyé de l'école pour insolence, il avait passé ses journées à vagabonder et jouer dans les champs avec les fils des paysans ! Tant de choses étaient à observer, à comprendre : en lui-même, dans le paysage, chez les autres ! Alors qu'à l'école on lui faisait perdre son temps sur la calligraphie et l'histoire de l'empire ! Quelquefois, il pleurait de rage d'avoir à s'asseoir dans cette grande pièce qui, autrefois, avait servi d'étable aux chevaux d'un seigneur, et abritait aujourd'hui l'école publique ; d'avoir à s'asseoir sur un banc près de la grande fenêtre d'où l'on découvrait une cour envahie au printemps par le parfum des glycines. Chaque jour plus sarcastique et présomptueux, il avait cessé d'écouter, pensait à ses affaires et traitait d'ignorants ses maîtres : dans leurs mouvements de colère et dans leur goût de punir, il voyait le résultat de cette même éducation qu'ils essayaient de faire subir aux autres : une culture réduite à l'hypocrisie et à la mémoire. Peut-être n'étaient-ils pas pires que bien d'autres, mais comme dit le philosophe Wang Chung : « Fais asseoir quelqu'un en chaire et les écoliers qu'il a devant lui, ses ennemis naturels, n'ignoreront rien de ses défauts, même les plus cachés. Les adolescents sont exigeants : la vie ne leur a pas encore appris à se résigner. »

« Feins de donner de l'importance à ce qu'on t'enseigne, et un jour tu commanderas », disait l'oncle Yang. Mais pour Po, ces respectables institutions que sont l'école et la famille semblaient n'être que des obstacles à son développement naturel :

J'eus mauvais maîtres,
et ce fut bonne école...

écrira-t-il un jour. Mais, ce jour-là, il n'alla pas jusqu'à exposer ses réflexions à son père.

Li Cheng transpirait d'impatience ; il avait glissé ses doigts dans son col et tournait son visage rouge d'un côté puis de l'autre, tordant la bouche et montrant le blanc des yeux comme un bœuf sous le joug. Il était près de se sentir mal :

« Explique-toi, voyons ! implora-t-il.

— Aucun diplôme ne peut m'être utile. Je ne veux pas devenir un pion dans l'engrenage administratif : pas plus commander qu'obéir.

— Aurais-tu l'intention de vivre à l'œil, en te promenant, et écrivant de mauvais vers ? Tu comptes peut-être, pour te nourrir, sur ce que j'ai accumulé au long de toutes ces années de sacrifice ?

— C'est toi plutôt qui vis à l'œil sur le dos des paysans. Qui, comme fonctionnaire, les exploite à coups de moyens légaux et illégaux ? Qui les laisse mourir à force de privations ?

— Et toi, tu voudrais peut-être changer le monde ? »

Li Cheng se mit à rire.

« Tu crois être le premier ? Il y en a eu d'autres !

— Tu n'en faisais pas partie !

— Qui sait ? Mais le temps vient où l'on baisse la tête et devient raisonnable !

— Je ne veux pas changer le monde : je veux faire ce que je veux. »

Li Cheng grommela :

« Tu as lu trop de livres. »

Déjà, quand il voyait Po, enfant, assis par terre, s'arracher les yeux à la nuit tombante sur une histoire de fantômes sans pouvoir s'en détacher, même pour allumer une lanterne — le livre enfermait la vie, le monde avait disparu —, il ordonnait à un serviteur d'allumer, non sans avoir crié au préalable à son fils : « Tu veux devenir aveugle ? Ces trucs-là feront ton malheur ! »

« Que vas-tu faire ? demanda-t-il enfin.

— Vivre. »

Pour le coup, Li Cheng se mit en colère : il se leva de table et lança sa serviette sur un précieux paravent brodé de fleurs.

« Quelle famille de fous ! Tu finiras comme ton grand-père et l'oncle Tung qui te donne toujours raison ! »

Li Tung, qui, en réalité, était un cousin, s'était fait moine dans un couvent bouddhiste, puis, prenant carrément le nom de Ma-tou (Mathieu), s'était tout bonnement converti à la secte chrétienne, introduite en Chine par Ruben, un nestorien hérétique, depuis près d'un siècle déjà.

Comme toujours lorsqu'il discutait avec son fils, Li Cheng fut saisi par une de ces crises nerveuses qui le vengeaient de sa famille. Il roula des yeux, balbutia, puis, perdant complètement la parole, sortit de la pièce en se pressant l'estomac et courut dans sa chambre : là, après avoir claqué la porte, il s'enferma à clef.

« Tu en as fait une bête enragée », constata la mère de Po.

Sur quoi tout le monde recommença tranquillement à manger : si on l'avait suivi, Li Cheng aurait refusé d'ouvrir et c'est seulement en pleine nuit, emmitouflé dans sa robe de chambre rouge brodée de dragons dorés, qu'il se serait glissé dans la cuisine pour y chercher un petit quelque chose à se mettre sous la dent, afin de ménager au moins sa santé. Qu'on ne lui prête pas attention, au contraire, et il réapparaîtrait après une absence suffisante pour garantir sa dignité.

De fait, il réapparut, non sans feindre un grand effort pour rester calme, et jeta des regards d'envie sur le gâteau aux nèfles qui garnissait les assiettes. Comme sa femme mettait une part devant lui, il trouva encore le courage de refuser pour ne pas s'avouer vaincu : décidément, on lui avait coupé l'appétit.

« Allons, parlons sérieusement. »

Intimidé, il s'efforçait de s'adresser sur un pied d'égalité à son pédant de fils qui haussa les épaules.

« Tu te reposes pendant quelques mois, proposa le père. Et puis, si tu veux rester chez moi... »

Po déclara qu'il avait l'intention de partir : il se retirerait dans les montagnes, en ermite, peut-être avec son ami Tien Ti.

« Tu ne quitteras pas cette maison pour la déshonorer ! »

Li Cheng était à nouveau hors de lui.

« J'aurai recours à la force ! »

Mais il restait là, pathétique, sans croire lui-même à ses menaces. Serrant entre ses mains son visage livide et rond, la tête blanche comme porcelaine, il jetait des regards effrayés à sa femme en quêtant son approbation. Savourant sa propre faiblesse, il commença alors à se plaindre : dans toutes les familles, les enfants étudiaient sans faire d'histoires, marchant sur les traces de leur père. Pourquoi son fils à lui était-il différent ? Que deviendrait la propriété dans deux ou trois ans, à sa mort ? Car il sentait la mort proche, à tel point qu'il gardait tout prêt dans sa chambre, contre le mur, son propre cercueil historié.

« Pourquoi ton fils n'a-t-il pas d'ambition ? »

Li Cheng s'en prenait maintenant à sa femme.

Mme Li, étourdie par le vin et par un après-midi passé au lit avec les plus jeunes de ses servantes, ne répondit même pas.

« Ce garçon-là fait tout pour m'embêter, reprit Li Cheng ; parce que je suis un confucéen de stricte observance, il fréquente les taoïstes, les bouddhistes. Après quoi, les autorités pourront dire : “ Tu prétends administrer une ville, toi, qui n'es même pas capable de faire la loi chez toi ? ” Et voilà : ma carrière se terminera dans ce trou. »

Dès l'âge de huit ans, Po, après avoir lu Chuang-tzu, avait refusé de participer aux rites confucéens. Et dès ce moment, Li Cheng avait prédit : « Tu finiras brigand, ou suicidé ! »

Quand par la suite, en lisant certains textes abandonnés sur un tabouret, il découvrit que son fils écrivait de la poésie, il jugea ses vers horribles : irréguliers quant à la forme, asociaux quant au contenu. « Ceci prétend être de la poésie ? Qui abandonne les règles de ses pères tombe dans la confusion ! Dissidents, taoïstes, vous êtes tous gens de mauvaise foi, sans art, sans métier, vous jouez aux grands pontes, mais c'est pour dépouiller les ingénus de leur argent. »

Bien qu'il professât la morale de l'amour du prochain, conformément aux maximes de Confucius : « Aime les hommes, considère-les tous comme tes frères, ne fais pas à autrui ce que tu ne veux pas qu'à toi-même on fasse », en bon conservateur, Li Cheng pensait qu'en réalité toutes les idées, même les idées religieuses, servent de couverture aux seuls instincts et intérêts égoïstes.

Po lui avait fait remarquer une fois la contradiction entre l'humanisme optimiste de la théorie confucéenne et le cynisme avec lequel il gouvernait les gens.

« Justement, avait répondit Li Cheng, Confucius montre que l'instinct conduit au mal celui qui ne suit pas les coutumes de ses pères et les règles établies !

— Ça, c'est le Confucius officiel de Hsün-tzu et des néo-confucéens, avait répliqué Po. Confucius lui-même ne dit-il pas : " Les bien-pensants sont les voleurs de la vertu " ? Et ne critiquait-il pas ceux qui exerçaient le pouvoir ? »

Ne sachant quoi répondre, Li Cheng avait eu recours à une crise de nerfs.

6

Tien Ti. Le rêve initiatique

Après que Peng se fut mariée, l'amour de Po, qui ne pouvait à présent chercher la paix que dans la rêverie, s'éteignit petit à petit, de n'être plus alimenté. Mais, dans le même temps, aucune femme ne lui semblait de taille à être comparée au souvenir qu'il avait de sa cousine ; et il était difficile pour un adolescent de fréquenter d'autres femmes que des domestiques, ou des prostituées. L'amitié pour son compagnon de classe Tien Ti lui fit oublier ses regrets.

En Chine étaient admis des rapports amoureux interdits aux Occidentaux par la morale judaïque puis chrétienne. Dans les monastères bouddhistes, chez les ermites taoïstes, à cause de l'absence de femmes aux alentours, puis entre soldats, acteurs, antiquaires, ou bien dans les familles, entre épouses et concubines, l'homosexualité se pratiquait en plein jour. En revanche, dans le milieu des petits fonctionnaires, celui où Po avait été élevé, le moralisme confucéen commandait de considérer ces plaisirs comme scandaleux au même titre que toute passion contraire à la pratique des devoirs conjugaux ; étaient découragés, du moins entre hommes, des rapports considérés comme peu virils, voire ridicules.

Li Po, qui par la suite montrerait un penchant exclusif et même excessif pour les femmes, jugea que pour lui, rien d'humain n'était étranger ; et, de l'engorgement dont souffraient ses sens bloqués par une passion interdite, il sortit, en prenant des voies transversales, recomposant de façon insolite la figure sphéroïde de l'androgyne alchimique. Il traversait alors cet âge instable pendant lequel un adolescent semble disponible à un peu tout et peut fort bien, sinon céder aux exigences d'hommes dominateurs, au moins chercher dans le teint rose d'un garçon un peu féminin de son âge ce qu'il serait pour lui plus naturel mais, du fait des habitudes sociales, moins facile de trouver chez une jeune fille. « Des mœurs peu favorables à la promiscuité, comme dit Wang-Chung, dévient à l'occasion une flèche fleurie, loin de la cible ogivale que nature prescrit. »

Du dernier banc où il s'ennuyait, Po observait Tien Ti, régulièrement assis au premier rang. Ses compagnons, qui ne s'y trompaient pas, parlaient avec sarcasme de ce garçon au sourire trop doux, dans un visage rond et tendre ; Po, lui, était attiré par son intuition vive, par sa réserve délicate, aussi bien que par son agilité aux jeux et à la course. Il ne se rendait pas compte que dans cette sympathie, il y avait quelque chose d'un peu agressif : il était en fait attiré par les comportements ambigus de Tien Ti.

Il commença à lui parler, mais non sans ironie, et avec une désinvolture feinte. Tien Ti, habituellement aimable avec autrui, semblait méfiant à son égard et répondait à peine. Un jour, Po lui demanda pourquoi il fréquentait les plus idiots parmi leurs compagnons et ne voulait pas parler avec lui. Tien Ti répondit qu'il ne pensait pas que l'intelligence et l'orgueil rendissent heureux : il préférait s'en tenir aux petites choses et aux sentiments communs.

« Mais avec moi, c'est toi qui te montres orgueilleux », constata Po d'un ton qui le surprit lui-même, tant il y passait d'imploration.

Puis, un jour de mai, Ti manquant à l'école, Po s'aperçut qu'il en souffrait. En rentrant chez lui, à travers le parc des Mille Saules et la colline de la Pleine Lune, il se sentit si seul qu'il changea brusquement d'itinéraire, et passa chez Ti ;

s'asseyant devant son compagnon fiévreux mais non alité, il comprit que cette amitié était devenue pour lui la chose la plus importante : et qu'elle remplissait sa vie. Il éprouva de la tendresse pour le genou de Ti qui pointait, nerveux et rose, sous sa robe de chambre bleue, nouée avec grâce à la taille. Tien Ti se taisait, comme quelqu'un qui observe. Mais à partir de ce jour-là, il sembla reconnaître, par des sourires d'entente, l'existence entre eux d'un lien qui les isolait, comme un secret. Après l'école, Po raccompagnait Tien Ti chez lui ; l'après-midi, ils se retrouvaient pour se promener jusqu'au couchant sur les routes et dans les parcs alourdis par le printemps. A l'émotion qu'il éprouvait alors, Po n'osait pourtant pas encore, comparant avec le souvenir de Peng, donner les noms de désir et d'amour.

Tien Ti, lui, était suspendu à ses lèvres. Son visage s'éclairait d'orgueil lorsque Po lui faisait des confidences ou lorsqu'il lui lisait des vers. Po, cependant, sentait en lui quelque chose d'insaisissable encore, qu'il n'aurait pas su formuler sans doute, quelque chose de vivant et de musical qui l'attirait. Il lui semblait aussi que pour violer ce qui restait comme un secret, devait naître entre eux quelque chose de plus intime. Une fin d'après-midi, alors que dans l'allée du parc un soleil déclinant enflammait les feuilles des tilleuls, Po demanda ce surcroît d'amitié. Ti sourit, comme un enfant savant ou comme une mère pleine de bon sens, et répondit qu'il était pour eux impossible d'être de vrais amis parce qu'il entendait, lui, l'amitié d'une manière... d'une manière dont il ne parlerait jamais.

« Pourquoi ? s'inquiéta Po, sombre et soudain angoissé. Pourquoi ? »

Ti, fixant de ses yeux verts de chat les maisons de bois parmi les jardins et, au loin, le soleil qui s'évanouissait, rouge sang, derrière le mont Kao, répondit qu'il n'était pas heureux.

« Pourquoi ? » insista Po.

Le jour suivant, il revint à sa question : pourquoi ne pourraient-ils être amis jusqu'au bout ?

« Ce serait mauvais pour toi.

— Pourquoi ? »

Ti ne répondit pas. Mais, devant sa maison, à l'heure du dîner, avec un regard étrange et en prenant des précautions pour ne pas être entendu par le domestique, il murmura :

« Oui... oui ! »

Et en serrant la main de Po avant de disparaître dans l'entrée :

« Tu ne sais pas ce qu'est, pour moi, l'amitié ! »

Mais il avait promis de s'expliquer le lendemain.

En rentrant chez lui par ces routes sombres, Po pensait : « Il doit être membre d'une société secrète. » Et le jour suivant, à l'école, il fixait Ti avec fébrilité. Dans les regards de Ti, une joie sauvage semblait lui répondre. Mais le soir, seuls sous les arbres de la colline de la Pleine Lune, c'est avec embarras que Ti murmura, de sa voix douce, qu'il n'était pas comme les autres, qu'il n'avait jamais désiré une femme, si différent en cela de Po que celui-ci n'avait pas compris.

« Tu me méprises peut-être, à présent ? » finit-il avec un filet de voix.

Po fut bouleversé. Il connaissait ces choses mais pas avec faveur ; d'ailleurs, chez lui, on en avait toujours parlé comme d'une affaire un peu ignoble. Comme d'habitude, il raccompagna Ti, mais demeura tout le long du chemin en silence. Sur le seuil, Ti lui tendit la main, en le fixant comme pour un adieu. Po ne rentra pas chez lui, ne toucha à aucune nourriture, et marcha pendant toute la nuit dans les rues sombres. De temps en temps, il était interpellé par un ivrogne ou une prostituée. A la fin, il se retrouva tremblant de froid sur le rempart de garde de la porte du Levant, près d'une sentinelle qui lui offrit à boire : devant lui se détachaient, sur l'aube rose, les bosses de chameau de la montagne aux Deux Pics.

Il avait l'impression d'avoir su depuis toujours, pour Ti. Pourtant, il n'y avait jamais pensé et cela maintenant l'angoissait. Il avait désiré l'embrasser, et se trouver au lit avec lui, comme quelquefois il imaginait y être avec sa cousine ou avec la servante Liu, celle de son enfance. Au soir de sa visite à Ti malade, il avait fait un rêve : il marchait avec Ti le long d'une pente cultivée, une vigne peut-être, aux feuilles tachées par le couchant. Il y avait là beaucoup de monde, comme lors d'une fête campagnarde, mais Ti et lui, cachés dans l'herbe rousse, s'embrassaient. Ti, couché sur le dos, s'accrochait à ses hanches avec son genou découvert... Po s'était éveillé bouleversé par le plaisir, et satisfait.

C'est seulement maintenant qu'il comprenait la nature de l'union totale qu'il voulait obtenir de Ti. Le lendemain, il le chercha et, en lui caressant les cheveux, il le lui dit d'une voix brisée. De ce jour, à l'école et au-dehors, ils se sentirent tous les deux seuls au milieu d'un monde d'ombres. Mais Po se mit bientôt à désirer Ti si violemment qu'il n'était plus possible pour eux de converser comme auparavant : il n'y avait plus de temps que pour la louange sans retenue dont Po faisait hommage au corps entier de son ami ; et d'implorer qu'il se laisse embrasser, et de lui réciter des vers véhéments, et de les lui offrir — aussi sont-ils perdus, mais Hsia Mu dit qu'il en a encore vu quelques mauvaises copies de la main du poète. Plus le désir devenait agressif, maladroit aussi, plus Ti se faisait fuyant. L'école allait finir : Po chercha à convaincre Ti de ne pas s'inscrire à l'université de Lo-yang, mais de se retirer avec lui sur le Pic Solitaire où se trouvaient des ermitages taoïstes et des monastères bouddhistes : là, ils pourraient méditer ensemble et s'aimer. Les mystères de la sagesse attiraient Ti et il voulait vivre avec Po ; mais il ne savait pas comment le faire accepter à un père et à une mère qui le bridaient.

Une fois l'école terminée, Po partit pour Chang-ming et annonça à son père, comme nous l'avons raconté, son intention de se retirer dans les montagnes. En même temps, il envoyait à Ti des lettres ainsi que des vers remplis tout à la fois d'amour, de désirs et d'insultes. Ti répondit en avouant une passion qu'il n'avait pas encore osé reconnaître en paroles et accepta de fuir sur le Pic Solitaire avec lui.

Venant de routes différentes, à dos d'âne, avec chacun un chargement de provisions, ils se retrouvèrent par un après-midi de juillet au pied du pic, là où commençaient les sapins. En montant parmi les bois, les torrents, les rochers roses et bleus, ils rencontrèrent quelques taoïstes solitaires : l'un, assis sur un banc de bois qui cernait le tronc d'un noyer, méditait nu dans un pré humide ; un autre pêchait son dîner dans un torrent. Un autre encore, un vieillard joyeux et gras qu'ils trouvèrent en train de caresser fort intimement un sien gamin qui lui jouait du luth, leur indiqua, plus haut, une cabane abandonnée par un sage, mort béatement de froid l'hiver précédent. Ils y arrivèrent : des os desséchés étaient éparpillés autour de la cabane. Le vieillard d'en dessous leur avait raconté que, faisant une promenade au soleil, et voyant apparaître le corps dans la neige qui fondait, il avait renoncé à l'enterrer, attendu que le sage veut apporter un peu de joie à chaque enfant de nature, aigle ou rat, loup ou belette, sans privilège particulier pour les vers. Les os avaient été rongés avec soin. Po et Ti les portèrent au bord du torrent, où, appuyées contre un chêne vert, se trouvaient encore la canne et la lance du mort. Avec des tiges de bambou et des mottes d'herbe, ils bouchèrent les trous que les intempéries avaient ouverts dans les parois et dans le toit de la cabane. Ti sortit une cuisse de chien et un peu de riz : de quoi, épuisés, affamés, à la nuit tombée, dans le silence qu'élargissait le fracas lointain d'une cascade, ils dînèrent à la lumière ténue qu'une lampe à huile laissait tomber par sanglots dans la cabane.

Ensuite, Po lut à Ti, dans une anthologie qu'il avait apportée, des poésies de Meng Hao-jan, un poète encore jeune qui, comme le précisait une note, vivait retiré sur le mont Lumen, dans le Hupei :

Soleil descendu derrière les monts,
gorges pâles ; avec la lune monte
parmi les pins le gel de nuit ;
le vent : porte-voix des cascades ;

Les bûcherons : rentrés, tous,
et les oiseaux endormis sur les branches ;
moi, à l'attendre, lui qui va venir pour la nuit,
en veille avec mon luth, sur la sente.

Ils se regardèrent dans cette pauvre lumière, bouleversés. Ti se leva, Po le suivit, Ti se retourna, Po vit ses yeux brillants dans l'ombre, lui saisit un bras ; alors, le timide Ti se pencha en avant et donna un baiser rapide à Po, sur l'une de ses joues, puis posa le front sur son épaule, comme une jeune fille qui s'abandonne. Se tenant par la main, ils sortirent sous la lune, se promenèrent parmi les pins et les roches tourmentées. Ils rentrèrent, commencèrent à préparer la paillasse ; Ti, écarquillant des yeux brillant d'orgueil et de tendresse à voir Po s'occuper de ces choses ordinaires, dit plusieurs fois :

« Quelle merveille ! »

Ils se déshabillèrent en se tournant le dos et s'étendirent côte à côte. Quelques minutes passèrent ; Po souffla la lumière. « Je dois m'approcher de Ti qui m'attend et faire ce que j'ai tellement voulu. » Mais voici qu'il n'éprouvait plus de désir : rien que de la honte, voire de l'épouvante. Ce fut Ti qui s'approcha ; mais au contact de sa peau, de sa chaleur, Li Po resta immobile ; il devinait, à la lueur de la lune que filtraient les bambous mal entrecroisés, les yeux exorbités de Ti.

« Po ? A quoi penses-tu ? »

Et, un peu plus tard :

« Je le savais ! Je le savais ! Ça n'est pas pour toi. »

Plus tard encore, Po sentit une des mains de Ti se poser sur son bras et l'autre main — Ti s'était mis sur le côté, là, tout près —, allant et venant sur son ventre, se glisser jusqu'à saisir, comme dans une coupe, son membre. Po repoussa cette main. Ti s'assit et, d'une voix où passaient des larmes, dit :

« Je ne peux pas rester ! Je m'en vais. »

Sur quoi, il courut dehors pieds nus. Après un moment d'attente, Po ralluma la lanterne, et sortit le chercher. Il l'appelait en butant contre les pierres ; mais Ti s'était caché. Il découvrit enfin son ombre derrière un gros rocher. Il le supplia de ne pas rester là dans le froid d'une nuit humide. Ti se laissa convaincre, mais d'une voix sombre, comme vieillie, il dit :

« Je ne peux que te faire du mal, parce que tu es différent. Demain, je rentre à Han-Chung. »

Plus tard, plus doucement, il ajouta :

« Moi qui rêvais que nos corps produiraient un merveilleux concert de flûtes... »

Po dormit peu : à l'aube, réveillé par le froid, il vit Ti qui peut-être n'avait pas dormi du tout et regardait en l'air, ignorant son réveil ; il vit que le sexe de Ti sortait, tout gonflé, de sa robe de chambre. En proie à un mélange de peine et de dégoût, il se tourna de l'autre côté.

Ils se levèrent épuisés. Po désirait partir ; pourtant, lorsqu'il vit que Ti rassemblait ses affaires, il le pria de rester. Mais Ti était décidé. Déjà, il poussait son âne. Po dut le suivre et l'implorer en le tirant par le bras, au point que Ti commença à s'irriter. Pour céder, à la fin ; mais lui qui jusque-là s'était montré si dévoué et admiratif, devint, à dater de ce jour, le détenteur capricieux d'un pouvoir dont il entendait bien profiter, et auquel Po se soumit de plus en plus.

D'abord, Ti manifesta sa mauvaise humeur en n'ouvrant

pas la bouche jusqu'au soir. La nuit, comme Po, ayant retrouvé son ardeur, essayait de le caresser, Ti le repoussa comme un ennemi. Puis, dans l'insomnie, il sembla céder au pardon ou au désir ; il étendit une main invitante que Po s'enhardit à saisir et qui lui répondit ; alors, Po, avec furie, comme habité par un feu, assaillit Ti jusqu'au terme d'une âpre satisfaction.

« Attends... Va plus lentement ! » avait suggéré Ti en riant, et en se plaçant mieux sous lui.

A présent, il se montrait complice : comme qui se réjouit d'autant plus de donner du plaisir qu'il réalise par là ses propres inclinations.

Po lui caressa les cheveux en lui murmurant à l'oreille des paroles attendries. Ti était nerveux.

« Fais-moi quelque chose, je t'en prie !

— Quoi ? » demanda Po, avec un égoïsme inconscient.

Ti lui saisit une main et la posa sur son sexe resté insatisfait, que Po caressa avec douceur, de haut en bas et de bas en haut, jusqu'à ce que le sperme de Ti lui colle aux doigts.

Ti fut tendre toute la nuit ; mais, au matin, il avait repris un air torve :

« Qu'as-tu ? demanda Po.

— Tu m'as traité comme une femme.

— Comment cela ?

— Quand tu me caressais les cheveux.

— Enfin, pourquoi ? »

Ti voulait à nouveau s'en aller.

« C'est pour ton bien et pour le mien. »

La lutte recommença. Ti finissait toujours par rester, mais dormait dehors dans quelque cavité entre les roches, jusqu'à ce que Po le retrouve après des jours d'angoisse. Alors, Ti lui adressait des regards où l'amour se faisait reconnaissance et là, par terre, ils s'accouplaient comme des chiens.

Ti trouvait toujours d'autres raisons d'être insatisfait.

« Ce n'est pas beau : nous sommes comme des troncs séparés.

— Que dois-je faire ? » demandait alors Po.

Un soir, Ti s'oignit par-derrière ; Po, après un peu d'embarras, l'enfila de son membre ; Ti, se cambrant, offrait et serrait ses fesses, avec les onomatopées du don de soi féminin. Une autre fois, l'union advint dans sa bouche qui suçait Po, en se déformant, jusqu'à avaler enfin.

Tout de suite après, Ti s'approcha de Po apaisé et, après s'être agité brièvement, lui répandit son pollen sur une cuisse, qu'ensuite il nettoya avec soin.

Mais le jour suivant, Ti était de nouveau capricieux et méprisant. A travers colères et refus, il semblait vouloir mettre son ami à l'épreuve, pour qu'en triomphant des obstacles il se montrât de nouveau maître de lui. Mais Po, tenaillé par l'impatience, sortait toujours plus faible de ces épreuves, et Ti s'indignait encore plus : un cercle vicieux. Mieux : plus Li Po se faisait pressant et montrait qu'il avait besoin de Ti, plus Ti sentait lui peser leur liaison.

A présent, Ti se moquait des poésies de Po qu'autrefois il avait bues comme du nectar ; il commença à opposer aux convictions de son ami des idées bizarres. Quand il était seul, Po trouvait des arguments convaincants et rêvait de reconquérir grâce à eux l'estime et l'amour de Ti. Mais dès la première réplique, il se fourvoyait ; Ti jouait à embrouiller les preuves et à sauter du coq à l'âne jusqu'à ce que Po, après avoir dit : « Avec toi on ne peut pas raisonner ! », restât là, interdit, sous la domination de ce Ti qui l'humiliait.

Po connaissait bien un remède : ne rien demander, ne pas montrer d'amour, afficher une assurance tranquille et prendre ce qui dès lors viendrait tout seul. « Ti, comme tout le monde, cherche un maître », pensait-il. Mais un regard de son idole suffisait ensuite à le perdre. Ti lisait clair dans ses résolutions, lui riait au nez, et Po oubliait sur-le-champ toutes ses résolusions. C'est seulement quand, sans plus prêter attention aux provocations, il s'en allait — et il y réussissait rarement — s'occuper de ses propres affaires en silence, en évitant de se laisser humilier, que Ti — et il n'y avait pas à attendre longtemps — s'approchait de lui comme un chien qui remue la queue à la vue de son maître retrouvé. Dès qu'il se défendait, au contraire, avec une impatience passionnelle, son désir désespéré d'être aimé et estimé transparaissait dans ses discours dont Ti se moquait. Po se mit à craindre de déceler dans ses yeux de la haine.

Po passait désormais ses journées sans rien faire. Il s'asseyait solitaire, presque malade, parmi les rochers, le cœur battant de peur que Ti réellement ne l'abandonne. Et le soir, il sentait ces rochers empourprés par le soleil déclinant peser sur sa poitrine, de tout le poids de la douleur qui le consumait : comme l'écroulement même de sa vie avec Ti.

Lequel descendait joyeusement les pentes et rencontrait des moines ou des ermites qu'il essayait de séduire en minaudant et caquetant. Les solitaires, vivant éloignés des femmes, n'étaient évidemment pas insensibles à ses charmes. Lui s'irritait de la jalousie de Po qui, la langue pendante, le suivait à travers bois, ravins et cabanes, pour l'attendre et l'appeler des nuits entières quand, sans plus de souci, il ne rentrait pas dormir. A son retour, Po le soumettait à des interrogatoires rageurs ; moyennant quoi Ti, pris de fureur, repartait.

Et puis, tôt ou tard, Po tenait de nouveau sous lui, sur la paillasse sale, le corps de Ti bruni par le soleil, et ce corps, il l'adorait, tentant d'y saisir une âme aussi fuyante qu'un phénix. Et la langue de Ti était un poisson dans sa bouche.

Po était jaloux aussi du passé, par exemple du premier baiser dont Ti lui avait parlé pour le faire souffrir, qu'un cavalier de passage, tout en abreuvant son cheval à la fontaine, avait arraché à Ti, quelques années plus tôt. Ti s'inventait même des amours et Po, désespéré, finissait par le croire. Sur quoi Ti niait en riant et le traitait d'imbécile. Ou encore, Ti se promenait nu dans la cabane et se refusait à Po, en répétant qu'il ne l'aimait plus et qu'il avait d'autres amants. Po, étourdi et cherchant la querelle, le menaçait pour qu'il avouât que ce n'était pas vrai. Ti hurlait et regardait Po avec l'angoisse d'un animal traqué : il lui lançait à la figure qu'il était une bête sans talent, que sa promesse de devenir un grand poète, et qu'ils seraient invités ensemble à la cour de Ch'ang-an, avait été un rêve puéril : certains bouddhistes qu'il allait trouver sur la pente opposée du pic Solitaire, étaient bien plus doués que lui. (Pour être juste, les ermites taoïstes assuraient Po, dans le même temps, que par là-bas, on passait des nuits d'orgie au milieu de courtisanes à violer des novices.)

Po expliquait bien à Ti que le bouddhisme est une doctrine superstitieuse. Et cherchait à marquer des points par des discours désintéressés. Mais Ti relevait avec méchanceté tous les signes de vanité et d'inassurance dans l'effort de Po pour présenter sous un mauvais jour ses nouveaux amis. Lui les exaltait à tel point que Po, éperdu, était contraint d'admettre qu'il s'était trompé et d'implorer sinon de l'estime du moins un peu d'amour. L'un et l'autre lui étaient soit refusés, soit concédés avec mépris. Ti se déshabillait, s'étendait jambes écartées sur la paillasse et regardait Po avec sarcasme.

« Non », disait Po.

Mais bientôt, il se perdait dans des tendresses qui finissaient par émouvoir Ti.

Au monastère, Ti fréquentait surtout un gigantesque moine à la tête ronde et rasée, aux mâchoires larges, à la peau sombre, aux pupilles ténébreuses : le moine Wu passait pour un grand savant. Outre qu'il lisait les textes sacrés en sanscrit, il semblait parvenir, grâce à la pratique du yoga, à la lévitation corporelle ; et il passait pour être, à quarante ans, un familier déjà du nirvāna. Po parlait de lui avec mépris, comme d'un sac de merde et de mémoire ; mais il sentait, avec dépit, qu'il échouait à convaincre Ti.

Un jour, en épiant Ti dans le bois, il l'aperçut en promenade avec le moine qui avait posé une de ses mains sur son épaule et agitait l'autre en l'air avec des allures de sermonneur. La douleur serra Po au cœur et lui embua les yeux. En fuyant, il trébucha et, se retrouvant à plat-ventre, il pleura en silence sur un enchevêtrement de racines.

En vain, menaçant, il interrogea plus tard Ti qui rit et l'assura qu'il n'était « pas encore » l'amant de cet homme. Po n'en souffrait pas moins de voir Ti désormais imprégné des idées du moine, comme il l'avait été, autrefois, des siennes. Ce Wu — rapportait Ti — avait décrit Po comme « un petit jeune homme prometteur aux yeux de bébé tigre à qui on a volé sa proie ». Po devinait que l'assurance sardonique, mais sans doute encore plus le physique de buffle du moine séduisaient Ti, qui n'invoquait qu'une amitié spirituelle. Le bon sens de Po était offensé quand Ti se mettait à parler avec exaltation d'expériences initiatiques, de conjonctions astrales, de nirvāna, de mort, du voile de Maya, ou quand il se faisait mérite de son détachement — le sien et celui du moine Wu ! — à l'égard de la foule méprisable qui ne sait pas atteindre à de telles sphères. Po pensait qu'étaient vulgaires ceux-là mêmes précisément qui considéraient les autres avec mépris. Il décida qu'il retournerait rapidement dans le monde : parmi ceux qui, esclaves comme lui de passions violentes, étaient « vulgaires » parce que vivants.

Ti, dans des moments de rage, commença à proclamer qu'il était l'amant du moine ; mais Po, maintenant qu'il s'en vantait, n'y croyait plus. D'autant moins que, la nuit, Ti se laissait étreindre plus tranquillement et avec plus d'indulgence que naguère, même s'il accusait ensuite Po de ne rechercher que le plaisir grossier du paysan qu'il avait toujours été. Po, de son côté, cherchait de la reconnaissance. En fait, entre eux, il n'y avait plus que deux rapports possibles : la dispute ou l'étreinte.

Quelquefois, Po pensait tuer Ti ou se tuer pour le punir de tant de cruauté. Mais, le retrouvant entre ses bras, il éprouvait une telle gratitude qu'il le couvrait de baisers et de morsures attendries, des oreilles jusqu'aux pieds, comme si, en humectant de salive cette peau sans défense, il pouvait arriver au cœur pour y cacher sa peine.

Un jour d'hiver, alors qu'il était monté sur un magnolia pour épier, par-delà les murs, le jardin du monastère bouddhiste, Po vit au loin le moine Wu et Tien Ti passer entre des troncs dépouillés que le soleil faisait briller, et entrer dans un pavillon dissimulé par le feuillage d'une plante grimpante. En s'écorchant genoux et mains, il réussit à progresser sans être remarqué et, se cachant derrière les troncs, approcha jusqu'à pouvoir coller les yeux contre les fleurs rouges qui tapissaient le pavillon.

Ti était étendu sur des feuilles sèches, pantalons baissés ; le moine Wu arrachait sa tunique en exhibant un membre enflé que Ti, ayant tourné la tête, observait admirativement. Le moine au grand corps noir de poils s'agenouilla, puis enfonça son outil dans les reins arqués de Ti : il menait la danse en soufflant comme un phoque sur l'autre qui gémissait.

Po écarquilla les yeux, terrorisé par cette scène ; il lui semblait avoir l'estomac tailladé par un couteau. Il songea à empêcher cette horreur, ou à fuir. Il tomba à genoux, et vomit.

Ti dut entendre quelque chose, parce qu'il tourna la tête, inquiet et rouge ; mais rapidement il se rassura, tandis que le moine, tendu dans sa fureur, lui crachait et lui vomissait dans les oreilles des phrases obscènes.

Po dut encore assister aux gémissements de jouissance du moine et voir Ti grimper à son tour sur le dos du géant pour enfiler sa tige dans cette chair velue et, après un bref va-et-vient, crier de plaisir. Tout de suite après, le moine se leva, rit, à genoux, et, de nouveau prêt, attrapa le garçon par les hanches, le remit sous lui et le posséda encore une fois.

Po ferma les yeux. La tête lui tournait... Quand il revint à lui, ils étaient encore là, dans un enchevêtrement affreux. Il se boucha les oreilles avec les mains, posa son front par terre et laissa de ses paupières serrées jaillir les larmes. Lorsqu'il se releva, ils étaient partis. La lumière du couchant dorait les troncs, un vent froid courbait l'herbe. Dans l'immense jardin, plus personne. En escaladant le mur, il se fit une coupure à une main mais n'y prêta pas attention. Arrivé à la cabane, il attrapa pêle-mêle ses affaires. Pleurant très fort, il arracha des murs tous les vers qu'il avait écrits pour Ti — les fragments de papier volèrent sur le pré, puis dans l'eau du torrent, qui les emporta — et, juché sur son âne, quitta la montagne. A travers les ombres du soir, des bancs de brouillard montaient comme fumées le long des pentes, et l'odeur de cet air brumeux resta toujours mêlée dans son souvenir au goût des larmes qui ravinaient son visage et mouillaient ses manches.

L'ermite Tung, un vieux taoïste alchimiste, l'hébergea près du temple de la Fleur d'or, sur le mont Kao ; dans ses rêves, Po embrassa encore pendant longtemps Tien Ti. Mais il en éprouvait de la honte et faisait des efforts désespérés pour se libérer. Quand il croyait avoir enfin réussi, il récidivait.

Une nuit, s'éveillant brusquement, il se redressa épouvanté dans la chambre à demi obscure. Il entendait un bruit de pas qui montaient l'escalier. Peut-être n'avait-il pas fermé la porte d'en bas ? Il ne se souvenait pas d'avoir tourné la clef. Le sablier, sur la table, marquait la quatrième veille.

Penché dans l'ombre, il sortit pieds nus dans le couloir. Les pas, pesants, montaient encore. Il regarda à travers le judas : la cage d'escalier était vide ; puis, tout au fond, apparut un homme qui ressemblait à un bûcheron, barbe ébouriffée, habits déchirés. Sur ses épaules, il portait un enfant nu qu'il tenait par les poignets : un bébé hydrocéphale, squelettique, une espèce d'énorme fœtus au visage de cadavre, aux yeux de grenouille. Terrorisé, Po les vit monter. Ils étaient à présent tout près de sa porte. Et lui, alors, s'aperçut qu'elle n'était pas fermée, mais simplement tirée. Il s'appuya contre le bois, bras tendus, poussant désespérément avec ses paumes : la porte ne se laissait pas fermer. Et ces deux-là, derrière, qui allaient entrer... Non, le bruit des pas reprenait, ils continuaient à monter, vers le toit, par les marches qui tournaient en sens inverse du soleil. En regardant à nouveau par le judas, Po vit pendre à la ceinture du bûcheron et battre derrière son dos, plus terrifiante que tout, une serpe en forme de demi-lune.

L'homme disparut au détour de l'escalier. Quand il redescendit, il ne portait plus le petit monstre, il ne ressemblait plus à un bûcheron, il descendait avec solennité, en costume de mandarin. Il parvenait à nouveau derrière la porte. Po y appuya encore ses deux mains. Mais le visiteur, comme d'un souffle, l'ouvrit toute grande : le visage serein, le regard sévère, il serra la main gauche de Po dans la sienne et, d'une voix impérieuse qui semblait venir des lointains sommets, lui recommanda quelque chose dont Po ne put se souvenir avec précision, mais dont le sens était :

« A toi de porter la responsabilité ! La responsabilité ! »

La porte s'était refermée, l'homme s'en était allé. D'un regard dolent, Po examina sa main contractée : s'y trouvait encastré un anneau qui transperçait la paume, en passant entre le pouce et l'index ; la blessure le brûlait. Tenant sa main levée pour l'examiner, Po s'avança et ouvrit une fenêtre au fond du corridor : c'était une aube d'été un peu brumeuse : il découvrait le parc, la cage aux oiseaux, la tour blanche du temple derrière les sapins. Il s'assit sur une chaise de bambou, revint à sa main transpercée. Il saisit l'anneau, l'arracha aussi facilement que s'il était en papier d'argent ; demeurait gravée dans sa chair la trace douloureuse d'un demi-cercle sanguinolent. En la regardant, comme lorsqu'en rêvant encore on prend conscience de rêver, Po murmura :

« Que signifie ce rêve ? »

Er il se réveilla.

Se hissant sur ses coudes, en proie à une terreur imprécise, il sentait une présence obscure. Avec difficulté, il alluma sa lanterne et contempla sa main gauche, convaincu, à cause de la brûlure qu'il y ressentait encore, d'y trouver le trou de l'anneau. Il n'y avait qu'une légère rougeur sur la paume ; dans son sommeil, il s'était peut-être appuyé contre un bouton de sa chemise... Il regarda le sablier sur la table : exactement la quatrième veille ! Il se leva, ouvrit la fenêtre et, derrière le parc et la tour du temple, revit cette même aube d'été un peu brumeuse qu'il avait aperçue en rêve. Et la fenêtre, qu'il avait l'habitude de fermer tous les soirs, était béante.

Ce rêve, qui ressemblait en tous points à la réalité, n'était-il pas un avertissement des profondeurs ? Peut-être avait-il un rapport à son aventure avec Ti ? Quelque chose de menaçant, qui s'était incarné en Ti, se montrait, dans le rêve, lui appartenir en propre. Il pouvait en « porter la responsabilité », se l'approprier : la force obscure se transformerait alors à l'intérieur de lui en figure bénéfique, maîtrisée. En Ti, il s'était perdu, scindé. Il n'y avait pas chez Ti ce qu'il y avait cherché : c'est en lui-même qu'il devait le trouver, qu'il devait se retrouver. Il se souvint d'une fable que bien des années plus tôt son grand-père lui avait racontée :

« Par une nuit de pleine lune, comme un charretier marchait seul sur la route de Hang-chou, son ombre qui glissait devant lui, le long des jardins, s'allongea tout d'un coup, s'étendit, grimpa jusqu'à la fenêtre illuminée d'un palais, et disparut. Depuis ce jour, le charretier languissait seul, privé de son ombre, jusqu'à ce qu'un soir, longtemps après, il entendît frapper à la porte de la cabane. Un jeune homme grand et maigre, aux airs de vagabond, entra et lui dit :

“ Tu ne me reconnais pas ? Je suis ton ombre... ” »

Po l'avait retrouvée. Il ne pensa plus à Ti, il n'enlaça plus son fantôme. Le monde reprenait son charme. Suivre non pas son ombre propre, mais l'Autre. S'enrichir de l'altérité. Les femmes étaient la différence ; toutes les choses, en un sens, l'étaient aussi. Vivre l'aventure de la vie. Po s'y perdra à nouveau : mais pour l'instant, il se repose, contemple les choses, en jouit.

Hsia Mu raconte qu'à cette époque, vivant et s'instruisant auprès de l'alchimiste Tung, Po était devenu si doux que, pendant qu'il ramassait du bois, les oiseaux de la forêt venaient se poser sur ses mains. Le gouverneur Ling Hao, quand il l'apprit, le convoqua dans son palais, lui demanda de lire ses vers et fut convaincu qu'à ce jeune homme aux yeux de taureau s'ouvrait un destin immortel — il paraît que les oiseaux sentent ces choses : si bien qu'il lui offrit de rester dans la capitale jusqu'à son diplôme et, grâce à son appui, de faire carrière jusqu'aux échelons les plus élevés de l'administration.

Po dit « merci » mais déclina l'offre.

Deuxième partie

HANG-CHOU

1

Comment Li Po s'en alla vivre dans la grande ville de Hang-chou et s'y promena de longs jours

La vie solitaire sur le mont Kao avec les travaux dans les bois, la poésie, les expériences d'alchimie faites en compagnie de l'ermite Tung à la recherche de la Fleur d'or et de l'élixir de Vie éternelle, parmi fioles, carafes, ampoules, coupelles, pilons, marteaux, enclumes, forges, fours, fourneaux, attisoirs, soufflets, éventoirs, allumoirs, pierres à feu, lampes à huile, athanors, creusets, matras, éprouvettes, cornues, alambics et cucurbites, finirent par ennuyer le volubile Li Po : qui revint à Han-Chung chez son oncle, le mandarin Yang. Mais la vie tranquille de cette ville rurale ne lui suffisait pas non plus. Po décida de quitter à la première occasion, et pour toujours, les lieux où il avait grandi, et de se diriger vers la capitale Ch'ang-an, au nord-est ; ou vers le sud-est et Hang-chou, la ville surpeuplée, nœud maritime et routier que les voyageurs décrivaient comme merveilleusement située près de la mer entre des collines, le lac Occidental et le fleuve Chu-chiang.

L'été, assis sous un arbre feuillu et après avoir déposé sur l'herbe un rouleau de vers, il arrivait à Po de contempler du haut du mont la petite ville où il avait aimé et Peng et Ti, dans l'ombre vert azur de la plaine et, plus loin, les montagnes devant un horizon imprécis. Un silence solennel l'entourait quand, plus bas, dans les champs blonds de chaumes, les cigales interrompaient leur chant rauque. Tourné vers le sud-est, Po songeait à partir pour Hang-chou et trouver là-bas ce qui lui avait manqué jusqu'alors : poésie et vérité, conversations et reconnaissance, femmes et argent : peut-être même une aimable mandarine qui l'aiderait à faire fortune.

Cette fascination pour Hang-chou, outre le souvenir de la fable de l'ombre et du charretier, puis le désir de voir la mer, le ciel brûlant du Sud et cette métropole dont on disait qu'il y régnait une surprenante animation, venait encore de ceci : il savait que son poète préféré, T'ao Ch'ien, trois cents ans plus tôt, après avoir dû abandonner ses fonctions pour s'être refusé à s'incliner devant un ministre, avait passé ses dernières années en solitaire dans une cabane au bord de ce même lac Occidental sur la rive opposée duquel s'étendait Hang-chou, à l'époque encore provinciale. C'est d'ailleurs sur une colline jouxtant le lac, dans un monastère taoïste dont il avait été l'hôte, qu'on conservait les os et le masque mortuaire de T'ao Ch'ien.

Po venait juste de lire que le gouverneur de la région de Hang-chou était le mandarin Po Chü-i, qu'il tenait pour l'un des plus grands versificateurs vivants et dont il ne se lassait pas de réciter les poésies : celle, par exemple, que celui-ci avait envoyée à son ami Yuan-chen — un autre poète mandarin, auquel le liait une amitié littéraire — qui de son côté, s'il fallait l'en croire, avait vu sur un mur de Ch'ang-an certains vers de Po Chü-i. Celui-ci, donc, avait répondu :

> Mes vers sur un mur d'auberge, maladroits,
> personne jusqu'à présent pour les lire.
> Mousse et traces d'oiseaux,
> presque effacés les caractères :
> un voyageur survint, généreux,
> bien que ministre de la Droite
> près du très sacré trône impérial ;
> d'un pan de son manteau brodé,
> daigna balayer la poussière :
> et lut.

A Li Po, ces vers suggéraient une communauté d'esprits sensibles et de galantes femmes, réunis pour une conversation édifiante sur l'amour de l'art et de la nature. Comme il avait également lu qu'à Hang-chou Po Chü-i recevait la visite d'hommes de lettres et de disciples, le désir lui vint de soumettre au jugement du maître ses propres vers.

Quand il apprit qu'on cherchait un courrier pour faire parvenir à des parents qui habitaient sur la route de Hang-chou les lettres de l'oncle Yang et d'autres notables, il saisit l'occasion. Ces courriers privés étaient bien payés : Po calcula que s'il dépensait peu pendant les mois de voyage, passant la nuit — puisque c'était le printemps et que s'approchait l'été — dans des étables, sur la paille, ou dans des cabanes, plutôt que dans des relais postaux ou des auberges, il économiserait assez pour vivre à Hang-chou jusqu'à se dénicher un travail d'écrivain.

Il partit par une journée de grand vent, tandis que dans le ciel couraient de sombres nuages. « Je voyagerai avec eux », pensa-t-il. Quand il fut sorti par la porte du Levant, chevauchant un mulet que lui avait donné le mandarin Yang, il se retourna pour saluer de la main son cher oncle, lequel, avec voiture et escorte à cheval, l'avait accompagné jusqu'au pont-levis sous les remparts rouges. Ensuite, il ne se retourna plus. Au détour de la route, il fut heureux de se retrouver sous ce ciel infini, seul, face à un monde inconnu.

A ce moment précis, il se mit à pleuvoir : de grosses gouttes éparses battues par le vent tombaient des gros nuages noirs. Sans descendre de son mulet, Po ouvrit avec peine le grand parapluie vert qu'il portait avec lui. S'efforçant de le tenir contre le vent, il regarda alentour : la route, flanquée de rares masures, de buissons et d'arbres couverts de la dentelle des premières feuilles, se déroulait en descente à perte de vue, parmi des collines argileuses et des rochers épars. Balayant les champs, les rafales brisaient au milieu de l'herbe les tiges d'une armée tremblante de fleurs jaunes. Po n'entendait pas d'autres bruits que les pas du mulet et le tambourinement rapide des gouttes d'eau sur son parapluie, sur les feuilles, sur les cailloux. Dans le lointain, la fumée noire d'un incendie de forêt restait suspendue dans l'air.

La pluie cessa abruptement. Un homme courbé, titubant sous une charge de bois mouillé, avançait dans sa direction, et bien que Po ne le connût pas, en le dépassant il le salua. Une demi-heure après, il aperçut un char, tiré par une bufflonne noire, avec un chargement de branches au sommet duquel était assis un garçon qui tenait un long fouet. Un autre char s'avança en hoquetant, tiré par un âne et suivi de près par un homme : sa cargaison résonnait de récipients de cuivre remplis de lait qui s'entrechoquaient.

Le mulet de Po continuait d'un pas régulier, en secouant affirmativement la tête. A l'endroit où se croisaient deux routes ceinturant une colline, Po choisit la plus large, celle que les branches des grands arbres qui la bordaient rendaient obscure comme une galerie couverte.

« Nous sommes seuls, mon cœur et le Tao. »

Il se souvint de ce vers ancien. Après l'avoir répété plusieurs fois, il se sentit apaisé. Quand l'allée se rouvrit, il lui sembla que les nuages portés par le vent précédaient ou suivaient son mulet, accourant de toutes parts dans une même direction, s'attroupant en masses tantôt plus obscures, tantôt plus claires, comme moutons suivant un berger en direction des plaines du Sud.

Tomba la nuit, arriva le froid ; au premier village qu'il vit à mi-hauteur des montagnes, Li Po grimpa jusqu'à une cabane où on l'adressa à l'ancien du village, lequel, apprenant que c'était là le neveu du mandarin Yang, le reçut avec honneur dans sa maison : à l'intérieur de la province, le sceau du préfet ouvrait toutes les portes.

Après avoir passé la frontière, Po progressa sur le dos de son mulet par monts et par vaux, à travers les vastes régions du Szuch'uan, du Hupei, du Hunan, du Chianghsi, du

Chechiang. Il passa près de lacs, traversa des rivières, dont l'immense Fleuve Bleu, sur des barques ou des jonques. Il passa par d'innombrables villages et petites villes. Plus souvent que dans des auberges remplies de voyageurs, il se restaura soit tout en chevauchant, soit en s'asseyant dans un champ proche de la route. Il passa ses nuits dans de modestes relais postaux, dans des chambres nauséabondes infestées de puces, dans de petites cabanes remplies de punaises, au milieu d'étables parmi les bêtes qui tranquillement broutaient dans leurs mangeoires sans faire attention à lui. Il dormit encore dans des granges, dans des jardins, dans les hôtelleries de temples bouddhistes ou taoïstes, quelquefois dans des auberges creusées à même les remparts d'une ville. Quand vint l'été, il dormit dans les champs, sur des tas de foin, dans des bosquets proches de la route, sous les étoiles, à la lumière de la lune, parmi les cris des chouettes ou le coassement des grenouilles, posant sur son sac de voyage sa tête couverte jusqu'aux oreilles d'un béret de laine, et serrant son corps contre la chaleur du mulet endormi.

Les voyageurs qui passaient par là dès l'aube l'observaient en train de dormir sereinement dans le giron du destin. Une nuit, un gros animal l'attaqua pendant son sommeil et vola de la nourriture dans son sac. A demi éveillé et dans l'obscurité, Po ne comprit pas contre quelle bête il luttait. Elle était couverte de poils, grande, féroce peut-être. Le lendemain, il ne sut plus très bien si l'attaque avait été rêve ou réalité. Une autre fois, à l'aube, deux voleurs en haillons essayèrent d'arracher son sac de sous sa tête. En se réveillant d'un seul coup, Po attrapa le long couteau qu'il tenait sous son ventre et réussit à les faire fuir.

Pour franchir des gorges infestées de brigands, il se joignait à d'autres voyageurs. Puis il continuait seul. Les aubes se levaient, les crépuscules survenaient sous des ciels tantôt sereins, tantôt noirs ; les nuages, la nuit, glissaient devant la lune ; la saison changeait ; à la floraison, là, d'un arbre, succédait tout à coup, plus au sud, le déploiement des feuilles et des fruits. Pendant qu'il chevauchait sous le soleil, Po admirait les paysages : les plaines fertiles amoureusement cultivées, que relayaient des montagnes boisées ou nues, formées d'énormes blocs superposés. Des ponts de bois branlants qui le conduisaient entre les crêtes, il apercevait des précipices d'où jaillissaient des eaux grondantes, tandis que des bancs de brume grimpaient sur les flancs déchiquetés. Du haut des cols, il apercevait, dans les plaines, des lacs vert-bleu, des rizières inondées dont les eaux scintillaient au soleil. Sans descendre de son mulet, il prenait quelquefois des notes ou jetait sur le papier un poème. Ou encore, après avoir arrêté sa bête, il esquissait à l'encre l' « impression » que tel pan de paysage avait provoquée.

Un matin, au sortir d'une gorge — rochers orange et bleutés, friables comme de mousse —, il vit surgir, devant lui, l'un des paysages les plus paradisiaques qu'il eût jamais perçus, si ce n'est par des évocations de peintres : Hang-chou, grandiose, éclatante dans la plaine au bord de son lac, au cœur d'un triple cercle de cimes vertes et de montagnes bleues ; Hang-chou, remparts crénelés à l'intérieur desquels s'élevaient des tours de pierre, des pagodes de bois, des centaines de palais dont les toits de tuiles, peintes en jaune, vert, bleu, scintillaient de loin au soleil comme lingots d'or ou écailles de poissons, tandis que les frondaisons des parcs grimpaient sur les flancs de collines résidentielles, elles-mêmes entourées de murs sur le versant méridional.

Chevauchant sur une route à présent large et pavée, encombrée de passants, agitée de trafic, Po se trouva longer l'étendue limpide et turquoise du Lac Occidental dont une rive accompagnait les remparts, puis une avenue bordée de grands arbres où circulaient voitures de seigneurs et palanquins, portés par des serviteurs au pas de course. Se reflétant au bord de l'eau, pagodes, monastères, villas, maisons de thé et de plaisir, arbres gigantesques et crénaux s'y dédoublaient. Au milieu du lac, Po remarqua deux îles, dans les jardins et pavillons desquelles des groupes joyeux se promenaient ou s'asseyaient pour banqueter parmi des musiciens. L'eau était sillonnée de petites jonques de pêcheurs, et plus souvent encore de jonques de plaisance, chargées de gens en fête — femmes élégantes, foule d'enfants — assis sur le pont, ou penchés sur les bords.

Devant la Porte Orientale, doublée de plaques de fer, Po tira sur ses rênes, arrêté par le chef des gardes, lesquels, armés d'épées et de lances, fouillèrent poliment ses maigres bagages. Il entra ainsi dans la ville, qui d'emblée lui parut immense. Sur les grandes places carrées ou rectangulaires, encombrées par des marchés bruyants, la foule se pressait autour des étalages et des tentes colorées des marchands et des bateleurs. Les rues principales étaient larges, bordées de portiques sur lesquels ouvraient des boutiques ; les rues latérales, par contre, étaient étroites, mais toutes également pavées de briques ou de grandes pierres ; dans les rues principales, sur le côté, une travée en terre battue était réservée aux chevaux. Le Boulevard Impérial, large d'une centaine de mètres, planté d'arbres sur plusieurs rangées, n'était qu'une succession d'arcs de triomphe à cinq arcades, construits en l'honneur d'illustres mandarins ; du nord au sud, il traversait toute la partie commerçante et populaire de la ville, jusqu'aux deux collines résidentielles. D'en bas comme d'en haut, cet énorme boulevard était parcouru par une foule de cavaliers, de voitures, de palanquins. Il y avait davantage encore de gens à pied, affairés sous les portiques au milieu des vendeurs qui vantaient leurs marchandises ou tiraient là leurs charrettes.

Po avait beau savoir que Hang-chou, la ville la plus peuplée du monde — plus encore que Ch'ang-an, la capitale — comptait près d'un million d'habitants, rencontrer une telle foule dans les rues le stupéfia. Il était étonné par la hauteur des édifices. Non seulement les palais de pierre qui abritaient les bureaux des fonctionnaires, mais quantité de maisons d'habitation en brique, visiblement populaires, souvent branlantes ou décrépies, adossées les unes aux autres de façon à occuper tout l'espace, s'élevaient sur huit ou dix étages, jusqu'à cacher le ciel. Aux étages supérieurs, les logements ; au rez-de-chaussée, les boutiques des artisans ; en cocasse inventaire, forgerons, chaudronniers, ferblantiers, serruriers, couteliers, rémouleurs, armuriers, bronziers, fondeurs ; charrons, carrossiers, maréchaux-ferrants, selliers ; tanneurs, maroquiniers, fourreurs ; emballeurs, peseurs, chanvriers, magnaniers, artisans en soieries, lainiers, fileurs, cardeurs, tisserands, teinturiers ; vernisseurs, émailleurs, verriers, briquetiers, fabricants de jarres, de vases, céramistes, fumistes, marbriers, tailleurs de pierre ; constructeurs, calfats, maîtres charpentiers, fabricants de voiles ; tonneliers, fabricants de malles, de chaises, menuisiers, ébénistes ; fabricants de paravents, luthiers, tourneurs, nielleurs, marqueteurs, graveurs, ciseleurs, orfèvres, bijoutiers, marchands de jade, d'ivoire ; sculpteurs, architectes, dessinateurs, peintres, portraitistes, restaurateurs, maroufleurs, encadreurs, laqueurs, doreurs, décorateurs, staffeurs ; drapiers, tapissiers, marchands de tapis, matelassiers ; empailleurs, vanniers, cordiers, papetiers, fabricants de carton-pâte ; cartomanciens, devins, exorcistes, avocats, comptables, copistes, scribes, calligraphes, relieurs, imprimeurs ; fabricants d'encre, de pinceaux, de sceaux, de balances, de boussoles, d'astrolabes, de gnomons, de clepsydres, de cercueils, de marionnettes, de chandelles, de lampes à huile, de lanternes ; opticiens, plombiers, blanchisseurs, fabricants de parapluies, d'éventails, de chaussures, cordonniers, tricoteurs, brodeurs, dentelliers, couturiers, chapeliers, coiffeurs, barbiers, arracheurs de dents, pédicures, masseurs, guérisseurs, acupuncteurs, chirurgiens, médecins, vétérinaires, pharmaciens, herboristes, distilleurs, ensacheurs, écorceurs ; meuniers, boulangers, fabricants de pâtes, pâtissiers, confiseurs, aubergistes... Ajoutez que contre les maisons en maçonnerie se pressaient comme dans une ruche, innombrables, de minuscules et croulantes bâtisses de bois.

Bien que Hang-chou fût célèbre pour cela dans tout l'Empire du Milieu, Po fut frappé par les canaux, petits et grands, qui flanquaient les routes ombragées, sillonnant la ville dans tous les sens. Aux croisements, on avait jeté des ponts, qui se succédaient par centaines. Et sur les canaux les plus larges, les ponts, bien arqués, étaient si hauts qu'en dessous passaient non seulement des barques remplies de marchandises, mais encore des jonques aux voiles tendues sur leurs mâts, qui venaient de la mer. Ancrées à l'angle des canaux, amarrées aux parapets moussus des rues, quantité d'autres péniches étaient utilisées par des familles en guise d'habitations flottantes ou de boutiques. De toutes parts, Po sentait monter l'odeur du poisson et les âcres effluves de l'eau : laquelle, venant du lac, se jetait dans le fleuve Chu-chiang, où elle côtoyait — près de la mer déjà — les remparts de la ville, à l'est et au sud.

Il faisait nuit lorsque Li Po, après avoir demandé plusieurs fois son chemin sans descendre de mulet, arriva à l'auberge que, quelques jours auparavant, un voyageur lui avait recommandée pour la modicité de ses prix et — nonobstant — la qualité de sa cuisine. Elle était située sur la place des Selliers, dans les méandres les plus sales de la basse ville, entre le boulevard Impérial et les rues mal famées qui menaient au port fluvial.

Dans cette bâtisse immense et simple, où Li Po avait l'intention de demeurer jusqu'au moment où il trouverait un logement plus tranquille, se côtoyaient vendeurs ambulants, ramoneurs, ménestrels, voituriers, porteurs, marins, bergers ou paysans qui venaient vendre leurs produits au marché. Les grandes cours, pourvues de puits et d'abreuvoirs, étaient peuplées d'animaux attachés à des anneaux, eux-mêmes fixés au mur. A la puanteur et aux mugissements des bêtes, se mêlaient les cris d'enfants ou de spectateurs attirés par les hurlements des parieurs autour des combats de coqs.

A peine arrivé, Po vit ainsi deux coqs se battre, la queue raide, dans un battement d'ailes ; un tournoiement aérien de plumes colorées arrachées à coups de bec. Un instant après, sans que l'on comprenne comment, l'un était à terre, immobile, ensanglanté, la gorge déchirée par les griffes de l'adversaire. Quelqu'un emportait le mort, quelqu'un d'autre, la main gantée, attrapait le vainqueur, lequel, bien que couvert lui aussi de sang, esquissait des mouvements de triomphe, une sorte de danse autour de la victime, tout en lançant ses cocoricos. Deux hommes, gantés encore, sortaient des sacs, au milieu de nouveaux cris des parieurs, deux autres coqs, aux yeux rouges, qui battaient des ailes et se jetaient déjà l'un sur l'autre.

Po se souvint des vers où le malheureux prince impérial Ts'ao Chih évoquait ce divertissement, mais entre nobles et généraux :

> Sous l'huile fumante des lampes,
> nous, côte à côte, au long des bancs,
> et les coqs au combat qui battent
> des ailes dans l'air calme...

Aux étages supérieurs, on dormait dans de sinistres cellules en enfilade ouvrant sur d'interminables couloirs : là, on pouvait la nuit avoir pendant une heure, pour quelques *fen,* une des servantes-prostituées de la maison, pas toujours jeunes, qui se laissaient prendre, distraites et ensommeillées, après la journée de travail. Tout cela au milieu de serviteurs mal embouchés et malpropres. Il est vrai qu'on ne mangeait pas mal, dans de grandes salles humides aux murs épais, au plafond voûté, aux fenêtres hautes comme celles d'une prison ou d'une vieille forteresse. Après le dîner, on y prenait aussi du thé ou de l'alcool de riz.

Quand les ivrognes, entre autres clients, étaient partis se coucher, Po, s'il ne sortait pas se promener dans la cité endormie, restait seul, excité par le vin, dans une de ces grandes salles, au milieu du silence ; comme fond sonore, l'écho, contre les voûtes, des bruits venant de l'énorme cuisine dans laquelle, à cette heure-là, les servantes lavaient en riant la vaisselle. Assis à la table où il avait mangé, un carafon à portée de main, Po lisait dans son coin ou fixait les ombres très hautes, ondoyantes, que dessinaient sur les murs de rares lampes à huile et le feu allumé dans la grande cheminée sous d'énormes chaudrons, en dépit des chaleurs de la saison. Dès que la grande salle se dépeuplait, un grillon domestique, caché dans quelque trou, entre deux briques de la cheminée, laissait monter son chant dans la paix survenue. Il s'interrompait, hésitait, puis insistait sans plus connaître de fatigue ; il y avait là comme une nostalgie désespérée de la campagne, songeait Po qui, tout en l'écoutant, rêvait pendant des heures et, un peu ivre, jouissait de se sentir solitaire au cœur de la ville. Plus tard, appelé par la plus agréable des servantes de la maison, il montait dormir — gratuitement — avec elle.

Pendant la journée, il se promenait à travers Hang-chou. Dans les rues relativement désertées, il fallait longer les murs pour ne pas être renversé par les voitures bruyantes des mandarins, que tiraient de nombreux chevaux. Po préférait les rues grouillantes dans lesquelles passaient des charrois tirés par des chevaux lents et gras, ou par des chameaux absorbés, comme hypnotisés. Sur les places de marché, l'odeur du poisson cru ou cuit, salé ou macéré dans l'huile de sésame ou de jasmin, montait des étals de marchands ambulants. On proposait des oiseaux à la broche, des quartiers de canard, des viandes de porc rôti, du daim, du chevreau ; et du riz bouilli, du vin chaud, du gingembre, de petites oranges, des plantes médicinales, des fleurs, des perles, des livres et des étoffes. A l'angle des portiques, des astrologues, des acupuncteurs, des médecins populaires donnaient des conseils et faisaient leurs affaires ; des maîtres — ou prétendus tels — enseignaient l'écriture. Au milieu des places, s'agitaient pêle-mêle conteurs, tambours, mimes, acrobates, mangeurs de clous, bateleurs qui avalaient des épées, crachaient du feu, faisaient tourner des assiettes, des rubans, des bâtons ou des balles de toutes les couleurs. Là autour, faisaient cercle des oisifs et des voleurs, tandis que passaient rapidement, tête baissée, des files de gens affairés. On entrait pour quelques sous dans certaines baraques devant lesquelles criaient des bonimenteurs : on y voyait des animaux exotiques, des femmes géantes, des hermaphrodites exposés sur des tables, des enfants à deux têtes et autres créatures monstrueuses, ou encore des Indhous qui de leur flûte charmaient des serpents. Des spectacles de danses, de marionnettes, d'ombres chinoises, se donnaient dans d'autres baraques. De grandes enseignes lumineuses annonçaient des spectacles théâtraux, des concerts, des expositions-ventes de peinture, des écoles de musique où les femmes et les filles de fonctionnaires et d'artisans riches apprenaient à jouer d'un instrument.

Sur l'un des côtés de ces grandes places bien carrées, il y avait toujours un palais à la façade historiée, dans lequel siégeaient des magistrats prêts à arbitrer sur-le-champ les controverses qui pourraient naître entre marchands, vendeurs et clients, citadins et militaires. Po constata avec surprise qu'à l'entrée de tous les ponts, y compris les plus petits, se tenaient quatre hommes de garde, jour et nuit, debout ou assis à l'abri d'une guérite de bois. Ils frappaient des gongs pour annoncer l'heure, qu'on lisait sur des cadrans solaires ou sur des clepsydres à eau. Appelés par les gongs de ponts voisins, ils accouraient, à la disposition du quartier pour poursuivre les voleurs ou éteindre les incendies qui éclataient souvent dans les maisons de bois.

Po se lava dans des bains publics où hommes et femmes — chaque sexe de son côté — se baignaient ensemble par centaines, puis se réchauffaient en buvant du thé autour d'énormes fourneaux roses. Il vit les entrées bien propres des hôpitaux, où l'on savait accueillir les pauvres auxquels on donnait ensuite un travail dans les parcs ou dans les constructions communales. Il visita les temples taoïstes et bouddhistes, découvrit une église chrétienne où il contempla plusieurs exemplaires d'une silhouette qui lui sembla triste et étrange : un mort pendu, sanguinolent, cloué à des pals croisés. Les chrétiens s'étaient répandus au cours des cent dernières années, depuis la pétition de Ruben — A-lo-pen en chinois — à l'empereur T'ai-tsung requérant la permission de construire une église à Ch'ang-an. Les confucéens du ministère des rites avaient examiné ses opinions et ses écrits pour s'assurer qu'ils ne contenaient rien de séditieux. Logé à la charge du ministère, Ruben avait traduit les Évangiles ; et après en avoir examiné le texte, les confucéens avaient déclaré sa doctrine « inoffensive et pacifique, bien que tissée de contes populaires touchant un monde extraterrestre ». Dans un rapport, ils avaient reconnu en Ruben « un prêtre comme il faut, qui prend plaisir à propager les fables morales de son pays ». Ils l'autorisèrent à faire courir ses fables parmi le peuple et lui accordèrent un monastère pour « vingt et un résidents », à construire dans la banlieue de I-ning aux frais du ministère des Travaux publics, sollicité à cette fin. Le christianisme plut au petit peuple : si bien qu'avec les dons des fidèles une église chrétienne avait bientôt jailli dans chaque préfecture, et en particulier à Hang-chou.

Po visita aussi les maisons de plaisir. Le long des grands

boulevards, il observa des femmes aux habits voyants, et outrageusement parfumées, lesquelles, entourées de très jeunes servantes, attendaient les clients dans leur jardin ou dans un pavillon à vitrine. Certaines avaient des voix distinguées et des manières de grandes dames : mais celles-là étaient trop chères pour Po. Dans d'autres rues, c'est seules ou par groupes agités de trois ou quatre, que de pauvres femmes des trottoirs lui soufflèrent leurs propositions.

Il explora jusqu'aux routes caillouteuses hors les murs, où les maisons, séparées par des champs, des vergers ou des bois, devenaient plus rares : là, des putains moins jeunes et plus grasses ou des voleurs plus ou moins hébétés arrêtaient les passants aux croisements. Au vrai beaucoup plus dangereuses, parce qu'y rôdaient non seulement des voleurs mais des assassins, et que les policiers les évitaient, étaient les ruelles qui partaient d'un des côtés du boulevard Impérial pour s'enfoncer parmi des maisons basses jusqu'aux hangars du port fluvial. Po descendit de là sur une jonque jusqu'au port maritime de Ngan-pu ; du môle, il vit pour la première fois la mer : qui lui sembla désolée, solennelle comme la mort. Il en écouta le bruit monotone. C'est de Ngan-pu que les bateaux remontaient le fleuve jusqu'à Hang-chou où ils déchargeaient des marchandises venues du Japon, de Corée, des Indes, d'Indonésie, de Perse, d'Arabie : des marchandises brutes qui, par terre, mer, fleuve ou canaux navigables, seraient acheminées dans tout le jardin du Milieu, d'où revenaient à Hang-chou des marchandises plus travaillées, destinées à l'exportation.

Pendant les premiers jours, Po observa avec curiosité les porteurs, ouvriers des arsenaux, des fonderies, des forges, marins et marchands, travailler, aller et venir sur le port. Les hommes d'origine exotique étaient nombreux : étonnants par la couleur de leur peau, leurs habits, leurs manières brutales ou mal éduquées, leurs regards astucieux ou cruels. Autour des entrepôts de marchandises et des cabanons gigantesques, odorants de bois à peine scié, un énorme chantier bouillonnait : on fabriquait des bateaux, on en réparait, on en passait à la poix au milieu de la fumée épaisse, des odeurs âcres, des cris en différentes langues et du fracas des marteaux sur le bois.

C'est par le fleuve, en amont du port, qu'arrivaient les cortèges funéraires — Po, curieux, en suivit quelques-uns —, avec force flambeaux, étendards rouges, et quand le mort était un mandarin, un grand portrait en pied et vêtements officiels hissé sur des perches. Derrière, avec la foule, suivaient les moines taoïstes, bouddhistes, et quelquefois chrétiens, leurs musiques et leurs chants. Par prudence, les riches, et même certains mandarins agnostiques ou confucéens, payaient pour leurs obsèques des prêtres de toutes les confessions : après tout, et même si la chose n'était guère vraisemblable, l'une d'entre elles pouvait ne pas être une fable tout à fait. Parmi les plaintes des religieuses, des pleureuses, les musiques stridentes et les danses rituelles, sur un grand emplacement venteux se déroulait l'immersion rituelle du cadavre : l'eau de tous les fleuves était tenue pour sacrée, provenant des Sources Jaunes, où se trouvaient réunis et mêlés les souffles vitaux des morts. Ensuite, on enterrait le défunt soit dans le jardin de famille, soit dans un cimetière relégué sur une colline où, par un matin nuageux, Po erra longuement, sous les arbres, parmi des tombes fleuries.

Il se promena encore dans la zone résidentielle, sur les deux collines tapissées de jardins : le mont Phénix, dominant le spectacle du fleuve, où les plus riches marchands et nombre de fonctionnaires avaient leurs villas ; puis, tout près, la colline des Dix Mille Pins, avec les cours des mandarins majeurs ainsi que le palais impérial : lequel dominait le lac, au centre d'un parc immense entouré de murs. Y résidait le gouverneur de la région.

Li Po éprouva une grande déception lorsqu'il apprit que le mandarin-poète Po Chü-i, à qui il avait espéré faire lire ses essais, avait été six mois plus tôt rappelé à la capitale. Il apprit que c'était précisément Po Chü-i qui avait ouvert au public le parc et les trois grandes salles du palais, toutes peintes d'or sur fond vert, pour y donner des fêtes et spectacles gratuits.

Dans le parc s'amassaient étangs couverts de fleurs de lotus, petits ponts, escaliers, terrasses, pavillons, serres, arbres immenses et toutes sortes de pierres, fleurs, poissons, oiseaux, animaux domestiques ou sauvages : ces derniers s'étaient multipliés pendant le gouvernement de Po Chü-i, qui n'allait pas à la chasse. Du parapet situé au fond du parc, Po contempla le lac bleu et, derrière le triple cercle des montagnes, le ciel rouge ; du côté opposé, les cent mille toits peints de la ville, et le fourmillement noir, grouillant, de ses rues tracées à l'équerre.

Il se promena le long du lac, monta sur les jonques où de belles musiciennes et des femmes de plaisir distrayaient les assemblées. Avec le peu d'argent qui lui restait, il ne put s'isoler plus d'une fois avec l'une d'entre elles, dans un des pavillons des îles. Le plus souvent, il se cachait dans un buisson avec une putain plus commune mais qui lui semblait agréable, parmi toutes celles qui se trouvaient le long du lac, devant les maisons de plaisir : des maisons qui surgissaient quand ne se reflétaient pas dans l'eau, entre un pré fleuri et un bosquet parfumé, pagodes et monastères.

Au bord du lac, sur l'un des coteaux — les poètes l'ont décrit comme l'un des plus beaux endroits de la terre —, il visita le temple taoïste dans le jardin duquel, trois cents ans plus tôt, avait été enterré T'ao Ch'ien. Sous les arbres séculaires, la vieille tombe était fleurie. Les cendres du poète se trouvaient maintenant à l'intérieur du temple, dans un petit coffre de cuivre tarabiscoté, avec son simple nom gravé. Po eut envie de pleurer devant le contraste entre la grandeur de T'ao Ch'ien et l'humilité de sa sépulture, comme entre cette sépulture et l'opulence vide de tant de monuments de Hang-chou. Le regard fixé sur le petit coffre, il évoqua une mélodie du vieux poète — *Lamentation pour ma sépulture :*

Souffle du vent sur le lac,
désolé, De la maison
sort ma dépouille. Dresse la tête
et hennit mon cheval.

Chant funèbre épuisé,
rentrent en ville
accompagnateurs et amis.
La famille reste, un peu.

Fort gel d'automne
à pique-visage. Laissé seul
mon corps, pour qu'il se mêle
à la terre, la colline, ici.

Si c'est par nuit de pleine lune,
on verra ondoyer de loin
les arbres au vent,
qui font ombre sur mon tombeau.

La route qui conduisait là avait préparé Po à une émotion de ce genre. Elle était bordée de jardins, de maisons de bois, de boutiques qui résonnaient du chant des hommes et des femmes au travail. L'attitude de tous ces gens avait semblé à Po plus douce et plus cordiale que dans les autres quartiers de la ville : ici on n'intriguait pas, on vivait d'une vie retirée, chacun répétant — habitudes séculaires — les gestes savants de son art. Malgré ce qui le distinguait de ces gens, Po se sentit très proche d'eux.

Un portier du monastère l'accompagna en haut d'un escalier, lui ouvrit une porte et, après lui avoir donné une indication, le laissa entrer seul dans les pièces — une ancienne bibliothèque — où avait vécu T'ao Ch'ien. Sur les murs d'un long couloir, d'un côté, les portraits des abbés taoïstes ; de l'autre côté, de petites fenêtres. En soulevant un rideau, Po vit briller en bas, parmi les magnolias du jardin, le lac ; en haut, un ciel jaune s'arc-boutait au-dessus des montagnes.

Voici la chambre de T'ao Ch'ien : restée telle, assurait-on, qu'au temps où le poète mourant était l'hôte du monastère. Une petite table vermoulue, deux fauteuils usés, de modestes objets domestiques. Des manuscrits, des lettres, les premières éditions de ses poèmes étaient exposés dans des reliquaires de verre. Un autre reliquaire, au centre de la pièce, contenait le fameux moulage en cire foncée du visage de T'ao Ch'ien au moment de son dernier soupir. Son front rond, nerveux, ses veines saillantes, ses lèvres épaisses, tout disait la vie : il semblait plus intelligent et davantage familier que tant de visages que Po rencontrait dans les rues. Le premier visage d'homme génial qu'il eût jamais rencontré. Il souhaita avoir un ami et un maître tel que celui-là. « Mieux qu'aucun autre, ce portrait donne l'impression qu'est là un homme aussi sensible que renfermé en lui-même », avait écrit de ce moulage, deux siècles auparavant, le critique Liu Hsieh, dans le traité célèbre *Graver au cœur de la littérature un dragon :* une feuille de papier en reproduisait ici les termes.

On disait que T'ao Ch'ien avait été le premier artiste moderne : passionné, subjectif, obsédé par les doutes sur la forme, par l'idée de perfection ; pendant la dernière année de sa vie, vieux et peut-être devenu fou, ou du moins bouleversé par une imagination sans limites, par de folles amours, il avait écrit pour une jeune chanteuse des vers que les critiques de l'école confucéenne jugeaient malsains :

> Je voudrais être miroir — dans lequel tu te regardes,
> soie de la jupe — dont tes jambes s'enveloppent,
> bandeau pour ton sein — perle au milieu de ton cou,
> eau qui te lave — crème sur ta peau étalée,
> et tes chaussures pour — que me presse ton pied.

Enfermé dans le monastère, c'est de cette même chambre où elle était conservée qu'il avait écrit à un ami la lettre où il se plaignait de ce qu'un lutin engendré par la sorcellerie des mandarins — ses ennemis — lui avait volé sous ses yeux, sur sa table — cette table poussiéreuse et vermoulue ? —, des papiers et des livres, du pain et des fruits. Pourtant, ce visage vif, intelligent, n'avait pour Po rien de celui d'un malade en proie au délire ; c'était celui d'un homme serein qui a connu la vie et en a dépassé la folie, la sensualité — la douleur.

Après avoir extrait du reliquaire une édition ancienne, Po relut lentement — un jour, il l'imiterait — la sage poésie que T'ao Ch'ien, après avoir donné sa démission, avait écrite dans la cabane au-dessus du lac, où il s'était retiré.

L'oiseau en cage aspire à la forêt de son apprentissage.
Rêve à sa rive natale, le poisson dans l'étang.
Ainsi suis-je au Lac Occidental revenu
soigner mon champ. Loin dans la brume
se lèvent les fumées de Hang-chou.
Le vent ouvre mon manteau ; et délacé je dors.
Devant le porche tremble le bois, ombres tranquilles.
Sur le mûrier, chante le coq. Le chien aboie sur le chemin.
Jouerai au réveil avec mes livres, avec ma harpe.
Esprit serein engendre serein alentour.
Dans le jardin pousse la laitue tendre.
Du blé de l'an passé, me reste un peu.
Pour faire mon vin, je mouds le mil ; le vin,
je le réchauffe et bois pendant que,
glissant entre mes jambes, les plus petits
de mes enfants s'essaient à la parole.
Je fume ; qu'est-ce, la perte d'un « bonnet de gouverneur » ?
Je regarde les nuages, blancs ; pense aux anciens sages.
Les mots me manquent pour dire ce que je ressens.

Un élan de gratitude fit fondre le cœur de Po pendant qu'il se répétait ces vers, tout en cherchant dans le masque funèbre l'expression de celui qui — seul — avait su les écrire.

Bonheur que ces vers existent et continuent de souffler sur le monde. Sans être envieux, Po désira en écrire d'aussi beaux — de plus beaux, c'était impossible. Pourquoi entrer en compétition ? Atteindre à cette plénitude d'expression, c'était la seule voie pour extérioriser ce qu'était pour lui le sens de la vie, en mériter les dons, manifester la joie avec laquelle, en descendant de la colline, sur le chemin du retour, il regardait maintenant les arbres, les maisons, les passants, les jeunes gens autour des saltimbanques, tandis que, solennel et impartial comme la poésie de T'ao Ch'ien, descendait sur tous un crépuscule estival.

Pendant des jours encore, Po se promena dans le grand marché aux bestiaux, livré aux piaffements de quadrupèdes de toutes sortes attachés à de gros troncs d'arbres dont l'écorce avait disparu ; évitant, non sans peine, de se laisser frapper par une queue levée, de recevoir l'urine d'un animal, de s'enfoncer dans des archipels de merde, il errait dans un sillage d'odeurs âpres, parmi des maquignons gras munis de bâtons qui, tout en hurlant et en administrant de joyeuses tapes sur les croupes des animaux comme sur les épaules des gens, essayaient d'amener à conclusion des affaires entre acheteurs absorbés et vendeurs faussement distraits appuyés sur leurs fouets.

Aux abattoirs publics, sous les hangars et dans des cours humides entourées de palissades, il vit à l'aube des bêtes aux membres liés, effrayées et récalcitrantes — buffles, vaches, chevaux, ânes, cochons —, glisser et s'écrouler dans le sang. Au milieu de mugissements et de plaintes qui semblaient appeler à l'aide le Ciel, dans une odeur âcre de viande — qui évoqua pour Po celle du sperme — et de sang visqueux qui, en coulant à terre où il se mêlait à l'eau, bouillonnait et fumait, une foule d'acheteurs, d'amateurs et de curieux poussait des cris admiratifs à chaque coup plus réussi de la hache rouge des bouchers aux tabliers de cuir crasseux et aux mains dégoulinantes, qui lançaient des jurons. A ces cris succédaient les soupirs de compassion pour les victimes. Les corps étaient hissés à l'aide de poulies et de grosses cordes, pendus par des crochets aux poutres des hangars, puis équarris : on les laissait alors dégoutter : par la suite, coupés en morceaux, ils étaient portés par-dessus l'épaule dans des cours où ils s'amoncelaient sur des charrettes rouges qui partaient vers les différents quartiers.

Un soir, Po contempla longuement, contre le soleil désormais déclinant, certaines ruines énormes des vieux remparts ; entre herbe et mousse, des centaines de chats se réchauffaient là au soleil, se léchaient le poil, s'étiraient en courbant le dos, se disputaient la nourriture jetée par de pauvres gens, s'accouplaient. Ces existences marginales étaient celles qui suscitaient en Po le plus vivement amour et compassion pour le destin commun ; singularité de l'instant : du geste las d'un chat gris qui, de la langue, nettoie son poil, étendu sur un vieux mur, à la lumière du couchant, yeux mi-clos. Fragilité de la vie : présence ressentie de la mort. Ce sentiment-là accompagnait Po pendant qu'il se promenait au milieu de ces pierres usées par le temps et de ces bêtes en quête de nourriture furtivement ; ou lorsqu'il rencontrait dans les ruelles des adolescentes mal nourries, déjà prêtes à la soumission. Dans l'éclat vacillant de ces grands yeux interrogateurs qui, croisant un moment les siens, semblaient lui demander mélancoliquement le sens de l'existence, Po poursuivait ce fragile instant de jeunesse et d'innocence qui rend l'image de la vie poignante.

Le même sentiment de l'éphémère le frappait quand il rencontrait quelqu'un de ces vieillards ridés dont la peau desséchée portait imprimés dix mille signes du temps, mais dont le corps lourd montrait une vitalité presque obscène, résistant contre la présence de la mort. De vieux couples marchaient lentement, en bougonnant, sans même regarder autour d'eux, pris par leurs habitudes, soudés l'un à l'autre, et ces corps s'aidaient l'un l'autre à survivre : ces corps à présent difficiles à subir, qui autrefois leur avaient donné du plaisir. Inertie tenace de la vie !

Avec une sensualité de chien, Po reniflait les odeurs humides des auberges sombres où les artisans, finie leur longue journée de travail, buvaient de la bière en jouant aux cartes et en criant jusqu'à se montrer effrontément joyeux ou pleurnichards. Il reniflait la nourriture dans les boutiques pleines à craquer, odorantes de viandes séchées et d'épices, où les gens du peuple s'attroupaient plus souvent pour regarder voluptueusement que pour acheter. Même là, dans le désir de manger et de boire, devant des êtres faméliques ou repus, Po saisissait la lutte sourde du corps contre le temps qui le défait, de la vie contre la mort : jusqu'à la victoire de la mort pour l'individu, de la vie pour le tout.

Il se mêlait aux fêtes des quartiers et des corporations, aux repas collectifs sur les places, aux longues tablées avec danses costumées, castagnettes, tambours et jeux d'enfants. Dans les ruelles, sur les places tranquilles, isolées entre ponts et canaux, les voisins descendaient le soir tables et chaises pour dîner dans la fraîcheur sous les lanternes rouges et jouer ensuite aux cartes ou aux dés, tandis qu'autour couraient les enfants. La nuit, ces mêmes petites rues étaient sombres, tachées quelquefois par la lanterne jaune d'un rare passant ou celle, rouge, d'une gargote. Sous les portiques, contre les maisons, dormaient, pour s'abriter du vent, les mendiants et les pauvres, curieusement emmitouflés, comme enfilés dans des sacs de chanvre.

Dans ces quartiers les plus humbles de la ville, Po se plaisait à lire les signes de la durée sur les choses les plus communes : sur le bois des vieilles maisons et des étables, sur les ponts aux planches vermoulues, sur les murs lézardés, branlants, sur les instruments usés des boutiques d'artisans, sur les casseroles pendues aux murs noirs des cuisines. C'est là, et non pas chez les puissants, qu'il sentait battre comme un cœur la vie. Po se sentait du côté de ces gens affairés dans leurs petits trafics, ignorant les problèmes trop généraux.

En portant secours à un ivrogne qui, tombé à l'angle d'une rue, vomissait contre le mur, il pensa un soir qu'une poésie raffinée se justifie seulement quand l'homme de culture réussit à laisser parler, en une sorte d'extrait épuré, les sentiments de tous, les expériences communes : le plaisir même de se sentir satisfait dans l'ivresse et tout à la fois perdu à un coin de rue, comme cet homme du peuple crasseux. C'est seulement par cette participation que Po se sentait libre, face aux règles établies par les doctes, ses semblables, et par les riches. En se souvenant que Ti, sur le Pic Solitaire, au temps de son amour fou, lui avait reproché d'être « simple et grossier comme un paysan », il songea avec orgueil qu'il était demeuré fidèle à cette accusation.

Davantage encore que par le passé, il se disait que rien d'humain ne lui était étranger. Et puisqu'il lui semblait que l'unité de la vie et de la mort s'exprimait dans le sexe plus qu'ailleurs, Po, au milieu des gens qui sous les portiques le heurtaient involontairement, se retournait au moindre bruissement de vêtement féminin. Il s'arrêtait pour parler avec les putains qui, sous les ponts principaux ou devant des cabanes de bois humide, près du port, s'offraient en murmurant des obscénités au passant. Souriant à l'une d'entre elles, lui caressant une joue, Po entrait, se dévêtait dans son lit et, en fouillant longuement de ses doigts, de son nez, de sa langue, dans ses intimités impudiques, dans ses plis anonymes et ses humeurs, là où elle était semblable à toutes les autres, à la plus aimable aussi bien, il adorait en elle l'éternelle répétition de la vie, l'obscure origine en laquelle, s'enfonçant longuement de visage et d'esprit, il faisait retour au néant. Après l'amour, il l'interrogeait amicalement sur son sort, lui donnait des conseils et, non sans y mêler vérité et fantaisie, lui racontait sa vie ou lui récitait des vers de grands poètes qu'elle écoutait — patiente ou prise de curiosité.

« Tu fais bien l'amour, jeune homme, lui disaient-elles. Tu sais distraire.

— J'en connais l'art, répondait Po flatté. Je suis taoïste. »

En s'identifiant à ces vies élémentaires, avilies, il rêvait par moments de se perdre en elles, de s'oublier jusqu'à ne plus avoir ni nom, ni cette précaire dignité sociale qu'en tant que fils cultivé de fonctionnaire il traînait derrière lui. Arrêté près de la tente d'un jongleur ou d'une baraque de foire, il imaginait qu'il était un conteur, un acteur qui, comme son grand-père Li Ta, irait insouciant de par le monde. Il rêvait de se détruire par amour pour la plus futile des danseuses, celles par exemple qui, glissant d'une tente à l'autre, répondaient à son regard en se retournant, avec un clin d'œil provocant, et continuaient leur chemin en se tortillant des épaules et du derrière, ignorant que leur vrai pouvoir, c'était d'être un emblème de cette unité de vie et de mort, de liberté et de perdition, dont leurs gestes asservis étaient, par-delà leur jeu, l'expression.

Po en venait à désirer se retrouver dans ces rues parmi ceux qui passaient, non plus comme un homme agité par le désir, mais comme un mort, ou comme une chose : un de ces arbres séculaires, une de ces grosses pierres le long du ravin, un de ces ponts pourris au-dessus des canaux : pour fournir là, inerte et insensible, au fil des siècles, un chemin à ces femmes, à ces vieillards, illuminé par le lever et le coucher du soleil et de la lune, par la couleur du ciel au-dessus des toits : du rose clair des aubes au rouge sombre des couchants. Il recherchait alors des vers qui ne se donnent pas comme la création d'un homme particulier ou d'une époque, mais comme nés selon l'optique presque sans âge, désenchantée, d'un ciel, d'un arbre ou d'un rocher.

La nature luttait avec la ville : le vert des feuilles et de l'herbe pointait irrésistiblement non seulement des jardins et des cours, mais de chaque fissure parmi les pierres ou dans le bois, au bord des routes, sur les ponts, sur les toits — comme si les constructions humaines étaient les grilles d'une prison qui ne pouvait pas contenir la poussée de la nature toujours renaissante. Surpris par le sifflement des oiseaux ou par le chant d'une cigale, Po se frottait aux troncs des arbres ou bien, au bord d'une route, il lui arrivait de caresser, en se penchant, l'herbe très verte d'un pré sous la lumière dorée. Et tout d'un coup, il désirait changer, ne plus écrire, se laisser vivre, ne pas être ici mais dans une lointaine campagne. Certaines périphéries de la ville lui semblaient déjà autant de villages : leur aspect modeste, leur silence, brisé par des cris d'enfants ou par des appels avec, par-dessus jardins et maisons basses, ce ciel lumineux qui s'élargissait à l'infini.

Un soir, Po découvrit les boulevards du centre éclairés par des milliers de lanternes, flambeaux, lampes à huile suspendues aux façades des palais et des temples. Des serviteurs et des artisans grimpés sur des échelles tendaient des bambous à la pointe enflammée pour allumer les dernières lampes autour des fenêtres, où quelquefois un visage de femme se penchait. C'était la fête de la ville. Bientôt, la foule augmenta, au point même que Po avançait péniblement. Elle était composée d'hommes et de femmes pour la plupart mal à l'aise dans leurs habits de fête. Nombreux étaient ceux qui se regroupaient avec des enfants autour du fumet de gâteaux tout chauds. La procession des fonctionnaires en habits rituels, une couleur pour chaque grade, sortit de l'hôtel de ville au son des trompettes qui résonnaient du haut de huit tours, et défila sous des baldaquins dorés, des étendards bleu azur flottant au vent, sur un accompagnement de flûtes, trompettes, violons, crotales, cymbales, clochettes, gongs, tambours, tous joués avec fougue par des musiciens en uniforme bleu qui avançaient, jambes écartées, et que la foule applaudissait en les suivant.

En tête venaient les soldats chevelus, avec leurs cuirasses et leurs lances : raides, ils regardaient devant eux avec arrogance et avançaient avec ennui, en balançant des têtes patibulaires. Suivait une longue rangée de fonctionnaires moyens, à la tunique verte : maigres, encore jeunes, ils jetaient sur la foule des regards ambitieux et mécontents. Les mandarins d'un grade au-dessus — directeurs des prisons, des postes, des hôpitaux et hospices, contrôleurs des impôts, juges, secrétaires de la commune, maires de quartiers —, vêtus de turquoise, le plus souvent vieux et gras, suivaient, jambes larges, pas lourd de gens repus, jetant autour d'eux de rares coups d'œil à la fois réservés et éblouis. Derrière venaient les quelques mandarins de grade supérieur de la région : le directeur du tribunal, le président des Impôts, celui des Travaux publics et des Eaux, les préfets des petites villes voisines : vêtus de violet, ils marchaient lentement sans lever les yeux, la bouche sévère dans un visage absorbé, les doigts croisés sur le ventre. Derrière encore avançait au milieu de ses gardes le préfet de Hang-chou, habillé de rouge pourpre. Robuste, pas encore vieux mais le cheveu déjà blanc, il soulevait ses bras comme dans un léger battement d'ailes, balançant sa grosse tête dans un salut paternel au peuple qui l'applaudissait : un sourire débonnaire fondait sur son visage en proie à une douceur endormie. Suivait avec peine, vieux, courbé, maigre, le vice-gouverneur, vêtu d'orange : le cou desséché, l'air irrité, le regard à terre, soutenu par deux pages, il essayait tout bonnement de tenir jusqu'à la place de la Paix. A son passage, les gens baissaient la tête. Après venaient d'autres soldats, et des massiers, des thuriféraires, des officiers ; après encore, les Anciens du Conseil des quartiers, des corporations, des guildes ; enfin, derrière le grand étendard à l'effigie de Confucius venait le gouverneur de la ville et de la province, le grand mandarin Kung Tao, avec sa tunique jaune d'or toute brodée — un homme entre deux âges celui-là, sec et vigoureux, presque chauve, visage indéchiffrable, moins sévère que curieux ; il était assis bien droit dans sa chaise à porteurs découverte, soutenue par huit hommes, et ses yeux vifs, tournant de tous côtés, semblaient étinceler sous ses sourcils gris. Au passage de ce vicaire tout-puissant du gouvernement et de l'empereur, qui serait un moment plus tard l'officiant du rite civil, le peuple se mettait bruyamment à genoux sur la pierre, en cognant le sol de son front. Geste auquel Li Po ne se joignit pas.

Après que la procession se fut engagée sur un boulevard, des garçons commencèrent à se faufiler à travers la foule par des voies de traverse et à courir, tout excités, pour réussir à la voir passer plus loin, jusqu'à l'immense place de la Paix céleste où le gouverneur Kung Tao devait célébrer le rite propitiatoire au Ciel.

Po avait l'intuition qu'à la vue de ces étendards, des costumes anciens, du rite, au son de la musique solennelle, les gens du peuple se sentaient, dans leur masse, faire partie d'un tout doté de sens. Au retour des fêtes, ils percevaient à la fois l'éternelle répétition du temps et son passage : Po les entendait se rappeler l'un à l'autre, gravement satisfaits, que quatre ans plus tôt, il avait fait plus chaud ; voici deux ans, au contraire, il y avait eu un orage. Après cette célébration collective, chacun retournait à son travail, plus convaincu ou fier d'un sens illusoire. Po se défendait lui-même difficilement contre cette émotion communautaire. Il se répétait bien que ces mandarins emmitouflés dans leurs tuniques profitaient de ce sentiment de solidarité sociale pour maintenir les gens sous leur contrôle. Mais comment pouvait-on rassembler tant d'existences privées, sinon dans la croyance en un but commun ?

Les lumières par milliers, créant des effets de contraste sur les façades, mettaient en valeur la beauté grave des palais les plus anciens, construits par des artisans inconnus, quelques siècles auparavant. L'harmonie simple d'un art collectif et populaire comme l'architecture, dans ses formes anciennes et impersonnelles, frappa Po à ce moment-là. Comme le constructeur, le poète travaillait-il aussi pour tous ? Pour ces gens-là ? Il scruta sans sympathie ces hommes et ces femmes ridiculement endimanchés, qui transpiraient à grosses gouttes. Non, la poésie n'était pas un temple pour les rites communautaires et ne ressemblait pas à la peinture sacrée ou civile des palais : dès T'ao Ch'ien, elle était devenue méditation solitaire. Elle pouvait certes exprimer la solitude de tous : l'heure du désir non réciproque ; l'heure à laquelle le voyageur, arrêté près d'un fleuve, dans l'attente du bac, tout en regardant un couchant nuageux, se sent seul, en proie à une angoisse dont il ignore si elle est attente ou nostalgie ; l'heure du soir à laquelle, dans la grande salle d'une auberge vide, devant la cheminée où chante un grillon, on s'abandonne à une ivresse assoupie...

Me souvenir de toi, cité,
Chaque fois qu'un grillon domestique
Au fond d'une auberge, ironique,
Grésille près du foyer

écrirait-il peut-être un jour, vivant Dieu sait où. Désormais, la poésie ne s'harmonisait plus, comme à l'époque de Confucius, avec les fêtes et les travaux : les sentiments collectifs s'y traduisaient comme une oppressante illusion.

La foule était trop nombreuse, Li Po était trop éloigné, pour qu'il puisse assister au rite de la place de la Paix. Il vit du moins, tout à la fin, les feux d'artifice éclater, multicolores, dans le ciel sombre, parmi les cris des femmes et des enfants. Puis, tandis qu'un vent fort se levait, la foule commença à se disperser.

Po se sentit seul, anxieux de communiquer. Dans des moments semblables, il ne désirait pas tant être aimé que pouvoir aimer, avec élan. Il se souvint de sa cousine Peng ; de la servante Liu de son enfance, de son corps chaud, soumis ;

et d'une religieuse qu'il avait remarquée dans un temple, quelques jours auparavant.

Pour un prix dérisoire, il fut admis dans un endroit clos par une palissade où, dans une odeur de poissons frits, on mangeait, buvait, jouait, dansait. Il erra ici et là en mâchant quelque chose jusqu'au moment où il remarqua une femme très jeune, assise parmi les autres. Petite, maigre, pâle, gracieuse, écarquillant de grands yeux cernés qui semblaient manger son visage, elle jetait autour d'elle — mais comme si elle ne voyait personne — un regard perdu, enfantin, étonné et souffrant. Po la contempla ; elle lui rendit son regard. Attendri, ayant brusquement envie d'elle, il s'approcha pour lui parler. Mais la mère ou la belle-mère, qui était assise à côté, lui montra l'insigne de la femme mariée. Po n'eut pas envie d'entamer la conversation avec d'autres filles, dont les regards étaient autant d'invitations. Rôdant à travers la foule, il continua à jeter à la première des coups d'œil, auxquels son regard angoissé répondait quelquefois. Enfin, un gros homme violent et joyeux, beaucoup plus vieux qu'elle, certainement un artisan, lequel venait juste de gagner au jeu de boules un petit cochon braillant qu'il tenait par les pattes — lui-même avait un groin brillant de porc enrubanné, attifé qu'il était dans une combinaison trop étroite —, appela sa femme d'une voix d'ivrogne et, en riant, approcha de son visage épouvanté le petit cochon, puis attrapa la fille par le bras et, l'attirant à lui, en propriétaire, l'entraîna près de certains amis qui trinquaient.

Po fut envahi par une telle colère, une telle mélancolie à voir la dissonance entre ces deux créatures — le mari poilu, tout concret et trivial ; elle, si puérilement effrayée et étonnée — qu'offensé par un destin obscène, et privé du bonheur qu'il eût pu éprouver dans un monde où les conventions ne contrediraient pas les désirs, il s'enfuit sur la route déserte, dans la nuit venteuse.

Pris dans ce vent qui sifflait entre les arbres des boulevards, arrachait et entraînait ici et là des feuilles rouges et faisait grincer les enseignes des boutiques à présent fermées, revoyant ces yeux malheureux que peut-être il ne rencontrerait plus jamais, Po imagina qu'il couvrait de baisers, qu'il adorait à genoux cette créature fragile et merveilleuse. Pensant à elle, il se sentait isolé de tout autre être vivant : se moquant bien d'être vu ou pas, il s'étendit dans un coin, derrière un arbre, et, l'évoquant, se masturba.

Sur les ponts, le vent pliait les hampes des drapeaux. Les gardes s'étaient réfugiés dans leurs guérites d'où pointaient leurs lances. L'eau des canaux frappait bruyamment contre le ballast aux bords des rues ; sur les toits, les girouettes des cheminées et des tours se lamentaient.

2

Meng Kuo : apparition d'un chaleureux cynique

Pour éviter le tourbillon humide et poussiéreux, Po chercha un abri dans la lumière rouge, la tiédeur fumeuse, le souffle lourd d'un établissement dont l'enseigne, bien peinte sur la porte, annonçait : taverne de l'Oie Sauvage.

Il s'avança dans une vieille salle et s'assit à une table.

« Du vin ! Et du meilleur ! » cria-t-il à l'aubergiste accouru.

Sur un gros ventre, le tablier rouge et blanc n'était que taches. Tandis qu'il buvait à grandes gorgées, Po eut la sensation d'éprouver à nouveau la confortable paix de qui est seul.

Cette vaste auberge, qu'il ne connaissait pas et qui lui plut tout de suite, était une succession de pièces reliées les unes aux autres par de grands arcs, meublées de bancs et de tables rustiques, visiblement séculaires, comme il en avait rencontré rarement. Un vieux revêtement de bois arrivait jusqu'aux énormes poutres du plafond ; et de ces poutres au sol, tout était usé, noirci, brillant de saleté incrustée, mais rendue vénérable par le temps, spécialement sur les murs, où les consommateurs — la clientèle, nota Po, était franchement populaire — posaient leur tête grasse et leur dos en sueur ; comme, sur les tables, leurs coudes et leurs mains, parmi les verres de bière et de vin. Même les carreaux du sol étaient usés, branlants, inégaux : qui avait bu devait faire attention pour n'y pas trébucher.

Quelques hommes, isolés et méditatifs, le plus souvent ivres, étaient assis dans la première pièce, les coudes sur la table, la tête entre leurs mains calleuses. Dans la seconde salle, une petite foule — les uns debout, les autres assis — entourait un homme dont la voix sûre, donnant des explications à propos d'une chanson qu'il se préparait à jouer, parvenait aux oreilles de Po. La voix se tut, et, dans le silence qui se fit — l'aubergiste s'était arrêté bouche bée au milieu de la pièce, un carafon et un verre plein à la main —, monta jusqu'à Po le son merveilleux, léger et rapide, des cordes d'un luth.

Po se leva, s'approcha des autres. L'homme qui, avec de gros doigts poilus mais incroyablement délicats et véloces, jouait du luth était assis sur une table. De temps en temps, il s'interrompait un peu, jetant autour de lui un regard ironique, prenait un verre qu'une jeune fille lui remplissait et, lançant la tête en arrière, en renversait le contenu dans sa gorge. La soixantaine, grand et fort, avec des cheveux encore gris et fournis, des sourcils épais, le musicien avait un beau visage ouvert mais plein de rides, avec de grandes poches sous des yeux humides, un long nez que l'habitude de boire avait rougi et de grosses lèvres fripées aux contours marqués. Il portait une combinaison d'artisan gris-bleu avec une élégance naturelle, nonchalante, qui accompagnait très bien la sûreté de son art.

La musique s'interrompit un instant, puis l'homme entonna doucement, d'une voix rauque, catarrheuse, mais juste et chaude, une chanson mélancolique que Po reconnut avec un battement de cœur. C'était une chanson anonyme, qui, pensait-on, remontait à la dynastie des Han :

Soldat, je partis à quinze ans,
et, à quatre-vingts, je revins
lentement, las, boitillant.
Le long de la route survint
un villageois de mon temps.
Lui dis : « Qui trouverai en rentrant ? »
« Derrière a duré ta maison

« couverte de ronces à présent. »
Les enfants dans la rue tout au long
me regardaient en s'étonnant :
« D'où viens-tu, étrange armure ? »
Quand je fus chez moi disparurent
derrière l'amas dressé des cages
troupe de lapinots sauvages.
Et des poutres faîtières
des faisans tombèrent.
Pousses dans la cour hagarde
et d'avoine des champs
et de courges bâtardes
auprès du puits jaunissant.
« Que les grains d'avoine bouillent,
« j'en tirerai un minestron ;
« je ramasserai les citrouilles
« pour une assiette de bouillon. »
Soupe et bouillon sont cuits,
mais personne ne s'est assis,
n'est venu partager mon deuil.
Moi, je m'avance sur le seuil,
regard attaché au levant.
Voyez : mes larmes en coulant
baignent jusqu'à mes vêtements.

Cette chanson du destin toujours égal de qui, le plus souvent à cause du tirage au sort, parfois de son propre gré, sera soldat jusqu'à un âge avancé, Po l'avait entendu jouer par des musiciens célèbres, chez son oncle Yang. Jamais, pourtant, il n'avait été ému par la mélancolie virile de ces vers simples autant que maintenant où les chantait ce gros homme à la voix rauque, un peu plaintive. Près de lui, il remarqua un vieillard squelettique, peut-être ivre, qui était pendu à ce chant, ébahi, sa bouche édentée grande ouverte, et n'essuyait pas les larmes coulant sur sa lèvre inférieure qui pendait. Dans ces mots, ou dans cette mélodie, peut-être reconnaissait-il son sort ?

« Bravo ! Encore ! » sifflèrent les buveurs quand le chanteur eut fini.

Po, lui aussi, applaudit et cria :

« Encore ! Encore ! »

Mais l'homme descendit de sa table, déposa avec soin son luth dans un coin, s'installa sur une chaise, et but sans regarder autour de lui, en fixant des yeux la cruche. Un moment après, relevant ses paupières fatiguées, il remarqua parmi les consommateurs le nouveau venu :

« Qui es-tu ? demanda-t-il. Je ne t'ai jamais vu, jeune homme. A la façon dont tu as prononcé, avec ton accent effronté, “ encore, encore ”, tu n'es pas de la région. Tu viens d'Occident ?

— Du Szech'uan. Je suis arrivé depuis peu.

— Et pourquoi ce voyage ?

— Courrier privé.

— Tu repars ?

— Je voudrais bien rester ici.

— De quoi vis-tu ?

— J'avais économisé quelque peu sur la paie du courrier. Maintenant, je cherche du travail.

— Que sais-tu faire ?

— Lire et écrire !

— Comme moi. Il y a bien longtemps, j'ai quitté l'école d'où je devais sortir fonctionnaire.

— Moi aussi, j'ai arrêté. J'écris des poèmes.

— J'en ai écrit dans le passé : je suis musicien, et philosophe naturel. Mais mon art est la peinture. J'ai touché un peu à tout ; mais je n'ai de vrai talent pour rien. »

Po répondit qu'il chantait très bien. L'homme eut un geste violent de refus, comme s'il voulait faire tomber quelque chose de la table.

« Sottises ! Tout le monde ne peut pas avoir quatre couilles. Ce qui m'a fichu dedans, c'est que je ne suis pas ambitieux. Les alouettes ne vous tombent pas toutes rôties dans la bouche. J'ai préféré me la couler douce. Ce que je gagne, je le bois, ou le dépense avec celles-là. »

Il toucha le cul d'une fille qui nettoyait une table tout près.

« La vie est une lutte, et qui ne donne pas de coups de coude, qui n'a ni le goût du gain ni celui du pouvoir est destiné à couler. Remarque que si quelqu'un, comme le voulait le philosophe Mo Ti, essayait d'imposer l'harmonie, d'empêcher le libre désordre et l'égoïsme effréné qui sont le propre de l'animal humain, il transformerait le monde en cage, sans avantage pour nous qui passons du moins indemnes, comme des petits poissons, à travers les mailles de ce filet mal entrelacé. Dans ce monde aventureux, celui qui surnage — que ce soit par devoir, pour sa famille ou pour de l'argent — a été plus chanceux, ou plus agressif, ou plus lèche-cul ; mais il ne nous est pour le reste supérieur en rien : au contraire. »

Il vida sa tasse, l'emplit à nouveau.

« Pour en revenir à moi, depuis des années je peins pour vivre des enseignes. J'ai le trait sûr et je sais dessiner certaines scènes. L'enseigne de cette auberge, avec les aventures de l'oie sauvage, c'est moi qui l'ai peinte : il y a vingt ans, et elle fait encore son effet. Mais assieds-toi. Tu es mon invité. Je me présente : Meng Kuo, le peintre. »

Po s'assit en face de lui et, en buvant, répondit aux questions que l'autre lui posait sur sa vie :

« Ici, tu te trouveras comme en famille. »

D'un geste large, Meng Kuo présenta le local, avec tous ceux qui s'y trouvaient.

« Ne fais pas attention à la saleté. Le patron est avare comme un pou. »

Il montra le gros homme qui avait servi Po à son arrivée.

« Tu vois : dans sa bouche sans lèvres, dans le dessin de ses rides, on lit l'avidité. Mais vive l'avarice ! Il ne se modernise pas : la taverne reste belle ; il y en a peu à Hang-chou de vraiment antiques. Et puis les servantes, mignonnes, ne te refusent rien. »

Il toucha le cul d'une autre au passage.

« Si tu sais les rendre amoureuses : avec un petit cadeau ; le service est propre, le bon vin arrive à Hang-chou du monde entier. Pour ça, le sale vieux est connaisseur. Résultat, tel que tu me vois, avec toute ma culture, je m'encanaille là-dedans depuis trente ans, et, pour tirer ma cervelle de la moisissure, je pérore et bavarde avec ces idiots qui, comme tu peux constater, m'écoutent bouche bée. D'ailleurs, ne va pas croire qu'ils sont stupides. Des intelligents, il en pousse peu dans tous les métiers ; mais, chez nous autres artisans — je me range de leur côté —, tu en trouveras plus qu'ailleurs. L'intelligence, elle n'est pas seulement dans les mots, elle circule aussi dans les mains. Et même si on rencontre de moins en moins de créatures avec qui il vaille la peine de parler, moi, comme tu vois, je reste un homme de conversation et d'amitié. Confucius disait : “ Celui qui, conversant avec ses amis, sait parler avec sincérité, j'affirme qu'il est cultivé, même si on soutient le contraire. ” Comme le sage, j'offre le meilleur de moi-même à celui qui m'écoute devant une cruche de vin. A part les idéogrammes sur les boutiques, depuis longtemps, je n'ai plus la tête à écrire. Mais j'ai une réserve d'idées et de paroles qui ne tarira pas de sitôt. »

Il engloutit une autre rasade.

« Alors, eux tous, là, me collent après. Allez, ouste ! »

En riant, il gesticulait comme pour chasser des poules.

« Tu vois ça : des disciples autour d'un maître. Et, généreusement, je fais une distribution d'éventails à des cochons ; autant donner à manger aux gens par les oreilles. Mais les idées sont à tout le monde. Si au moins l'un d'entre eux m'en volait une, et en tirait quelque chose ! Nous en avons tous volé dans les livres, comme il est juste : que le savoir au moins soit bien commun. Toi, tu pourras faire un trésor de ce que je dis. Parce que je suis vieux et homme d'expérience. Mais fais-nous plutôt entendre si tu es un vrai poète. La taverne est un lieu d'examen sévère et compétent : elle ne supporte ni le genre obscur ni le genre ennuyeux. Allez : l'une de tes poésies ! »

Ce Meng Kuo plaisait à Po, qui annonça :

« Je l'ai écrite pendant le voyage, en traversant les gorges en amont du Yang-tzu.

Non pas la nuit : obscurité des rochers noirs.
Non pas le vent : écumes blanches qui se lèvent.
Grandes pierres comme épées coupantes.
Pierres petites comme dents d'ivoire.

Entre les parois de pierre, ruban du ciel.
Accroupis sur les pics, des ours bruns me regardent.
Sous les escarpements court le fleuve engouffré :
contre l'îlot, le courant mugissant se brise.
Rochers, terrasses : peine du mulet ahanant ;
roues cassées, parmi les cailloux de chars pourrissant.

C'est le pont suspendu : par quelles longues fibres
de joncs entrelacées, ma vie retenue :
un faux pas du mulet et nous nous écrasons
dans le gouffre qui gronde… Passés : nous arrêtons.

Sentier : boyau de mouton
qui serpente et se perd dans la brume.
Cueillir des brindilles entre les cailloux,
au feu de bois cuire la semoule.
Flocons de neige dans l'air tournoient.
Assis, regarder les croupes brumeuses
des monts au loin qui se chevauchent :
chasser l'angoisse, vers n'y suffisent pas.

Pendant que le mulet broute ronces et lichens
épuisé, m'étendre sur la montagne nue :
la terre pour oreiller, et pour couverture, le ciel. »

Dans le silence qui suivit, Li Po observa Meng Kuo qui le fixait du regard.

« Un grand poète ! Mais c'est que tu es un grand poète ! » cria-t-il à la fin.

Sur quoi, il saisit son béret sur la table et le lança en l'air.

« Quel rythme ! Un rythme qui change de pas. Je n'ai jamais entendu rien de pareil. Répète ! »

Li Po récita à nouveau. Meng Kuo se leva et adressa un petit discours à l'assistance qui buvait ses paroles.

« Ce jeune homme aux larges épaules et aux yeux brûlants est un poète qui a des couilles ! Quelle musique ! Apre, harmonieuse. Mon cher ! (Il passa un bras autour des épaules de Po.) Tu m'en réciteras d'autres : pour moi seul. Déjà, je sens que nous sommes amis : faits l'un pour l'autre. Tu sais boire, tu regardes les filles avec des yeux qui scrutent les secrets des visages et des culs, des pieds et des cuisses. Dis-moi : pourquoi es-tu venu à Hang-chou ? Pour voir le monde ou pour chercher quelqu'un qui t'apprécie ? Un protecteur qui te permette de te consacrer en paix à ce pourquoi tu es né ? N'espère pas le trouver ici. Moi, je suis l'exception généreuse : c'est pourquoi aussi je suis un raté. Si, dans ce campement de fonctionnaires, de boutiquiers, de soldats et de putains, tu rencontres des lettrés, ils ne te sembleront pas moins putains ou séniles que les autres. Ces scribes de Hang-chou, qu'est-ce qui les intéresse ? Les ragots. Les petites ambitions, les discours à la mode, les combines. Les jeunes et les inconnus ? Pis encore. Jamais une pensée fraîche ou une parole vive. A ces écrivailleurs, il ne coûte rien de décrire un monde sordide. Dans tout ce fumier, les noms les plus grands sont profanés et les nouveautés les plus sottes portées aux nues. Tout cela pourrait bien te décourager jusqu'à te faire penser envoyer l'art au diable, si tu n'avais confiance qu'avec le temps tout reprendra sa juste place. Fais comme moi : ne leur prête pas attention. Pendant que je marche dans les rues de Hang-chou ou que je peins quelque stupide enseigne de marchand de poisson, je converse avec les anciens : avec Chü Yuan, avec Chuang-tzu. Po Chü-i, notre gouverneur, disait : " C'est en relisant encore et toujours les mêmes livres que l'on apprend. Dans le rêve timide d'être relus nous-mêmes, et dans le même esprit, quand notre temps sera appelé ancien. " Il disait aussi : " La chose du monde la plus difficile, c'est de saisir la vie avec des paroles justes et simples. " Exactement ce que tu fais. Tandis que moi...

> Que je passe pour homme à l'ancienne
> m'importe peu, au contraire en jouis.
> Je chante, buveurs, à la manière pérenne.
> Or ça ! à mes contes prêtez l'ouïe !

« Des vers de ma boutique ! Moi aussi, j'ai étudié les anciens, mais je n'en ai pas appris les secrets. Tout le monde ne peut pas avoir quatre couilles ! Parfois, ça me rend triste comme un vieux chat. »

Po demanda s'il avait rencontré Po Chü-i.

« Quel homme ! s'écria Meng Kuo. A première vue, il peut susciter la crainte ou mettre mal à l'aise, certains peuvent même le juger plutôt privé de ressources. Mince, réservé, et même tatillon. On se dit en le voyant : un honnête fonctionnaire, un grand savant, mais trop raisonnable et prosaïque : bien peu pour moi. Et puis, dès qu'il t'accorde un peu de familiarité, tout change : humanité, simplicité, générosité accompagnent son immense savoir ! Pour moi, c'est le plus grand poète de ce siècle, en rien inférieur même à T'ao Ch'ien. »

Li Po avoua être venu à Hang-chou dans l'espoir de faire lire à Po Chü-i quelques-uns de ses vers.

« Cette rencontre-là aurait été ta chance. Trop tard ! On l'avait envoyé ici parce qu'il avait, à ce qui se dit, critiqué l'empereur en personne ; mais, par la suite, on l'a rappelé avec tous les honneurs à Ch'ang-an. Les pauvres de Hang-chou le regrettent. Ce n'est pas que le nouveau gouverneur, l'aimable Kung Tao, ne soit un excellent homme. On le dit très expert, sévère ; mais humain au bon moment. Seulement, Po Chü-i, lui, invitait aux fêtes du palais, en compagnie des mandarins, les anciens des corporations d'artisans et ceux des guildes de marchands, jusqu'aux lettrés pauvres et sans fonctions : même moi, bien que, aux yeux du monde, je ne sois guère plus qu'un artisan banal. Je lui ai parlé plusieurs fois et je savais le faire rire. Il me faisait asseoir près de lui et s'amusait à m'interroger. Car, passé le premier moment de timidité, il sait être homme de compagnie, et même compagnon de beuveries. Avec modération certes : ces gens-là savent toujours se contenir. C'est justement pourquoi ils sont au pouvoir.

« Chez lui, du moins, il n'y a rien du formalisme officiel. Il était naturel même dans l'accomplissement de son devoir. Et sur ses lèvres les classiques trouvaient un sens nouveau, comme s'ils avaient pondu hier à peine l'œuf tout frais de leur richesse. Il réunissait autour de lui les lettrés les moins méprisables de Hang-chou. Et pendant les deux années de son gouvernement, les arts et les fouilles archéologiques ont connu une espèce de réveil. Puis nous sommes retombés dans la torpeur.

« Pourtant, ne crois pas qu'il s'occupait uniquement d'art. Au contraire ! Tu as sans doute entendu dire que c'est lui qui a fait construire la grande digue du lac et les nouveaux canaux. Une entreprise énorme, terminée en peu de temps, grâce à des milliers d'ouvriers bien payés venus de toute la région. Il aimait en parler. Dès son arrivée à Hang-chou, il s'était rendu compte des difficultés dans lesquelles se débattait la campagne — c'était une année de sécheresse. En regardant le lac du haut de son palais, il eut une idée lumineuse : irriguer les terres pour le mil et le riz, en utilisant l'eau du lac. Bien entendu, il trouva de la résistance chez les anciens : les magiciens-astrologues, les ingénieurs, les fonctionnaires des travaux publics. Ils disaient que l'abaissement des eaux du lac assécherait les puits. Il se mit donc à étudier, car c'est aussi un homme de calcul et de raisonnement, jusqu'à conclure que le lit du lac était plus haut que le fond des puits, et que sous le lac devait jaillir une quantité de sources capables d'alimenter la ville, même si le lac était asséché. Il fit rechercher et nettoyer les galeries qui reliaient le lac aux puits — nombre d'entre elles étaient restées inconnues et obstruées. Et la digue fut construite, et le niveau d'eau des puits ne changea pas. Cette digue se révéla une bénédiction pour les campagnes, au point que les citadins et les paysans superstitieux, après avoir regardé avec crainte une initiative qui brisait la tradition, finirent par adorer leur gouverneur comme un Immortel. En trois mois, ils lui érigèrent un arc de triomphe. Il se disait plus orgueilleux de cette digue, pour laquelle des générations de paysans le béniraient, que de tous ses poèmes dont ne se souviendraient que les lettrés. Il l'avait baptisée " La Digue de Po ". Vraiment, un homme complet et unique !

« Il nous a laissés orphelins, de maître et de père, nous les pauvres artistes. Moi, il m'avait fait peindre les murs et les voûtes des écuries qui donnent sur la cour du palais. Peut-être voulait-il réjouir la vue des palefreniers ou, qui sait, celle des chevaux ! J'y ai gagné de quoi dépenser pendant deux ans. C'est lui qui m'avait suggéré les scènes et il venait voir comment j'avançais. Il me faisait monter chez lui pour examiner des peintures — il en avait toute une collection —, tant anciennes que nouvelles, celles-ci dans la manière de Wu Tao-tzu et de Wang Wei, qui se répand actuellement depuis Ch'ang-an. Il me laissait étudier ces peintures précieuses, seul, dans une pièce. Oui, il nous a laissés orphelins ! Quand je pense que je ne le reverrai plus, je deviens plus mélancolique qu'un ours enchaîné. »

Vint le moment où Meng Kuo, bredouillant et complètement ivre, se laissa amener chez lui par Po et quelques autres qui le tiraient en le soutenant sous les bras, tandis qu'il traînait les pieds.

« Aïe ! mes cors se cognent contre les cailloux ! Aïe ! grommelait-il, attention : vous ne transportez pas n'importe qui ! »

Po devint un client assidu de la taverne de l'Oie sauvage. Meng Kuo l'emmenait chez lui et lui montrait la technique du paysage à l'encre dans la manière de Wang Wei : il avait recopié certaines pièces d'un album examiné chez le gouverneur. Li Po, qui avait toujours aimé peindre, mais sans trop d'habileté, se sentit une affinité avec cette nouvelle technique calligraphique et littéraire, et essaya de l'imiter.

Assis dans des fauteuils, les deux amis conversaient jusqu'au moment où chacun, pour apporter quelque exemple pertinent, récitait ou lisait, d'une voix pleine, des vers ou des histoires taoïstes, comme autant de déclarations d'amitié provenant d'une communauté intemporelle des sages.

Meng récita ainsi à Po — il les savait par cœur — des poèmes que Po Chü-i avait composés à Hang-chou, sans jamais les publier ; comme celui-ci, écrit tout de suite après son arrivée :

Gouverneur à Hang-chou

De mon château confortable et silencieux,
assis sur la terrasse, regarde là-dessous,
tel essaim de mouches, le peuple de Hang-chou.
Prétendre gouverner ? Conduire vers le mieux ?
Sans même du dialecte une pointe !
Sur l'écritoire, les papiers nombreux, compliqués.
Joie d'apprendre du moins que, les impôts levés,
dans toute la région, nulle plainte.
Mais savoir qu'ils ne doivent à moi nul bien faire :
abondante récolte et commerce prospère.
Hang-chou, qui néglige tant les fleurs,
serait surpris un peu de voir son gouverneur,
descendre au jardin, pour en prendre le soin.

Regarde les oiseaux venir à la nuitée,
entend au tremblant crépuscule les baies tomber.
Et s'assoit jusqu'au noir, une coupe à la main.

Ou encore l'

Adieu au peuple de Hang-chou

Mandé par le gouverneur sortant
Po Chü-i
du relais de poste le plus proche.

Fonctionnaires et anciens, en pompeuse assemblée,
peuple au bord des routes à genoux,
pourquoi m'offrir en vérité des larmes ?
Qui viendra après moi, en saura plus que nous.
Car gouverner ne sus selon le confucéen charme ;
durs furent les impôts, des indigents lourde l'armée.
Je vous aidai un peu, l'an le plus sec, c'est vrai,
et la digue du lac, je vous l'offrai
— digue de Po Chü-i pour la renommée.
Mais gouverner ne sus selon le confucéen charme.
Adieu, donc, Hang-chou : aperçu à travers les larmes.

Li Po et Meng Kuo se lançaient l'un l'autre les plus beaux vers, non sans se remplir le gosier de larges coupes de vin limpide, devant paysages escarpés — montagnes et rivières — et dignes mandarins bien installés dans leurs fauteuils : autant de peintures que Meng accrochait aux murs en l'honneur de son hôte ; après son départ, il les enroulait avec soin sur leurs baguettes, pour les remettre dans des cassettes parfumées, en bois de diverses essences.

La servante-concubine de Meng avait préparé un bon dîner ; après avoir écouté les deux amis dans un silence tranquille, tombant de sommeil, elle s'en allait coucher, les laissant là, à faire des projets jusqu'à une heure avancée. Et, quelquefois, Po restait dormir sur une natte.

Jeune femme épanouie, la concubine plaisait beaucoup à

Po, qui sentait lui plaire tout autant. Mais il se refusait à tromper un ami. Meng se félicitait de mener une vie beaucoup plus agréable avec elle qu'avec son épouse, de bonne naissance, morte quelques années plus tôt — juste avant de lui devenir totalement insupportable : il estimait davantage cette fille-ci parce que, étant servante, elle se montrait sans prétention, tandis que les épouses sont exigence et présomption.

« Ne te marie pas, conseillait-il à Po, ou les lamentations d'une femmelette t'asserviront. Et tu finiras par tomber à son niveau. Pour répondre à ses vœux, tu devras faire carrière, ou elle t'offensera, même si elle t'adore par ailleurs. Tu devras élever des enfants, peut-être aussi insupportables pour toi que de quelconques étrangers ; encore une chance s'ils finissent par se tirer eux-mêmes d'affaire. Il y a pis : notre monde imaginaire est un univers dément, qui, sans se dévoiler vraiment, cherche une issue, sans quoi la folie s'emparerait totalement de nous comme elle s'empare de ces moralistes qui prétendent réprimer toute impulsion. Si tu dois vivre avec une épouse, vos fantaisies et vos folies mutuelles se heurteront, enchevêtrées comme des serpents obscènes. Je l'aimais à ma manière, j'étais heureux que ce corps-là, que toute sa craintive et capricieuse personne dépendissent de moi. Mais, en même temps, je m'ennuyais : elle a empoisonné ma vie. Comme je méprisais sa soumission drapée d'orgueil, je la malmenais. Après quoi, me sentant en faute, je l'aimais à nouveau, pour la malmener ensuite de plus belle. Je me vengeais parce que je me sentais emprisonné par une dévotion de chienne, avec des exigences de sangsue à la fois timide et têtue. L'amour est une farce de la nature : une boucherie. Je fus peiné quand elle tomba malade et je pris soin d'elle. Mais quand elle mourut, ce fut comme si le fleuve de mon existence retrouvait son lit après en avoir été détourné pendant la moitié de ma vie. Et, pourtant, elle continuait de m'apparaître en rêve, j'avais trop de plaisir à m'allonger encore sur elle et à lui faire violence en imagination.

« Et j'ai pris, qui l'eût cru ? une femme qui lui ressemble par les traits et même par le caractère. Seulement, c'est une servante sans prétention, et tellement plus jeune qu'elle pourrait être ma fille, ou ma petite-fille peut-être. Alors, je ne la malmène pas comme l'autre. Avec une belle dame multipliant les minauderies, je serais peut-être retombé dans le même désordre, la même rage de boucher. Ce qui nous attire dans une femme, c'est quoi ? Une folle image que nous portons en nous ; et c'est notre pire ennemi que nous affrontons en elle. Furie et destruction, voilà toute la vie des hommes et des femmes ensemble. Pourtant, il nous en faut bien une, à la maison et au lit. Imagine : un après-midi comme celui-ci, au cœur de l'été, du soleil, pas de vent, c'est jour de repos, sur toute la ville pèse un étrange silence, les gens sont nichés dans leurs demeures ; et, dans cette masure décrépie qui ouvre sur les toits, sous le figuier parfumé du belvédère, dans cet infime recoin de l'immense univers, que ferais-je de moi ? Irais-je me pendre à la branche du figuier ? Lorsque le moment s'abîme dans l'infini du temps, que ferais-je si je ne pouvais m'agenouiller et frotter mon visage entre les cuisses bien propres d'une servante toute à moi et de ma langue sucer en elle la sève de la vie ? Tout, alors, est là : entre ces cuisses. C'est là que nous sombrons, au risque de nous perdre, comme les saints bouddhistes dans leur nirvāna, et les autres dans la mer du Tao... »

Ses économies s'épuisaient : Po accepta de se faire à son tour peintre d'enseignes, en ville ou dans la boutique de Meng. Avec sa maîtrise de la calligraphie, apprendre le métier fut facile. Et il n'eut pas de peine à compléter les idéogrammes par des scènes de genre, à l'aquarelle.

3

Miao. La cave rouge

Certains après-midi, après avoir enlevé sa combinaison de travail et passé le seul habit qu'il possédait, Po aimait aller écouter un concert ; soit au palais de la Musique, soit en plein air sur la place du Lac. Il n'allait pas là sans l'espoir d'une rencontre amoureuse ; quoi de plus facile que de s'enflammer pour une apparition à peine entrevue ? Dans les lieux publics ou dans la rue, il lui arrivait d'arrêter — mais timidement — une femme et de lui faire assez maladroitement une naïve proposition. Confondant rêve et réalité, il lui arrivait aussi d'avancer trop vite et de se voir repoussé.

Un jour, il se rendit à la salle des Cordes célestes, pour y écouter une célèbre chanteuse et joueuse de pi-pa, Ko-jiang, qui, à ce qu'annonçaient des panneaux dans les rues, avait chanté devant l'empereur, à Ch'ang-an. Les places assises étaient toutes vendues ; Li Po réussit à obtenir une place debout sur le côté, parmi les amateurs désargentés.

De là, il regardait la bonne société s'asseoir aux premiers rangs, dont les fauteuils rembourrés étaient drapés de bleu. Des serviteurs accompagnaient jusqu'à ces places les femmes de fonctionnaires ou de riches artisans, puis ressortaient attendre dans la cour. Une jeune femme, aidée par deux servantes, vint s'asseoir au troisième rang, entre deux fauteuils encore vides, en promenant autour d'elle le regard de grands yeux bruns. Cette silhouette élancée, ce visage aux joues maigres frappèrent Po comme une image obscurément familière.

Il la fixait du regard avec insistance. Et, bientôt, il lui sembla que ces grands yeux distraits, rencontrant les siens comme par hasard, les tutoyaient dès le premier échange, avec une complicité ironique, une invitation provocante à faire connaissance, en surmontant l'obstacle social — et c'était à lui d'agir avec audace, dans l'espoir, au moins pour le présent immédiat, d'une amitié clandestine amusée. Leurs regards, en se rencontrant, semblaient ajouter : nous nous plaisons d'autant plus que subsiste cette excitante distance entre nous...

Par la suite, la femme, sans plus se tourner vers lui — ses yeux en avaient assez dit et maintenant elle attendait —, se tint immobile, bien droite, dans un élégant vêtement aux couleurs opaques, où dominait un beau vert. Elle portait au cou et au doigt d'une main fine le signe qu'elle était mariée.

Po avait été attiré par quelque chose, en elle, d'ingénu — d'effronté et pourtant de candide —, qui tenait presque encore de l'adolescence ; ce regard, curieux, en attente, évoquait pour lui la jeune fille qui sort pour la première fois après une longue maladie ou la novice inquiète qui s'est enfuie de son couvent. Il lui semblait que, dès qu'il lui adresserait la parole, ils se comprendraient et connaîtraient une gaieté sans détour. Obéissant à cet élan, il s'approcha au point d'aller s'asseoir dans le fauteuil voisin du sien. Il ne savait pas ce qu'il allait dire, il souriait en remarquant qu'après l'avoir regardé droit dans les yeux elle était maintenant sur la défensive : ses pupilles avaient perdu leurs étincelles de complicité.

« Ce n'est pas votre place », lui grommela à l'oreille un employé.

Et comme il levait les yeux, Po vit à ses côtés un jeune homme timide en vêtement de fonctionnaire. Il se leva, vit le jeune homme prendre sa place sans le regarder, tandis que la femme saluait celui-ci selon le mode d'une épouse, en s'inclinant légèrement. Po, humilié, regagna son coin, mais continua à regarder la jeune femme, bien que l'homme le lorgnât d'un regard tour à tour sévère et embarrassé. Elle, paraissait perplexe ou vague.

Po prêta d'abord peu d'attention à la musique, mais finit par se laisser captiver, lorsque Ko-jiang, qui n'était plus jeune mais avait une voix chaude, presque masculine dans les tons graves, attaqua avec mélancolie cette chanson ancienne :

Qu'il est triste de naître femme !
Rien ne compte ici aussi peu,
Quand naît un garçon, c'est un dieu
que, tombé du ciel, on acclame.
Naît une fille, personne n'est content,
nul n'en fait cas, pas même ses parents ;
grande, dans sa chambre elle se cache,
sans oser regarder en face.
Nul regret quand doit quitter la maison
pour un mariage de raison.
Baisse la tête, cache sa peur,
les dents serrées derrière des lèvres tourbe,
cent fois par jour s'agenouille et se courbe,
humble devant même ses serviteurs.
L'ami de cœur
plus loin demeure
qu'étoile au ciel.
Tournesol, elle
cherche un soleil,
plie sous cent maux.
Plus loin les cœurs
que feu et qu'eau.

Avec les ans changera son visage,
son maître cherchera d'autres pacages.
Elle, qui le suivait comme une ombre,
loin de son soleil
ira au sommeil,
lune distante, froide, astre sombre.

Les grands yeux de la belle inconnue étaient pleins de pleurs. Elle battit des cils, une larme glissa de son œil droit sur sa joue, restant suspendue là, sans qu'elle l'essuie. Po ne la pouvait plus quitter des yeux, tandis que le mari, inquiet et troublé, se remettait à l'observer.

Quand le public commença à sortir, il prit le bras de sa femme qui l'accompagna docilement, en baissant la tête. Po les suivit, en se plaisant à rêver qu'il s'approchait d'eux et glissait dans la main gantée de la dame ou dans l'une de ses poches les vers qu'il avait composés entre-temps :

Je n'ai pas encore souvenance
de tes yeux, de leur couleur :
mais je te regarde et j'avance
dans une brume de bonheur.

Hélas ! Il n'avait pas de pinceau pour écrire. Sur le seuil, elle tourna rapidement la tête, pour lui lancer un regard qui parut un rayon de soleil jaillissant entre les nuages après une averse brève. Puis elle sortit, appuyée au bras de l'homme. Debout près de l'entrée, Po la vit glisser sur la place, svelte, légère, la tête haute. Sous sa robe étroite, on devinait ses jambes, son corps. Ils montèrent dans un palanquin à deux places dont un serviteur agenouillé tenait ouverte la porte. Six hommes soulevèrent les barres et partirent au trot.

Po les poursuivit au long de deux ou trois rues ; ils s'arrêtèrent enfin devant un petit palais cossu, où Po, caché derrière un magnolia, les regarda entrer. Ainsi, il pourrait la retrouver : ces yeux ne le laisseraient pas veuf. Cette perspective le remplissait de joie, tandis qu'il revenait lentement sur ses pas. Le spectacle de la ville lui parut plus lumineux qu'avant le concert, l'air plus doux, plus caressant que le vent. De quel bleu elle était, à cette heure-là, la bande de ciel entre les hautes maisons ! Comme elles résonnaient, ces voix qui montaient des jardins où jouaient d'invisibles enfants ! Comme les visages des passants semblaient pensifs à l'ombre des murs !

Po se sentait amoureux, sans ignorer qu'une seconde rencontre aurait peut-être tôt fait de démentir une illusion — rencontre, quoi qu'il en soit, bien difficile : il fallait guetter l'occasion et la saisir. Il avait l'impression que ces yeux veloutés mais hardis lui tenaient compagnie, caressaient déjà sa peau. Il déshabillait en pensée, avec des gestes d'humble audace, ce corps — de novice bouddhiste — qu'il avait imaginé puis vaguement perçu. Les choses vinrent au point qu'il se laissa gagner par l'excitation et qu'il eut peine à garder au milieu de la foule la tenue d'un passant convenable.

Après une série d'engouements momentanés de ce genre, une femme, enfin, le bouleversa. Quand il avait quitté l'auberge, il était parti loger non loin de là, dans une misérable mansarde de la rue des Boulangers, à laquelle on accédait par un escalier de quatre-vingts marches. La gardienne, boiteuse, montait faire le ménage chez lui et lui apportait de temps en temps un plat chaud. Un jour, prise de coliques néphrétiques, elle envoya sa fille ranger la chambre : c'était une jeune femme maigre, aux seins lourds, qui vivait ailleurs. Miao — c'était son nom — avait un enfant de cinq ans : le père était parti alors qu'elle était enceinte. Elle vivait maintenant près du port avec un jeune homme qui faisait métier de tricher au jeu. Po apprit ces détails plus tard, parmi d'autres. Ce jour-là, après s'être acquittée rapidement des tâches auxquelles sa mère s'appliquait avec lenteur, la jeune femme s'en alla sur un salut joyeux. Po l'avait couvée du regard : il s'en éprit tout de suite, comme s'il avait lu son destin sur ce pâle visage. Il lui semblait avoir déjà connu Miao dans une autre vie.

Lorsqu'elle revint quelques jours plus tard apporter un plat de riz de la part de sa mère, Po lui demanda en balbutiant si elle était libre. Dès cet instant, bien qu'elle lui eût répondu qu'elle vivait en concubinage, il en tomba amoureux fou. Il n'y eut rien d'autre entre eux ce jour-là. Le soir, il déposa chez la mère une lettre d'amour, non sans propositions involontairement blessantes. Quand il s'en rendit compte, le lendemain, il craignit d'avoir fait un faux pas. Il voyait déjà le compagnon de la jeune fille, peut-être un violent, venir lui demander des comptes. Mais le jour suivant, ce fut Miao en personne qui se présenta. Elle demanda aussitôt, moqueuse :

« Pourquoi ne me l'as-tu pas dit tout de suite, que je te plaisais ? »

D'abord gêné, puis emporté par l'intensité du plaisir qu'elle lui donnait, Po crut bientôt avoir trouvé chez une femme d'une sensualité à la fois inconsciente et débridée le bonheur auquel il avait toujours obscurément aspiré. Quelques phrases vulgaires qu'elle prononça pendant l'étreinte le laissèrent pourtant perplexe. Il eut une autre déception lorsque, à peine descendue du lit, maigre, lisse et tremblante de froid, et avant même de se rhabiller, elle lui demanda de l'argent. Po espéra qu'il s'agissait d'un emprunt pour une dépense urgente. Il mit plusieurs jours à comprendre que c'était avec le consentement de son amant (ou sur son ordre) que Miao couchait avec d'autres hommes et pour de l'argent : il est vrai qu'elle ne le faisait pas régulièrement, ni avec n'importe qui. La déception ne le détourna pas d'elle. Il se mit en tête de la sauver : quelques jours plus tard, il alla jusqu'à lui offrir le mariage. Malgré la reconnaissance qu'elle en éprouva, Miao répondit qu'elle ne l'épouserait sûrement pas : elle préférait « de loin » son homme. Et devant la jalousie de Po, elle se fâcha puis le repoussa.

Po commença alors à épier les abords de la petite maison de bois du couple, pour voir si Miao allait avec d'autres hommes, en vraie putain. Il passait la nuit sous ses fenêtres, la couvrait de cadeaux, dépensait pour elle bien plus qu'il ne gagnait. Il frappait longuement à sa porte, l'implorait, la suivait dans les boutiques du quartier et le long des rues ; elle faisait mine de ne pas l'écouter. Un jour, l'amant finit par le menacer. Un soir qu'il vit Po faire une scène à Miao derrière la barrière du jardin envahi de mauvaises herbes et d'immondices, il se rua sur lui avec deux compères : ils lui assenèrent une gifle magistrale, plus un douloureux coup de pied dans les tibias.

Quand Meng Kuo vit le visage tuméfié et l'œil violet de son ami, il chercha à l'aider en se rendant lui-même chez Miao. Il la trouva seule. Il lui offrit un déjeuner dans une maison de thé, sur le port. Il lui parla longuement, sur un ton d'abord paternel, puis plus sévère : sans résultat. Elle lui parut rusée, avide, étourdie, sans beauté, trop maigre, et pourtant attirante avec ses yeux verts, tout à tour invitants, glacés, presque féroces.

Quelques jours après, ils se retrouvèrent tous les quatre à dîner dans une taverne. Meng nota que le garçon, encore que vigoureux et beau, avait l'air fainéant, vaniteux, brutal, et que Miao traitait fort mal Po en public. Il devina que des jours sombres attendaient son ami, s'il ne mettait pas fin à cette intrigue.

« Un peu de maturité, un peu d'orgueil, mon garçon ! lui disait-il chaque fois qu'il entendait la voix de Po se briser de chagrin. Un homme jeune se livre sans réserve et s'expose aux blessures. Cela m'est arrivé aussi. En vérité, cela arrive même aux adultes, aux vieillards. Chacun apprend, à ses dépens, à affronter ses rêves. C'est une descente aux Sources Jaunes, au royaume des morts. Dès que tu verras une femme te prendre dans ses rets, essaie de démasquer en elle la sorcière : le charme qui te la rend unique n'est qu'hallucination : il n'émane pas d'elle mais d'une figure de songe que tu portes en toi, qui se reflète en elle comme en un miroir. Tu es victime de toi-même. Des femmes comme Miao nous séduisent précisément parce que, tout en surface, elles s'adaptent à nos rêves. Mystère qui ne recouvre rien. Des yeux vifs d'animal stupide qui ignore que la mort est à ses trousses émeuvent ceux qui connaissent son destin. Nous y cherchons peut-être l'instinct de vie aveugle, la bête que nous ne sommes plus, quelque chose comme notre oubli et notre salut. Quoi qu'une femme comme celle-là fasse, elle te semblera toujours à la fois innocente et cruelle : c'est qu'elle est vide comme la vie même. Tu vivras toujours dans la crainte qu'elle ne s'envole pour aller servir de miroir à d'autres imaginations. Sache voir les pauvres viscères, le squelette décharné que cache le mirage forgé par des fantômes surgis du fond de toi. Tu découvriras alors que dans une Miao, en réalité banale et ignorante — pardonne-moi de te le dire —, il n'y a rien d'insaisissable ou d'obscur, sinon ce qu'y projette l'imagination de qui s'entête à vouloir se faire aimer par une femme dont le cœur est ailleurs. Retrouve ta fierté, ne te laisse pas avilir plus longtemps ! »

Meng Kuo se rendait bien compte que ses conseils étaient vains. Po tombait de plus en plus bas. Il passait toutes ses journées chez Miao et son amant, promenait l'enfant à qui il s'était attaché et que sa mère négligeait. Il obtint d'elle qu'elle ne se donne qu'à eux deux. Mais, en échange, pour entretenir elle et son homme, pour subvenir aux fêtes coûteuses qu'ils donnaient à des compagnons équivoques, à leur prétentieux désir de s'exhiber, d'acheter de belles étoffes, des colliers de perles et des bijoux, Po travaillait maintenant du matin au soir comme une bête de somme ; non seulement il peignait des enseignes avec Meng, mais il était aussi copiste et comptable dans plusieurs boutiques.

Meng ne parvenait plus à le raisonner ; il craignait que le jeune talent de Po, qui avait cessé d'écrire, ne se perdît. De temps en temps, tout en travaillant il l'interrogeait ; Po, embarrassé, honteux, faisait des réponses vagues. Un jour, comme Po n'était pas venu travailler depuis quelque temps, Meng, préoccupé par son absence, le chercha dans sa mansarde puis dans la cabane du couple. L'amant de Miao lui ouvrit, le reconnut et, avançant le menton avec un regard entendu et las, montra une porte :

« Il est là, ton compère. »

Miao ne semblait pas être à la maison. Assis là, les cheveux en broussaille, Po parut à Meng amaigri et malade. Une petite lanterne sans abat-jour éclairait son visage luisant de sueur. Sur une fragile table de bambou, il tenait ouverte une édition précieuse sur papier de soie des *Essais sur ce qui compte,* de Seng Chao. Après avoir fixé Meng en silence, comme s'il sortait d'un rêve, il enfila rapidement son manteau, enfonça le livre dans sa poche et suivit son ami.

Ils ne savaient que dire, si bien qu'ils descendirent dîner dans l'obscurité mélancolique d'un restaurant un peu prétentieux de la rue du Cimetière. C'était une vaste cave en contrebas, où l'on pénétrait par une vingtaine de marches. Dans la salle déserte aux murs recouverts d'une étoffe rouge sang, pleine de serveurs cramoisis et désœuvrés, ils mangèrent à une table d'angle. Brusquement, Po sortit son Seng Chao et chercha, parmi les pages, une pensée que l'auteur avait recueillie, selon ses dires, auprès d'un sage indien qui prétendait lui-même l'avoir trouvée dans certains écrits anciens des barbares occidentaux. Po se leva en faisant tomber sa chaise et, le visage rougi par le vin, avec un sourire qui sembla à Meng un peu hébété, lui récita le passage presque en criant, à la stupeur des serveurs et des cuisiniers enturbannés sortis sur le pas de la porte :

« Écoute, Wen Tu ! Lorsque des êtres corrompus rencontrent la beauté, trop vils pour l'honorer, c'est sans vénération qu'ils la regardent ; comme des bêtes vaincues par le désir, ils se livrent sans honte à des plaisirs avilissants. L'intimité d'une femme qui ne t'aime pas, qui te dispense mesquinement des faveurs assassines, te condamne à te vautrer dans la boue. Le cheval à la nuque solide, au cou puissant, aux naseaux dilatés, aux yeux injectés de sang, à la robe noire, poilu jusqu'aux oreilles, sourd aux coups de fouet, piaffant et hennissant, le cheval, oui, tend la tête, dresse droit sa queue, mord son frein, tire avec insolence, impudique ; tandis que l'esprit, lui, s'inquiète, se tourmente, s'affole, et hors de soi ne trouve ni le sommeil la nuit ni le repos le jour, oublie ancêtres et amis ; après avoir écarté toute norme, dilapidé son patrimoine, il est prêt à toutes les servitudes, à dormir n'importe où pourvu que de l'aimée il soit le plus près possible : croyant que c'est là l'unique remède à ses tourments. Cette souffrance de l'esprit, Wen Tu, c'est ce que les hommes appellent l'amour. Mais quand je te dirai comment l'appellent les immortels et les sages, peut-être souriras-tu… »

Po souleva sa chaise, se rassit et but encore.

Après un long silence et après avoir repris lui aussi du vin, Meng Kuo cita Confucius :

« “ Qui aime une créature vile s'avilit lui-même. ”

— Mais au moment où tu peux t'agripper à celle que tu aimes, répliqua Li Po, tu te délestes du poids qui t'avilit, et trouves enfin le repos. »

Il regardait fixement devant lui. Comme s'il voyait un fantôme. « Pauvre Po ! se dit Meng. Peut-être est-ce la faute de cette ville balayée par le vent, de cette ville informe qui corrompt tout, comme un cadavre en perpétuelle putréfaction. Ce garçon de génie est arrivé ici rêvant d'être reconnu par la société cultivée, d'obtenir les faveurs de dames distinguées : ne trouvant plus la culture en vie, il s'est enlisé dans une société de voyous, séduit par les artifices d'une magicienne du port : une sotte rusée, une petite ambitieuse poussée par un appétit obscène, qui n'aspire qu'à posséder des colliers, une maison avec des rideaux de soie aux fenêtres et des vases de fleurs. La chance, c'est qu'après l'avoir dépouillé et rendu stupide, après s'être moqué de lui, fatiguée à la fin de son amour excessif, elle le chassera, et se briseront les chaînes de ce qui fut un esclavage dans le marais de la Poussière fluctuante. Les larmes et le sang d'un exil au monde souterrain des spectres, Po, bienheureux alchimiste, saura les transformer alors, changer sperme, sang et merde en or : celui de la poésie ! »

Ainsi pensait Meng Kuo.

4

La trop belle mandarine : une idylle à Hang-chou

Définitivement chassé par Miao, Li Po continua à exercer le métier de peintre d'enseignes dans la boutique de Meng, mais abandonna ses travaux occasionnels de copiste et la mansarde de la rue des Boulangers. Au hasard des allées et venues liées à son travail, il eut la chance de trouver un petit logement sur le mont du Phénix, où, parmi les villas des mandarins et des riches, il y avait encore de vieilles maisons habitées par des artisans, cachées dans des jardins tranquilles entourés de palissades vertes.

Son propriétaire était un petit vieux à la barbe blanche clairsemée, un fabricant de luths qui logeait avec sa femme et ses six enfants — tous travailleurs et taciturnes comme lui — au rez-de-chaussée, où il invitait Po à prendre le thé tous les cinq jours, ébauchant en artisan prudent une conversation timide et posée.

Le logement de l'étage supérieur, sous le toit, était inoccupé : il fallait le nettoyer entièrement. Li Po le prit comme il était, et, tandis qu'il le repeignait, grimpé sur une échelle, la famille du propriétaire, les enfants des voisins et même, vers le soir, leurs parents — luthiers, fabricants de terres cuites ou de lanternes — montaient gaiement lui donner un coup de main après avoir fait des commentaires sous sa fenêtre, le nez en l'air.

Li Po acheta un lit, un vieux fauteuil, des feuilles de papier de soie pour peindre et les accrocher aux murs ; il se fabriqua une table, deux chaises et une étagère en bambou pour ses quelques livres. Ici, il pouvait reprendre ses habitudes provinciales. Il descendait dans le jardin piqué de fleurs, se promenait dans les allées des jardins publics. Sa rupture avec Miao avait marqué pour lui le début d'une période de recueillement créatif et de solitude.

Personne ne venait le trouver et, en dehors du travail, il ne voyait même plus Meng Kuo. Il abandonna les soirées à la taverne de l'Oie Sauvage. Grâce à son propriétaire, il fut admis à la petite cantine de la corporation des luthiers, où il dînait à côté de gens solitaires et peu diserts. Il lisait beaucoup et écrivait avec bonheur.

Tout en montant et en descendant le long des allées pentues, des feuilles froissées entre ses mains, il composait ou corrigeait ses poèmes comme le vieux philosophe Pai Tsin, dont les meilleures pages furent inspirées, dit-on, par les promenades qu'il faisait en rêvant sur les sentiers des collines, l'esprit ailleurs.

Il retrouvait le plaisir de regarder les choses et de se sentir vivre. Cette partie de Hang-chou semblait inhabitée. Il marchait le long de rues silencieuses, entre les murs de jardins et de monastères. Il visitait d'anciennes pagodes. Certaines avaient été abandonnées ; leurs ruines rougeoyaient parmi l'herbe touffue. Montant sur la colline des Dix Mille Pins, il se promenait dans le parc du palais impérial où l'on voyait pointer entre les branches les museaux des cerfs, des chevreaux, des écureuils aux aguets. Du parapet qui surplombait la colline, il regardait avec un émerveillement toujours nouveau les cimes des pagodes se détacher, entre les bouquets de pins, dans une lumière dorée un peu brumeuse, le lac dont les eaux calmes reflétaient trois cirques de montagnes, enfin, à l'orient, le fleuve, puis un vague scintillement qui annonçait la mer.

Il redescendait vers les remparts blanc et rouge de Hang-chou ; dans l'ombre du couchant, bastions et casemates défilaient tels de gigantesques troupeaux de buffles. Il longeait une rue étroite, entre de vieux murs violet et rose, brûlés par la lumière, décrépis, poreux comme fouaces trempées dans du vin rouge, sous un ciel turquoise : aux feuillages qui dépassaient, il reconnaissait les vergers des monastères et le jardin de la prison, où d'invisibles détenus travaillaient en chantant des refrains mélancoliques. Il descendait le long du fleuve, parmi les lotus, les roseaux, les bosquets de bambou, les moulins de bois moussus, jusqu'à la pagode de la Fileuse Céleste, une pauvre cabane archaïque dont le labyrinthe de barrières concentriques était gardé par de jeunes religieuses taoïstes, assises, souriantes, sous des figuiers, au milieu de grandes statues de terre cuite et de bois.

Cette ruelle, flanquée de murs, était parcourue presque uniquement, rarement d'ailleurs, par le pas incertain de quelque vieillard, recueilli dans un hospice proche de la pagode, ou de quelque estropié vêtu de haillons, venu d'une cantine bouddhiste, sa sébile au cou, sautillant péniblement sur ses béquilles. Un jour, après avoir donné quelque chose à ces estropiés qui le remercièrent presque en bêlant, regardant ensuite cette malheureuse humanité s'éloigner le long du sentier qui s'enfonçait dans le vert lumineux des arbres au bord du fleuve, Po éprouva une impression déchirante : celle d'être surpris par un souvenir printanier au cœur de l'hiver ou par une explosion de joie en plein malheur.

Le soleil se couchait sur Hang-chou. Une lumière humide, dense, filtrant entre les nuages enflammés, accordait le vert des arbres et le marron rouille des murs. Sur l'allée qui longeait le fleuve, sous un ciel rouge et lourd, des prostituées, seules ou en groupes, et des garçons plaintifs, travestis en femme, étaient appuyés aux cyprès, aux pins ou blottis autour des feux, le soir. Po se laissait souvent séduire par le bref plaisir qui lui était proposé sur l'herbe, à l'abri d'un buisson.

Mais, en étreignant une jeune prostituée maigrichonne, il était soudain assailli par le souvenir d'un geste d'intimité de Miao, d'un mouvement impatient de sa bouche et de ses cuisses, et il ne pouvait arriver à l'orgasme qu'en détournant ses pensées du corps qu'il avait là près de lui, pour évoquer l'image de l'amante indigne et se noyer dans son souvenir. Ce passé douloureux restait logé dans son cœur, telle une piqûre d'araignée toujours prête à se réveiller, telle la nostalgie d'une épouse morte ou d'un printemps lointain : promesse de bonheur que la vie n'avait pas su tenir.

Peu à peu, souffrances et souvenirs s'atténuèrent. Pendant ses promenades, Li Po regardait maintenant les femmes des autres, les musiciennes sur les barques du lac : il lui semblait absurde qu'il y eût au monde tant de femmes, meilleures que Miao, qu'il aurait pu aimer s'il avait eu l'occasion de les approcher. Mais il ne les connaîtrait pas : il passait ses journées soit seul, soit étendu sur l'herbe près d'une putain pressée ou d'un garçon effrayé par la dimension de son membre. Ensuite, il rédigeait quelques vers sur un amour imaginaire. La vie, décidément, était si mal organisée, la communication si rare, de telles conventions sociales séparaient les êtres, que le geste bien naturel d'arrêter dans la rue une jeune femme vertueuse qui vous plaît pour lui dire gentiment que son visage intrigue, ne pouvait provoquer que soupçon et refus. Peut-être cette impression de solitude absurde cesserait-elle quand il pourrait suivre à nouveau une femme, la femme unique qui rendrait insignifiantes à ses yeux toutes les autres, même les plus aimables : il n'aurait plus alors à chercher, il lutterait plutôt pour reconquérir sans cesse le fragile trésor enfin trouvé... Pensées de solitaire.

Ainsi, isolé en plein cœur de la ville, se limitant à communiquer avec les gens du commun et pour ses seuls besoins quotidiens, Po vivait comme dans un nuage, étranger au tissu social de cette Hang-chou qui lui apparaissait comme une succession de villages. La peinture d'enseignes et les conversations avec Meng lui avaient donné le désir de progresser en peinture et en poésie : le soir, il plaçait sa table devant la fenêtre ouverte, y posait une feuille et, après avoir préparé encre et couleurs, il essayait de peindre d'après nature en profitant des dernières heures de lumière.

Au-delà de la palissade du jardin se détachaient sur fond de montagnes le mur d'enceinte et un coin du parc — presque un petit bois — qui entouraient une villa de mandarin. Les oiseaux sautillaient, un chat aux aguets se promenait, un lièvre se cachait. Un jour, Po aperçut deux servantes, une jeune et une vieille, qui installaient un fauteuil d'osier et une petite table entre deux néfliers ; elles reparurent un peu plus tard derrière une jeune femme, l'épouse du mandarin, supposa-t-il — ce que plus tard son propriétaire lui confirma. Grande, élégante, elle parut singulièrement belle à Po, qui s'écarta de la fenêtre, de crainte qu'apercevant de sa présence, elle ne s'en allât. La tête haute, les narines vibrantes comme si elle haletait de plaisir, elle semblait pousser des exclamations joyeuses — d'une voix cependant distinguée que Po ne parvenait pas à déchiffrer, alors que celles des servantes lui parvenaient clairement. Elle regardait autour d'elle en serrant l'une contre l'autre ses mains cachées sous de longues manches. Elle se pencha pour caresser un chat blanc, qui leva la queue en arquant son dos de plaisir ; puis, après avoir fait quelques pas aux alentours, elle s'assit dans le fauteuil. Une servante, la plus jeune, presque une enfant encore, tira d'un gracieux petit panier une étoffe, que la dame se mit à broder tout en parlant avec la vieille. De temps en temps, elle s'interrompait et regardait le ciel, les néfliers, le chat...

Protégé par l'obscurité de sa chambre, Po se pencha juste assez pour voir la scène, qu'il essaya de dessiner. Mais il se rendit compte après quelques instants qu'on l'avait remarqué. La dame se leva, les servantes suivirent et disparurent en laissant là fauteuil et table.

Ils étaient encore là les jours suivants, en sorte que Po s'attendait à voir revenir la dame : en vain. Tenir ses volets à demi clos fut peine perdue. Quelque temps après, la table et le fauteuil avaient disparu.

Un autre jour, Po vit se promener au même endroit un vieux mandarin, petit et trapu.

Ce ne fut qu'un mois plus tard, alors qu'il ne l'attendait plus, qu'au crépuscule la dame reparut : vêtue avec encore plus de raffinement, elle marchait dans le pré, en se penchant de temps en temps, peut-être pour ramasser des fleurs. Po resta à la fenêtre jusqu'à ce qu'elle tournât les yeux de son côté, et continua ostensiblement à peindre. Elle poursuivait sa promenade, en s'inclinant de temps à autre, sans plus lever les yeux sur lui. Bientôt, la vieille servante accourut : elle criait, en agitant un châle blanc et bleu, que sa maîtresse risquait d'attraper froid sous la rosée du soir. Elles s'éloignèrent presque aussitôt, mais deux fois la servante regarda vers la fenêtre de Po. La dame lui aurait-elle demandé de vérifier si le jeune peintre était toujours là ? Immobile à sa fenêtre tandis que le soir tombait, Po ne se souciait pas du froid qui s'insinuait sous ses larges manches, et il resta là jusqu'au moment où il vit briller les étoiles dans le ciel.

Désormais, ses pensées revenaient sans cesse à la dame. Du vieux luthier, ami d'un jardinier de la villa, il apprit qu'elle s'appelait Tai-fei, que le mandarin avait cinquante ans passés, qu'ils étaient sans enfants, mais qu'elle ne risquait pas pour autant d'être répudiée : son époux était si épris d'elle qu'il ne cherchait pas même de concubines ; il avait par ailleurs eu d'un premier mariage deux enfants désormais adultes.

Po résolut de rencontrer la mandarine. Mais n'était-il pas vain d'attendre ainsi, en se promenant de long en large sur la route ? Quand, après plusieurs jours, il finissait par l'apercevoir, toujours accompagnée des deux servantes, d'un valet et d'un cocher, elle montait à la hâte dans une voiture que les chevaux emportaient d'un trot rapide vers le centre de la cité. Po savait que tout mouvement explicite aurait plutôt compromis que favorisé une rencontre possible. Seul un événement imprévisible, un hasard improbable...

Le fait est qu'il arrive parfois des prodiges : en bon taoïste anticonfucéen, Po était convaincu que la providence agit sur les événements, que les coïncidences de la vie ne sont point fortuites. Pour conquérir cette femme qui lui était — pensait-il — prédestinée, Po se jura d'être audacieux. Or, quelques jours plus tard, alors que ses pensées revenaient à Tai-fei avec insistance, le vieux luthier lui dit les avoir cités, lui et Meng, à l'intendant du mandarin comme deux artisans des plus doués : le seigneur voulait en effet faire peindre une sentence confucéenne sur les poutres de son salon. Meng et Po étaient convoqués à deux jours de là pour montrer leur talent.

Ils furent reçus dans un salon par le mandarin escorté de son intendant et de deux serviteurs gigantesques. Il alla s'affaisser dans un fauteuil si large que, sous sa longue robe turquoise, il semblait peut-être encore plus petit et trapu qu'il ne l'était en réalité. Son gros ventre s'étalait en poire sur ses jambes courtes, ses pieds auraient été suspendus dans le vide si, devant le fauteuil, on n'avait mis un tabouret pour les poser. Sous les plis de sa tunique, on devinait des jambes maigres de vieillard. Po songea qu'il avait probablement trente ans de plus que sa femme, qui était certainement plus grande que lui.

Le mandarin répondit à la révérence de Meng avec bonhomie — sans accorder la moindre attention à Po. Son visage luisant de sueur, au nez busqué, était d'un hibou bien nourri. Sous un front dégarni, ses petits yeux clairs et brillants souriaient, hilares.

Désignant les poutres sur lesquelles l'inscription devait être peinte, il cita avec complaisance une sentence philosophique de Hsün-tzu : « De même qu'un morceau de bois tordu doit, pour se redresser, être exposé à la vapeur et accolé à une règle rigide ; de même qu'une lame sans fil doit être aiguisée ; de même l'homme, par nature contourné et mauvais, doit obéir à des maîtres et se plier aux lois pour se redresser et devenir bon. »

Le mandarin clignait des yeux. Li Po pensa que c'était là une sentence désagréable et autoritaire. Pourtant, l'homme n'était ni antipathique ni stupide. Truffant son discours de répliques faciles et ironiques, il posa une foule de questions à Meng Kuo, qui finit par philosopher à sa manière, se vantant d'être un peintre et un lettré, même si manqué, ajoutant d'ailleurs que Li Po de Chang-ming, ici présent, était, lui, un vrai poète ; de famille mandarine, qui plus était.

L'administrateur regarda Po avec un certain intérêt, lui demanda où son père exerçait sa fonction, et fut heureux d'apprendre que le poète était le neveu d'un préfet du Szech'uan. Il lui reprocha de ne pas avoir poursuivi ses études. Pendant ce temps, il s'était levé pour les observer, tandis qu'après avoir mis en place leurs outils ils faisaient une démonstration de leur virtuosité de calligraphes en peignant à l'aide de grands pinceaux, sur des tablettes, de beaux caractères de différente épaisseur dans les vingt-sept styles principaux : antique, de bronze, de cour, sacré, offficiel, de grand sceau, de petit sceau, doré, métallique, régulier, élancé, bouclé, frisé, ondulé, mobile, cursif, courant, minuscule, en huit-dizième, en pattes d'oiseau, en brin d'herbe, en pattes d'araignée, avec plus de tendons, avec plus de chair, plus d'os, sans os, à la manière folle... Appréciant le savoir-faire de Meng, le mandarin choisit l'austère calligraphie en caractères de bronze comme la mieux adaptée à l'inscription. Po aurait pour tâche de peindre des décors géométriques autour.

Après s'être rassis dans son fauteuil, les jambes écartées, les pieds chaussés de confortables pantoufles aux pointes relevées, le mandarin commenta — avec une sévérité que démentait son regard débonnaire — la déchéance où Po était tombé en abandonnant les traditions familiales.

« Poète ? A quoi ça sert ? Certainement pas à nourrir le peuple, ni à maintenir l'ordre. Assurément, la poésie antique, celle du temps de Confucius, formait les hommes. Mais la poésie moderne incite à la mollesse, quand ce n'est pas au vice. Et puis, désormais, tout a été dit. Le temps n'est plus aux poètes ni aux savants. Ce qu'ils ont enseigné, il faut à présent le mettre en pratique : avec humilité. Ce qu'il nous faut, ce sont des fonctionnaires, des écrivains publics, des soldats. Dans le monde où nous vivons, chacun doit se rendre utile, servir l'empereur et l'État, soigner les maux du peuple, sans se laisser aller aux plaisirs personnels ni aux rêveries poétiques. »

S'interrompant au beau milieu de son ouvrage, Meng Kuo se redressa et, le visage rouge, agité, roulant les yeux, s'écria :

« Excellence, je ne suis pas d'accord avec toi ! Permets-moi de trouver mesquin ton mépris pour ceux qui ne servent pas le pouvoir !

— Ni le peuple ! » corrigea le mandarin sans s'offusquer.

Il était en train de boire du thé, sans en offrir à personne, dans une énorme tasse qu'un serviteur lui avait tendue après y avoir versé, avec une cuiller en or massif, une telle quantité de miel que Po en conçut du dégoût.

« Le peuple ! répéta Meng Kuo en riant. Regarde ta maison : tu mènes dans le luxe une vie confortable ; est-ce pour le peuple ? Ou bien crois-tu — ce serait là une idée monstrueuse, Excellence ! — que vous autres mandarins pouvez décider de ce qui, dans la vie, est ou n'est pas utile ? Servir ? A quoi sert la vie ? Imprévisible et merveilleuse, elle échappe à toutes les normes, mêlant tour à tour désespoir et bonheur, trop libre pour obéir à vos règles. Le monde est compliqué, mon cher et Son Excellence ne le sauvera pas, non plus que ceux de son espèce. Ni même les philosophes qui s'y sont essayés. Le rêve aussi est un don de la nature : poésie, peinture et musique sont un besoin de l'homme. L'esclavage et la mort font et feront toujours partie de la vie : mais, justement, la poésie exprime notre rêve d'une vie différente. Que cette vie soit possible ou non. J'ai besoin de la rêver comme j'ai besoin de rire et de foutre.

« Je peindrai ton inscription, ma petite Excellence, et j'exécuterai mon travail à la perfection, non pour ton argent ni pour te complaire, mais parce que j'aime travailler selon les règles de l'art. Puis je quitterai le luxe froid de ta maison en secouant la poussière de mes savates. Moi, je me sauve et me damne tout seul, par mon art et pour mon plaisir. C'est l'existence entière qui se joue à chaque instant. N'aurais-tu vécu qu'un seul jour que déjà tu aurais tout vu : une journée vaut toutes les autres. Il n'y a pas d'autre lumière ni d'autre nuit que celle-ci. Sais-tu bien cela, Excellence ? Chantons donc aujourd'hui avant qu'il ne soit trop tard, car à chaque instant la nuit peut tomber. Chante, joue, peins, voilà toujours un peu de vie que tu auras arraché au hasard, à la misère, à la bêtise, à la mort. Même à ton service, même vêtu de haillons et souillé par les couleurs que j'ai mélangées pour une inscription stupide, je sais que c'est moi le plus noble ; tu as beau trôner comme un seigneur, je sais que je te suis supérieur, même si tu peux me faire emprisonner pour mon discours. Je n'ai pas peur de toi ! Je suis, moi, un Immortel : heureux comme un Dieu ! »

Li Po resta stupéfait de cette éloquence agressive. Le mandarin lorgnait ses serviteurs, craignant qu'ils n'eussent compris malgré l'impassibilité obtuse de leur maintien ; il finit par s'écrier :

« Tu prends trop de liberté, vieillard ! Commence ton travail et tais-toi ! »

La harangue de Meng semblait l'avoir vraiment fatigué : avec un immense mouchoir rouge, presque une serviette, que lui avait tendu le plus vieux serviteur et qu'il avait d'abord déplié avec soin, il essuya son visage, sa nuque, son cou qui transpiraient abondamment. Po sentait que le mandarin le fixait d'un regard hostile, comme s'il était mécontent d'avoir ainsi perdu son temps avec des subalternes. Il s'était fait apporter par son intendant des papiers couverts d'une écriture très large, qu'il feuilletait d'un geste irrité :

« Je n'ai pas le temps d'écouter vos bavardages ! grommela-t-il. Mes affaires m'attendent. Eh oui, je sers, moi ! De nous trois, c'est moi qui suis esclave : esclave du travail, esclave du temps, esclave de ce peuple. A peine ai-je fini une inspection qu'il me faut déjà repartir : toujours en voyage, toujours pressé par les obligations. Ainsi va ma vie. Seul le devoir accompli m'apporte, le soir venu, sommeil et paix. Vous rendez-vous compte que chaque journée perdue est un crime contre le Fils du Ciel et son peuple ?

— Ainsi s'en va ta vie, murmura Meng sur un ton maintenant amène, et presque compatissant. Mettons que tout cela soit vrai ; tu ne travailles avec un tel acharnement que pour ne pas penser à la mort qui t'effraie. Ainsi te détournes-tu de la vie en croyant l'arrêter.

— C'est vous autres qui êtes heureux, vous — le mandarin secouait la tête — qui travaillez au jour le jour, en étourdis, pour vous adonner chaque soir à la boisson, aux femmes de mauvaise vie, à la poésie qui vous tient lieu elle aussi de maîtresse ! Mais, maintenant, au travail : c'est moi qui paye ! »

Et il les laissa là tandis qu'ils mettaient en place leurs échelles, puis grimpaient jusqu'au dernier barreau pour passer sur les poutres une couche de blanc qui servirait de fond à l'inscription.

Deux jours après, le mandarin vint voir l'ouvrage qui touchait à sa fin et, le trouvant à son goût, il les chargea de peindre des fleurs et des oiseaux dans un pavillon du jardin. « Un souhait de ma femme », expliqua-t-il.

Le lendemain, elle était là, à ses côtés, pour assister au début des travaux.

Po s'inclina devant elle en la regardant droit dans les yeux ; mais elle ne répondit, très discrètement, qu'au salut de Meng. Pourtant, il lui sembla qu'elle le scrutait d'un regard rapide. Quand, dans ce mince visage aux pommettes hautes, à la peau lisse et tendue, deux grands yeux bleus s'arrêtèrent fugitivement sur lui avec une attention amicale, Po crut voir briller un rayon tremblant, comme d'une goutte d'eau effleurée par la lumière. Peut-être le reconnaissait-elle ? Un éclair de tendresse illumina encore un instant son charmant visage, tandis que sa petite bouche gracieuse esquissait un sourire. Po jugea très belle sa voix chaude et hésitante, quand, s'approchant d'un mur, elle posa des questions à Meng et fit quelques suggestions de bon goût.

Meng Kuo répondit avec galanterie : les gens riches avaient d'ordinaire des désirs irréalisables ou si stupides qu'il se refusait à les écouter : il aimait mieux renoncer à un travail et les envoyait chercher un imbécile qui les contenterait. Cette fois, les suggestions de la dame lui faisaient plaisir : elles venaient, il l'avait compris, d'un esprit sensible à l'art.

« Eh oui ! »

Le mandarin rit en montrant sa femme.

« Elle aussi, si saine et si sobre pourtant, écrit, qui le croirait, des poèmes en cachette. »

Et, s'adressant ironiquement à elle :

« Pourquoi ne fais-tu pas lire tes enfants versifiés à ce vaillant jeune homme qui est de famille mandarine et qui serait, à ce qu'on dit, un vrai poète ?

— J'en mets ma main au feu », confirma Meng.

Po se sentit rougir : non pas qu'on louât ses vers, mais

qu'on le fît en présence de ces yeux bleus qui le regardaient d'un air interrogateur. Il lui sembla qu'il fallait conquérir au plus tôt l'assentiment et la confiance de l'inconnue. Timidement, avec une brusquerie destinée à cacher un intérêt trop vif, il demanda quel genre de vers elle écrivait.

« Oh, des vers d'amateur », se défendit-elle.

Elle avait déjà rougi aux paroles de son mari, peut-être par dépit.

« Je n'ai pas la culture qu'il faudrait. »

Po n'osa pas lui demander de montrer ses vers. Si elle avait accepté, cela aurait pu devenir le prétexte d'un dialogue plus intime. Mais justement parce qu'il le désirait trop vivement, il n'eut pas la présence d'esprit de le lui proposer. Il se tut ; d'ailleurs, la conversation glissait vers d'autres sujets. A un certain moment, cependant, elle le regarda comme si elle attendait de lui quelque chose, alors qu'elle s'était remise à parler peinture avec Meng.

Sa robe aux teintes sobres, aux longues manches, sa silhouette élancée, la souplesse de son maintien, tout disait la grâce discrète, l'élégance naturelle. Ses mouvements étaient mesurés, peut-être un peu timides ; mais, en dépit de cette réserve, une chaleur caressante rayonnait dans son sourire, dans ses regards : on eût dit que sa personne répandait dans la pièce une lumière ou un parfum.

Elle s'en alla peu après, sans saluer Po, qui espéra en vain, pendant tout le reste de la journée, la voir reparaître. Quand, vers le soir, il emprunta, avec Meng, les couloirs de la maison pour sortir, il ne perçut aucun signe de sa présence. Il sentait déjà l'envie et la jalousie l'envahir à la pensée qu'elle avait une vie à elle : il y avait des gens, de simples serviteurs, qui avaient le bonheur de la voir à tout moment, alors que lui venait seulement de la rencontrer. Il se plut à imaginer qu'il était un domestique de la maison. Il décida aussitôt qu'il lui parlerait à la première occasion, mais sans montrer un intérêt excessif qui la mettrait sur ses gardes.

Dehors, il faisait déjà nuit. Après de longues journées de soleil, il pleuvait. L'odeur chaude de la terre mouillée monta aux narines de Po. Sur le boulevard, le vent secouait les noires frondaisons des chênes et des pins. A la joie anxieuse que Po éprouvait se mêlait la crainte de laisser échapper la chance qu'il venait d'entrevoir, fragile comme un échange de regards, comme un parfum qui s'évapore au moindre souffle.

Les jours suivants, il attendit : en vain. Le cinquième jour, il apprit que le mandarin, inspecteur au ministère des Travaux publics pour les provinces du Sud, était parti pour l'un de ses fréquents voyages. Deux jours plus tard, à midi, la dame, accompagnée de l'intendant et de la vieille servante qu'elle appelait sa nourrice, entra dans le pavillon pour apprécier les progrès de la fresque qui lui plaisait de plus en plus : déjà apparaissaient des fleurs, des oiseaux, des lapins sauvages et de petits singes accrochés aux branches enchevêtrées des pruniers. Elle suggéra d'ajouter quelques détails, puis, s'asseyant dans un petit fauteuil, elle les regarda peindre en silence. Elle voulait apprendre, expliqua-t-elle. Sans interrompre son travail, Meng parlait avec vivacité, racontait sa vie en pérorant. Elle riait ou posait des questions sur leur technique. Po se taisait, mais, du haut de son échelle, penchant la tête, il la caressait du regard avec une ferveur mêlée, par instants, de hardiesse. Elle semblait absorbée, détachée, comme si son charme même l'isolait au sein d'une existence secrète et passionnée ; cette animation contenue se propageait autour d'elle comme une invisible auréole — tel le nimbe des Immortels dont la lumière se reflétait sur les murs peints, dans tout le pavillon, et jusque dans le jardin au soleil. On devinait qu'une liaison avec elle serait délicate et sérieuse, peut-être plus spirituelle qu'érotique : Po lisait là une promesse de subtilités psychologiques insolites et de complications morales.

Elle partit bientôt sans que Po ait su demander de connaître ses vers.

« Elle restait sur ses gardes, la petite minaudière, commenta Meng quand ils furent seuls ; mais quand ni toi ni l'intendant ne la voyaient, elle te regardait. Quel con ! Une fleur de lotus, un croissant de lune ! Si j'étais toi, je tenterais l'impossible pour la baiser. Seulement, gare à ta peau ! L'intendant est l'espion du mari. »

Po ne répondit pas. Mais il était bien décidé à parler dès la prochaine rencontre.

Deux jours plus tard encore, elle revint voir leur travail. Et l'intendant dut sortir dans le jardin pour donner des instructions aux paysans ; il ne restait avec eux dans le pavillon que Meng et la nourrice. Pendant que Tai-fei, debout, légèrement déhanchée, examinait à nouveau la fresque, Po l'interrogea brièvement sur ses poèmes ; pourquoi ne les lui donnait-elle pas à lire ?

Elle répéta en rougissant qu'il ne s'agissait que d'un passe-temps : simple femme, elle n'était pas assez instruite pour composer selon les règles classiques. En le regardant avec une gaieté caressante, elle ajouta qu'elle lui en donnerait « peut-être » quelques-uns : elle essayerait d'y penser. Mais lui, en échange, devrait montrer les siens, qu'elle était curieuse de lire.

Po promit de les apporter. Elle s'assit au centre du pavillon, et leurs regards s'effleurèrent en silence à plusieurs reprises. Tandis que le bruyant monologue de Meng résonnait dans la pièce, Po supposa qu'elle devinait ses sentiments. Dans son for intérieur, elle admettrait, du moins l'espérait-il, qu'à travers des regards rapides ils s'étaient compris et se laissaient l'un à l'autre entendre qu'il faudrait se retrouver seuls pour faire plus ample connaissance.

Tai-fei s'en alla bientôt ; mais, à la fin de la journée, comme ils traversaient la maison pour sortir, Po et Meng la rencontrèrent dans un couloir. En robe de chambre, elle s'éloigna hâtivement sans répondre à leur salut, comme si elle éprouvait de la honte à les voir, suivie de deux serviteurs qui transportaient une grande bassine d'eau fumante, et de la nourrice qui tenait une serviette dont le parfum délicat mais intense troubla Po comme une promesse d'intimité.

Le lendemain, enfin, Tai-fei pénétra seule un instant dans le pavillon alors que Meng et Po étaient déjà en train de laver leurs mains et leurs bras souillés de couleurs. Elle s'approcha de Po, puis, avec un regard anxieux de défi, lui tendit un petit rouleau. Tirant de sa poche quelques feuillets, Po les lui donna à son tour.

Pendant toute la nuit, il lut et relut dans sa chambre les poèmes de Tai-fei. Écrits à la manière des *Petits Poèmes anciens* sur des thèmes féminins de la dynastie des Han, qu'on ne s'était pas lassé d'imiter par la suite, ils ne lui parurent pas extraordinaires. Ils témoignaient moins d'une conscience littéraire que d'une sensibilité. Et, de par l'absence de prétention littéraire, Tai-fei y était tout à fait présente ; or, précisément, c'était elle que Po désirait, et non la lettrée. Si bien que plusieurs fois une poussée de désir lui fit interrompre sa lecture, qu'il reprenait ensuite, avec tendresse.

Elle n'apparut pas le lendemain. Mais, le matin suivant, elle entra accompagnée de sa jeune servante et, aussitôt, tout agitée, dit à Po dans un murmure confus que jamais elle n'avait rien lu d'aussi beau : Meng renchérit, Po se tut. En lui rendant les feuillets, Tai-fei avoua qu'elle avait pris la liberté de les copier. Après quoi, elle le regarda : inquiète peut-être de son jugement. En lui tendant son rouleau, Po lui donna un avis quelque peu réservé, qui se voulait compréhensif et indulgent, mais sincère.

Confuse, elle déclara que de tels vers ne pouvaient se comparer à ceux de Po : elle avait honte de les lui avoir montrés. En analysant certains de leurs défauts, Po lui conseilla de les retoucher. Assis près d'elle, avec la sollicitude presque paternelle d'un maître, il lui suggérait des corrections en la fixant dans les yeux ; elle, attentive, lui adressait des coups d'œil rapides, puis baissait, intimidée, les paupières. Po éprouvait une telle tendresse qu'il dut faire effort pour éviter toute allusion trop précise. A son regard et au ton de sa voix, elle devinait, espérait-il, que derrière des propos anodins il lui parlait d'amour. Là-dessus, l'intendant entra, la conversation s'interrompit, elle se leva et prit congé.

Deux jours de plus passèrent avant qu'elle ne fît irruption à l'improviste, virevoltant comme un papillon dans le pavillon désormais presque entièrement couvert de fresques. Approchant de Po avec un sourire où passait de l'imploration, qui éveilla en lui un désir presque agressif, elle se fit répéter une suggestion sur la langue littéraire, qu'elle disait avoir oubliée, et lui tendit quelques poèmes réécrits. Mais comme Po se mettait à les parcourir du regard, elle murmura qu'elle avait honte d'être là pendant qu'il lisait, aussi le priait-elle de le faire plus tard, chez lui. Elle s'enfuit comme elle était venue, en adressant à Po un ultime regard qui lui parut parler d'amour.

Une fois chez lui, Po se mit à danser sur un pied. La joie le tint éveillé toute la nuit : il descendit dans le jardin où il chemina parmi les bosquets, en contemplant leurs taches pâles sous la lune. Il sortit sur le boulevard, monta jusqu'à la place du Phénix : les ombres des bambous et des pins, en se dessinant sur le sol, semblaient se réfléchir dans une eau brillante ou s'entrelacer comme des plantes aquatiques. Po crut même voir un instant parmi les plantes l'ombre de Tai-fei se mêler à la sienne.

Le lendemain, pour la toute première fois, il s'introduisit, en téméraire, dans ses appartements ; il la trouva assise devant une fenêtre, en train de lire pendant que la jeune servante Feng la coiffait. Lui rendant ses poèmes, il les accompagna de quelques remarques embarrassées.

« C'est bien ça », murmura Tai-fei, penchée sur ses vers.

Elle leva les yeux vers lui, comme pour dire : « Je te suis reconnaissante de comprendre ce que je voudrais mais ne sais pas écrire. »

Tout à trac, Po laissa échapper, comme à contrecœur, d'un ton détaché, tel qu'on eût dit qu'il se moquait de lui-même, que s'il comprenait ses poèmes et pas seulement eux, mais tout ce qui se passait au-dedans d'elle, c'était, inutile de le cacher, parce qu'il était épris d'elle.

Tai-fei le fixa, stupéfaite. Étonnée ? Épouvantée ? se demanda Po. Triomphante ? Elle avait détourné le regard. Elle eut un petit rire nerveux, protesta que ce n'était pas vrai. Comme Po insistait, elle l'interrompit précipitamment pour lui dire, toujours sans le regarder, que ce n'étaient pas là des choses dont il était besoin de parler ; ou alors il leur serait impossible d'entretenir ces rapports amicaux, oui, auxquels elle attachait un grand prix, sa condition de femme ne lui ayant jamais permis de fréquenter un lettré.

« Mais les fresques du pavillon seront terminées dans deux jours ! s'exclama Po. Comment préserver des rapports que tu veux bien dire amicaux ? Pourrai-je venir te trouver ? »

Elle écarta l'idée : l'intendant s'en apercevrait et en informerait son mari. Il était déjà dangereux qu'il fût entré chez elle : un serviteur dévoué à l'intendant aurait pu le remarquer.

« Mais moi, il faut que je te parle ! »

Po était accablé.

« Tu ne peux pas rester dans cette chambre ! Va-t'en tout de suite. »

Elle s'était levée, inquiète, et semblait fort troublée : par la présence de Po dans le gynécée ou par sa déclaration d'amour ? Quand, au moment de sortir, il passa à côté d'elle, elle tourna la tête pour lui jeter un bref regard anxieux et interrogateur.

Sitôt confessé son amour, Po non seulement le sentit redoubler, mais se trouva emporté par une poussée violente, comme si Tai-fei ne s'était pas tenue sur la réserve et comme s'il savait déjà tout de son intimité. Un souvenir le bouleversait : elle, assise là, ses longues jambes serrées sous sa jupe. Les jours suivants, à peine rentré chez lui, il éprouvait un besoin lancinant de caresser le bras d'une chaise semblable à celle qu'elle avait occupée ; puis il se jetait sur son lit en rêvant qu'il embrassait avec tendresse ce visage, qu'il caressait cette peau délicate et pénétrait ce corps si fin.

Les derniers jours, Tai-fei n'apparut plus dans le pavillon. L'après-midi où Meng rassemblait ses outils, Po alla la chercher dans ses appartements. Elle le chassa en lui promettant de venir voir les fresques terminées. Elle vint peu après et, non sans jeter des regards inquiets vers Meng — qui descendit aussitôt dans le jardin —, annonça en un murmure à Po que dans trois jours elle ferait une promenade, l'après-midi, sur l'une des collines d'outre-lac, en compagnie de sa nourrice et de la jeune Feng qui lui étaient entièrement dévouées : ils pourraient se rencontrer, comme par hasard, dans le parc de la pagode des Mille Bouddhas ; elle lui montrerait d'autres poèmes qu'elle était en train de reprendre. Mais qu'il ne vienne pas la chercher chez elle, ou tout serait compromis !

Sur ce, l'intendant arriva, remit à Meng et à Po la somme qui leur était due et les accompagna avec froideur jusqu'au portail.

Ce fut par un après-midi tiède mais ensoleillé que Po et Tai-fei se rencontrèrent « par hasard » dans une cour proche de la pagode. Po s'approcha ; elle le pria aussitôt de s'éloigner et de la rejoindre plus tard dans une ruelle en pente qui s'enfonçait à travers la campagne, derrière le temple. Po sortit dans le parc. Le long du boulevard montaient et descendaient moines et religieuses, femmes du peuple dévotes, familles chargées d'enfants. Plus loin, la foule s'éclaircissait. De tristes cabanes marquaient l'ultime limite des faubourgs de Hang-chou. Commençaient alors les prés jaunes où se dressaient, çà et là, des édifices roux, des pins noueux, les restes d'une forteresse dont les remparts en ruine se détachaient sur un horizon strié de rouge où un incendie semblait se refléter.

Après s'être rejoints, ils empruntèrent un sentier bordé de jeunes pins aux troncs dénudés, avec tout juste une touffe verte au sommet. Les deux servantes les suivaient à quelques pas de distance. Et, pendant que Tai-fei et Po marchaient l'un à côté de l'autre, un peu rêveurs, dans le parfum de cette soirée printanière, Po fit à Tai-fei une nouvelle, pathétique, déclaration d'amour.

Elle l'écouta jusqu'au bout, tendue, le regard fixé devant elle. Puis elle répondit — sans conviction, sembla-t-il à Po — qu'elle était fâchée qu'il abordât à nouveau cette question, au risque de mettre fin à leurs relations. Si elle y avait réfléchi, ajouta-t-elle, c'est qu'elle tenait beaucoup à ces conversations ; ils pourraient se voir en amis de temps en temps et se promener comme en ce moment : elle le ferait avertir par sa servante, pourvu qu'il promît de garder pour lui ses sentiments, qu'ils fussent réels ou illusoires, ou simplement exagérés.

Po promit de ne plus prononcer des mots qu'il ne pouvait pourtant s'empêcher de se répéter à tout instant. Après quoi, Tai-fei parut plus joyeuse, plus animée, comme si elle jouissait de son pouvoir. Ses yeux, Po en était convaincu, ne parlaient pas que d'amitié : rassurée, fière de voir passer sur son visage une totale soumission à ce qu'elle exigeait de lui, elle savourait son triomphe et n'avait plus aucun scrupule à laisser s'exprimer une affection où Po pensa, non sans audace, que passait non pas seulement de la coquetterie, mais de l'amour.

En redescendant de la colline, le soir, ils s'arrêtèrent sur un petit pont de bois qui franchissait un torrent. Tandis que les servantes les attendaient dans un pré en cueillant des plantes médicinales aux fleurs bleues, ils s'appuyèrent au vieux parapet de bois et regardèrent longuement en silence l'eau qui courait vers la mer. Une brise légère agitait quelques arbres le long des rives. Gagnée par le froid, Tai-fei frissonna ; ils se remirent en marche.

Pour traverser le lac, ils empruntèrent la même barque, au milieu de familles, de groupes de garçons fortunés et de filles rieuses, en feignant de ne pas se connaître. Quand, de loin, ils tournaient leurs visages l'un vers l'autre, dans cette barque pleine de gens, ils se sentaient unis dans une même solitude. Était-ce l'air du printemps ? Po se rappela toujours cette soirée, son retour solitaire dans la nuit — elle, des serviteurs l'avaient accueillie dès que la barque avait accosté, pour la ramener en palanquin à la maison. Ç'avait été comme une pause inquiète et douce, traversée d'attente fiévreuse, de confiance impatiente, lourde déjà de sous-entendus.

Quand ils se revirent, elle apporta des vers révisés ; ils étaient meilleurs. Po la complimenta. Tai-fei, dont le regard s'était fait plus doux encore que les autres fois, expliqua que son mari depuis toujours ironisait sur ses essais comme du reste sur la littérature moderne en général, et cette divergence d'intérêts constituait, dans leur mariage, une pierre d'achoppement qui s'ajoutait à la différence d'âge. Son mari ne comprenait pas ses aspirations spirituelles, tandis que ses discours à lui, exclusivement pratiques, lui semblaient à elle mesquins.

« Ton mandarin, dit Po en riant, soutient que la poésie ne sert à rien, mais, pendant qu'il court après ses affaires, son incompréhension te détache de lui. Qui sait s'il ne découvrira pas un jour que la poésie aura au moins servi à ceci : permettre à son papillon de quitter sa cage, et de se rapprocher de moi.

— Ne parle pas comme ça. Voilà : tu as gâché notre soirée ! »

Tai-fei s'était assombrie. Enfreignant ses promesses, Po revenait sans cesse à son amour. Mais il avait appris à en parler sur un ton mélancolique, en se moquant de lui-même, comme s'il s'agissait d'un rêve irréalisable. Alors, tranquillisée, elle ne parvenait pas à prendre une expression sévère, à maîtriser le plaisir qu'elle éprouvait à l'écouter. Po en profitait : pendant qu'ils se promenaient, les yeux rivés à terre, il évoquait sur un ton ironique l'extravagance de son désir. Il se plaignait que le refus de sa dame l'eût fait retomber dans le délire onaniste des adolescents. Elle écoutait en silence, sans le regarder, le regard fixe. Puis, au bout d'un moment, elle lui ordonnait de changer de discours.

Un jour, alors que l'intendant avait dû s'éloigner pour rejoindre le mandarin en voyage, Tai-fei, cédant aux instances de Po, accepta de partir pour une journée entière à la campagne, dans une voiture fermée qu'il avait louée. Ils se rencontrèrent hors de la ville. Elle monta sans mot dire, avec nourrice et servante, pendant que Po, devant, conduisait les chevaux ; elle semblait de mauvaise humeur, comme si elle se repentait d'avoir accepté de venir. Po, qui l'avait remarqué, gardait un silence embarrassé. C'est seulement parvenu au cœur d'une campagne ensoleillée qu'il retrouva la parole : du haut des collines, il lui montrait les trésors de Hang-chou entre fleuve et lac.

« Tu sais regarder, toi ! s'exclama Tai-fei. Comme tu expliques bien les choses ! »

Ils arrivèrent affamés dans un village. Quand ils eurent pris place à la table d'une auberge déserte, elle ne se défendit plus contre les compliments démesurés de Po. Tout émoustillée, elle se laissait entraîner par l'ivresse de la coquetterie comme par le cours irrésistible d'un torrent. Elle riait, et Po ne l'avait jamais sentie aussi assurée, aussi loquace ; comme si, excitée par le succès, protégée par l'admiration qu'elle suscitait, elle donnait enfin libre cours à un charme qu'elle découvrait exercer. Ils s'émerveillaient de prononcer ensemble la même phrase, d'éclater de rire au même instant ; et si tout d'un coup elle devenait sérieuse, comme redoutant l'excès du bonheur, Po, anxieux, l'imitait.

Elle semblait transfigurée : ses gestes étaient plus légers, mieux assurés. Elle marchait dans la campagne avec aisance, grimpait le long des pentes, infatigable, d'un pas de danseuse. Quittant le sentier, elle courait dans les prés, sautait les fossés, balançant à son bras un petit panier qu'elle remplissait de fraises et de fleurs. Elle avait des éclats de rire et des mouvements provocants comme si, se sentant aimée, libérée du carcan de la bienséance, elle se complaisait en d'infantiles caprices, en de douces bizarreries, non sans user par instants de son pouvoir de femme. Cette joie et cette ivresse victorieuse la faisaient paraître plus belle encore, elle semblait le deviner et en être doublement heureuse. Son corps s'offrait inconsciemment aux regards de Po qui en suivait toutes les courbes. Et elle, elle avait cessé de détourner les yeux.

Ce fut un jour radieux. Le soir, tandis que, fatigués, ils s'asseyaient dans un pré, Po, d'un air absorbé et triste, lui fit une mélancolique, lente caresse sur la joue : presque rien, mais le premier contact physique entre eux : elle répondit par un regard plein de compassion.

Quand ils reprirent leur chemin, Po saisit sa petite main nerveuse et la tint dans la sienne ; et elle, tout d'un coup, avec une brusque énergie, le serra.

C'était une soirée parfumée. Lors du retour vers Hang-chou dans la voiture à présent ouverte, un vent ébouriffait ses cheveux, ils s'échappaient du fermoir d'ivoire et d'or qui les retenait. Elle balançait son panier par la fenêtre tout en hochant au-dehors, et sur le même rythme, sa tête qu'elle avait renversée en arrière comme pour aspirer la brise. Elle se mit à chanter un air de cette saison-là :

Ma jupe toujours capricieuse
toujours à voltiger et s'enfuir.
Ne m'en veux pas si elle se creuse
la faute est au malin zéphyr...

Puis une autre, plus ancienne :

De la nuit je n'ai pu dormir
tant sur mon lit brillait la lune.

Po la contemplait, émerveillé, négligeant de regarder la route et de conduire les chevaux. Par la suite, il lui suffisait d'entendre ou d'évoquer par hasard l'une de ces chansons pour qu'aussitôt lui revînt le parfum de ce premier jour d'été et que ressuscitât le souvenir lancinant de sa trop brève relation avec Tai-fei.

Il avait depuis peu loué chez un paysan une cabane nichée parmi les arbres, sur l'une des collines d'outre-lac. Après qu'il l'en eut priée maintes fois en vain, Tai-fei accepta enfin ce soir-là d'aller la voir. A peine entrés — les servantes étaient restées près de la voiture —, avec une expression de désespoir, Po prit Tai-fei dans ses bras et tenta de l'embrasser en silence. Elle lui refusa sa bouche, détourna le visage, essaya de se soustraire à son étreinte. Po, éprouvé par la tension anxieuse de la journée, lui fit une caresse un peu hardie qu'elle jugea sans doute indélicate : elle s'indigna ou fit semblant de s'indigner. Elle pressa ses mains contre la poitrine de Po, pour s'écarter.

« C'est ma faute, je n'aurais jamais dû entrer. »

Et elle partit en courant. Le désir que Po avait couvé toute la journée s'était fait si insistant qu'aussitôt seul, épuisé, la tête vide, il se jeta à plat ventre sur le lit et — cela ne lui était encore jamais arrivé — parvint sur l'instant à l'orgasme.

Passèrent les jours : il la cherchait en vain, usant le plus clair de son temps à l'épier. Il n'allait même plus travailler avec Meng. Il réussissait parfois à la rencontrer quand elle descendait de sa chaise à porteurs pour circuler avec sa nourrice et un serviteur à travers le marché, où elle faisait ses emplettes : il s'approchait alors furtivement. Devant son insistance, Tai-fei, apeurée, le chassait et, comme il ne partait pas, elle finissait par se montrer insolente, quitte à lui demander pardon plus tard. Ou bien, elle parvenait à le distraire en lui montrant ceci ou cela, et, dès qu'il avait tourné la tête, elle partait en courant à travers la foule, réussissant parfois, malgré sa robe étroite qui la gênait, à disparaître dans la mêlée ou à se cacher derrière un rideau, riant du tour qu'elle lui avait joué. Po, cependant, bouleversé, errait à travers le marché en la cherchant puérilement, comme s'il pensait l'avoir perdue pour toujours.

Les rares fois où elle accepta de le rencontrer au cours d'autres promenades à la campagne, Po marchait à ses côtés, implorant et taciturne, tandis qu'elle demeurait évasive ou hostile. Elle lui adressait des reproches : poursuivi désormais par son obsession, il n'avait plus qu'une pensée. Il ne faisait plus de beaux discours, n'improvisait plus de poèmes, ne parlait plus littérature. Elle regrettait l'espèce de magie qui avait donné tant de charme à leurs premières conversations quand, décortiquant ses pauvres vers, il lui parlait de sa vie : elle sentait alors ses paroles pénétrer en elle, bien plus profondément — disait-elle — qu'un rapport physique dont il attendait trop. Elle avait eu l'impression de connaître avec lui des joies que son mari ne lui avait jamais données. A présent, au contraire, ils se disputaient sans cesse pour une étreinte qui l'aurait déçu peut-être, si elle la lui avait accordée. Toujours s'interposait entre eux ce désir encombrant, ses tentatives brutales de profiter d'un moment de faiblesse pour la faire céder : c'était peu loyal, qu'il l'admette.

En amour, il n'existe pas de loyauté, répondait Po : tout est permis. Qu'y pouvait-il si désormais il vivait dans une continuelle tension, et sans espoir d'apaisement ?

« Si, au contraire, tu m'accordais ce que toi aussi tu désires, nos relations seraient plus complètes, plus belles qu'elles ne le furent jamais. »

Elle, alors, le priait de ne plus la tourmenter. Il comprit qu'elle souffrait, qu'elle rêvait de lui toutes les nuits.

« Quels rêves fais-tu ?

— Ils m'épouvantent.

— En quoi ?

— Ce sont des obscénités, ni plus ni moins !

— Comment cela ?

— Quelquefois tu es là, et lui aussi. »

Elle ne voulut pas en dire plus.

« Prendrais-tu plaisir à te sentir disputée entre nous deux ? Et à me torturer, puisque c'est moi que tu aimes ?

— Une torture, oui », répétait Tai-fei.

Une autre fois, comme Tai-fei, en l'apercevant, s'était enfuie en courant, il la rejoignit dans une ruelle bordée de murs et là, parmi les passants surpris, tremblante et claquant des dents, apeurée comme un lièvre encerclé par des chiens, elle éclata en sanglots. Les larmes coulaient sur ses joues, mouillaient ses manches, tombaient sur les mains de la nourrice et de Po qui bredouillait des paroles sans suite. Tandis qu'elle le laissait lui essuyer le visage, elle le supplia de la laisser libre de réfléchir à sa vie toute seule, de se comprendre, de se retrouver. Son mari devait rentrer bientôt.

Po dut accepter. En échange, elle promit de lui faire signe avant peu. Dix jours après, elle lui fit savoir qu'ils pourraient se rencontrer à l'endroit habituel, derrière la pagode. Ils s'assirent dans un pré, sous les pins. La nourrice prépara le goûter. Po se taisait, fixant Tai-fei, tout heureux de retrouver son visage, ses regards, ses gestes mesurés, ses élans subits. Elle fut inhabituellement loquace : elle l'interrogea avec une vivacité passionnée. Puis elle lui raconta qu'elle l'avait vu, deux jours auparavant, à un spectacle d'ombres dans le théâtre de la place des Chrysanthèmes : il parlait à une jeune fille du peuple, avec tant d'animation qu'il ne s'était pas rendu compte qu'elle passait près de lui. Qui était-ce donc ?

Po sourit, répondit avec une insouciance évasive, tout en protestant tendrement pour la rassurer. Elle buvait ses paroles, prête à le croire, puis il la sentit s'isoler, se replier sur elle-même comme si elle réfléchissait.

« Nous allons dans la cabane, proposa-t-il sans trop d'espoir.

— Oui », murmura-t-elle sans le regarder.

Quand il lui prit la main sur le sentier, elle avoua qu'elle s'était sentie dévorée de jalousie, tout en se répétant qu'il la tourmentait et qu'elle ne voulait pas le revoir.

Dans le lit de Po, elle fut à la fois timide et passionnée : avec quelque chose d'un peu forcé, lui sembla-t-il. Pendant que Po gémissait et criait, bouleversé par ce plaisir inattendu, elle lui mordillait une épaule et lui léchait les oreilles, en demandant s'il l'aimait vraiment. Elle murmurait, transportée, qu'elle était exigeante en amour, qu'elle ne supporterait pas une vie trouble, ambiguë, si bien qu'ils devaient prendre, une fois pour toutes, la décision de fuir ensemble, de risquer la prison, la torture, la mort même, de se cacher sous un faux nom dans une autre ville.

« Mais oui, répondait Po un peu distrait, en lui suçant un mamelon. Fuyons tout de suite ! Dès demain ! »

Tai-fei voulut rentrer chez elle avant la nuit. Et n'accepta de le rencontrer qu'après trois jours. Et arrivée à la cabane, elle ne le laissa pas l'embrasser, expliqua que le mandarin était rentré, que jamais elle n'oserait fuir : ce n'était plus possible, il fallait rompre leur liaison. Elle ne voulait pas que l' « épisode de l'autre soir » se répétât.

Po, qui désormais la croyait sienne et ne s'attendait pas à ce repentir, se sentit perdu.

« Ne pensons plus au mandarin », implora-t-il.

Il l'accusa de lâcheté, de ne pas être sincère avec elle-même. Tai-fei ne se défendit pas.

« Tu as raison, je me suis trompée », admit-elle en baissant la tête.

Po lui dit avec tristesse qu'une heure plus tôt, pendant qu'il marchait vers leur rendez-vous en évoquant leur dernière rencontre, que maintenant elle qualifiait d' « épisode », il avait composé pour elle un poème... Il était si heureux ; et maintenant tout s'effondrait.

Tai-fei voulut qu'il récitât.

Montagnes vertes où le soir tombe,
au ciel la lune maintenant suit.
Regarde : le chemin nous mène
entre collines rêveusement.
Main dans la main, parmi les pins,
nous voici devant la cabane.
S'ouvre entre les ronciers le portail :
aux branches du prunier nos vêtements s'accrochent.
Et moi de rire : enfin tu réponds.
Du fond de la vallée, un chant monte. Écoute
dans la pinède le soupir du vent !
Regarde : dans le crépuscule
un vol silencieux de perdrix.
Ici nous pourrons faire la paix
et retrouver, serrés l'un contre l'autre,
la source nue d'où la joie sourd.

En quelques instants, Po avait reconquis le terrain perdu. Mais Tai-fei, en s'en allant, protesta que c'était la dernière fois qu'elle lui cédait.

Leur liaison fut désormais irrégulière et languissante. A des crises de conscience, à des refus succédaient des moments où elle s'abandonnait. Elle se disait déçue : pas seulement de sa propre lâcheté, de ses laborieux subterfuges, mais de voir qu'entre eux les rapports charnels — plus agréables, certes, qu'avec son mari — avaient pris le pas sur les échanges spirituels.

Cette distinction entre le corps et l'esprit, Po ne l'acceptait pas. Mais Tai-fei persistait à dire qu'à l'instar de son mari il ne lui apportait pas l'aide profonde dont elle avait besoin : il n'y avait plus entre eux de dialogue ; Po ne pensait qu'au plaisir : et, pour elle, aucune source d'enrichissement. A quoi servait dès lors la satisfaction des corps ? Où était la sérénité réfléchie, le respect amoureux avec lesquels Po lui parlait autrefois ? L'enthousiasme avec lequel il la regardait, par exemple, le jour inoubliable de la promenade en voiture ? A présent, elle devait supporter son avidité insatiable, son assurance de vainqueur.

« Si ce jour-là fut merveilleux, répondit Po, ce fut pour toi. Pendant que tu prenais plaisir à recevoir mes hommages d'adorateur, moi, aiguillonné de douleurs à l'aine, je souffrais comme une bête dévorée par des chiens. »

Mais Tai-fei s'obstinait. Elle avait commis une faute et ne voulait pas retomber dans la même erreur : elle était une femme morale, fidèle au fond, conformiste même, et habituée à la richesse. Mener une double vie lui était impossible. Et elle n'était pas capable de fuir. D'ailleurs, elle aurait jugé ignoble d'abandonner au seuil de la vieillesse un mari qui ne pouvait se passer d'elle ; alors qu'elle ne se sentait pas indispensable à Po.

Peut-être parla-t-elle ainsi pour voir si Po lui ferait une proposition précise. Po répliqua bien qu'elle lui était indispensable, l'assura à nouveau de son amour, mais il ne lui proposa pas réellement de fuir. D'ailleurs, il était trop tard pour convaincre Tai-fei. Elle aimait à penser que plus tard, si du moins Po n'avait pas quitté Hang-chou, ils se reverraient, qui sait, en amis, quand ils pourraient le faire sans ambiguïté. Mais, pour l'instant, il fallait se quitter ; il devait promettre de ne plus rien faire pour la revoir. Du reste elle allait partir :

elle serait absente de Hang-chou pendant plusieurs mois.

Elle refusa de dire où elle devait se rendre. Po ne la crut pas tout à fait. Mais il découvrit le lendemain que Tai-fei et le mandarin, avec leurs nombreux domestiques, étaient partis pour leur villégiature d'été.

Po fut désespéré comme qui voit, impuissant, son bien lui échapper. Tour à tour prostré sur son lit, ou tournant en halluciné dans sa mansarde, il regardait autour de lui avec accablement : de sa fenêtre qui donnait sur le parc du mandarin, tout lui semblait gris, terne, flétri ; comme si lumière, couleurs, chaleur avaient déserté la terre.

Il resta quelques jours dans cet état. Puis il s'agita, s'enquit de leur village, finit par le trouver, au sommet d'une haute colline où le mandarin avait sa maison de campagne. Déguisé en laboureur, vêtements décousus, pieds nus, coiffé d'un drôle de chapeau rond, la barbe longue, il fit le guet pendant plusieurs jours dans un buisson, jusqu'à ce qu'enfin il vît un jour Tai-fei sortir pour une promenade avec sa servante. Po la suivit, l'appela. Elle, surprise de son déguisement, eut d'abord un sourire ; puis elle s'enfuit en courant sur le sentier en plein soleil avec une expression de douleur. Elle avançait avec peine contre le vent, freinée par sa robe blanche ondoyante, parmi des rangées de petits pommiers ployés sous le poids d'énormes fruits encore verts.

Quand Po l'eut rejointe, elle le supplia de s'en aller, il allait être découvert. Là, sur ce versant coupé de terrasses vertes, parmi les cris des cigales, recommença leur triste dispute, jusqu'au moment où Po vit arriver sur un sentier en contrebas, les jambes écartées, le pas lent, escorté de l'intendant et des deux gigantesques serviteurs, le mandarin au visage rôti par le soleil, rouge comme une brique. Il portait une longue chemise blanche de lin, un chapeau de toile immaculé ; dans une main, il tenait un filet à papillons, dans l'autre, une petite cage dorée où était emprisonné un tourbillon multicolore. Son ventre, sous sa chemise dans laquelle s'engouffrait le vent, semblait encore plus gros que d'habitude sur ses jambes maigres : contre le feuillage vert sombre des pommiers et la dentelle gris argenté des sapins.

Le mandarin, en voyant Po, écarquilla les yeux, Tai-fei s'était mise à trembler et baissait la tête.

« Le barbouilleur ! Le poète ! s'exclama le mandarin après l'avoir reconnu sur une indication du sévère intendant. Comment se fait-il que tu sois ici et accoutré de cette manière ? »

Po balbutia qu'il travaillait au village.

« Qu'as-tu à faire avec elle ? » clama le mandarin, tout à coup soupçonneux.

Et l'intendant hurla aux serviteurs :

« Attrapez-le ! Traînez-le dans la maison !

— Eh bien, c'est vrai ! hurla Po après une tentative pour se libérer pendant qu'on le ceinturait. J'étais tombé amoureux de ta femme, mais j'ai toujours essayé en vain de lui parler ! »

Il pensait qu'un demi-aveu rendrait ses dénégations plus plausibles.

Au retour, on interrogea durement la jeune femme et les servantes, qui nièrent habilement qu'il se fût rien passé, hors ce que Po avouait. Le mandarin furieux fit fouetter jusqu'au sang les servantes et gifla sa femme pour ne pas l'avoir averti des assiduités de Po. Ensuite, accompagné de l'intendant et des serviteurs, il descendit dans la cave où ils avaient enfermé Po, lequel répéta qu'il s'était épris de la dame pendant qu'il décorait le pavillon, mais qu'il n'avait pas réussi à l'approcher par la suite.

« Déshabillez-le ! » hurla l'intendant.

Li Po se taisait.

On arracha ses vêtements.

« Battez-le », cria la mandarin dès qu'il le vit nu.

Armés de baguettes noueuses, les serviteurs le rouèrent de

coups, puis, le renversant par terre, lui immobilisèrent bras et jambes et, sur les ordres réitérés de l'intendant, le frappèrent longuement droit sur la verge et le scrotum.

Po hurlait de douleur et de peur, redoutant qu'on n'abîmât ses précieux organes, ou même qu'on l'émasculât, comme un mari vindicatif avait droit de le faire sans encourir les rigueurs de la loi. Sous l'effet de la douleur qu'il ressentait aux testicules et au ventre, il s'évanouit bientôt.

« Remercie le ciel d'être d'origine noble, gronda le mandarin quand il le vit reprendre conscience, sans quoi je t'aurais fait écraser comme un pou ! Et je le ferai si tu parles de cela à quiconque ! »

Po ne devait plus se montrer dans les parages de leur maison : ni à la campagne ni à Hang-chou. Le lendemain, prévint l'intendant, on enverrait un soldat pour contraindre le vieux luthier à le chasser de sa mansarde.

Sur quoi, le mandarin ordonna aux serviteurs de jeter Po à la rue. Perclus, il souffrait de tous les côtés. Quand, beaucoup plus tard, il réussit à se lever, non sans peine, il faisait déjà nuit — quelques instants auparavant, il avait cru voir une femme, peut-être Tai-fei, passer derrière la fenêtre avec une chandelle allumée ; tout endolori, son scrotum et son membre tuméfiés et sanguinolents, il ne parvint à s'éloigner qu'en titubant. En suivant à tâtons le sentier, s'écorchant encore les mains et le visage aux pruniers, il parvint enfin au village où un vieux barbier le soigna avec des compresses. Lorsque, quelques jours plus tard, il put rentrer à Hang-chou, le vieux luthier lui annonça d'un air désolé qu'il ne pouvait pas le garder chez lui.

Humilié, Po ne chercha pas à revoir Tai-fei. Il se sentait bien différent du jeune homme qui s'était livré à Ti et à Miao : comme l'avait prédit Meng, un égoïsme salutaire l'amenait maintenant à comprendre qu'il ne fallait pas se soumettre à trop de vexations pour la conquête d'une femme. La honte engendre la rancœur. Pendant quelque temps, son désir pour Tai-fei le fit encore souffrir, puis, un matin, il s'aperçut que l'amour s'était envolé comme il était apparu : par enchantement.

5

Comment le gouverneur Kung Tao donna en pure perte des leçons de confucianisme et de bon gouvernement

Par l'intermédiaire de Meng Kuo, Li Po avait connu un jeune homme, Kung Shen, qui n'était rien de moins que le fils du mandarin Kung Tao, le gouverneur de la ville et de la région. Comme Li Po, Kung Shen se refusait à poursuivre les études qui auraient fait de lui un fonctionnaire. Il vivait au jour le jour, en essayant d'écrire une longue nouvelle, sans repousser les maigres subsides que lui octroyait un père compatissant.

Po se sentit tout de suite une affinité naturelle avec ce garçon trapu, ironique, taciturne et dépourvu d'ambition mondaine : bientôt, ce fut une amitié. Quant Po se retrouva sans domicile, il s'en alla vivre chez Kung Shen, qui habitait au pied du mont du Phénix, au sous-sol d'une villa à deux étages, dont le toit en pente était bleu, et les balcons rouges. Elle se dressait, parmi d'autres maisons semblables, sur une place silencieuse au centre de laquelle s'étendait un pré planté de grands arbres dépouillés en hiver et vert foncé pendant l'été.

Quand il rentrait le soir de son flegmatique travail, Po frappait à la porte de la chambre de Shen et s'asseyait en face de lui avec un sourire teinté d'indulgence : Shen était resté là tout le jour à essayer d'écrire sa nouvelle, qui pourtant n'avançait pas.

« Travailler ! murmurait ironiquement Po. Travailler ! »

A son regard interrogateur Shen répondait seulement en

grattant sa longue barbe, qu'il laissait pousser par anticonformisme. Son visage aux pommettes presque mongoles, ses yeux en amande souriaient à leur tour timidement.

Comptant dans le creux d'une main les quelques fens qu'il avait en poche, Po proposait à Shen d'aller dîner dans une auberge indienne du voisinage ; une rareté, même à Hang-chou.

Avec la démarche ondoyante d'un ours qui se tiendrait en équilibre sur une barque les pattes écartées, Shen suivait Po après avoir fourré dans sa poche les dernières pages de son récit, avec l'espoir qu'au cours de la soirée il viendrait à bout de la tâche qu'il avait différée tout le jour, somnolant sur son lit ou arpentant sa chambre comme une bête en cage.

Dans l'auberge sombre aux murs recouverts d'une étoffe rouge foncé, des sortes de gourous olivâtres et suaves, à la démarche souple, au sourire extatique, les servaient. Par la suite, Po dirait souvent qu'il ne regrettait le cosmopolitisme de Hang-chou que pour cette cuisine indienne, introuvable ailleurs. Une cuisine toute en jouissance, qui différait complètement de la délicatesse savamment raffinée de la cuisine chinoise. Il regrettait ces bouillons noirs et piquants, ces étonnantes fouaces, ces immenses plats de mouton au curry, ces mélanges dont les saveurs violentes changeaient à chaque bouchée, tantôt douces et tantôt amères, au hasard de ce qu'on saisissait : jusqu'à de la viande mêlée avec des fruits.

Shen était souvent ensommeillé, toujours silencieux : soit qu'il eût fumé de l'opium pendant la journée, soit qu'il eût vu Pai-hsi, une petite gamine trouvée dans une maison de thé et dont il était tombé éperdument amoureux, soit qu'il se préparât à aller la voir si toutefois elle réussissait à se libérer de ses clients cette nuit-là. Pendant ce temps, Po goûtait une boisson pâteuse, très noire, et, pour se défendre de la douce somnolence qui le gagnait, observait les groupes de marchands bruyants et les familles de petits fonctionnaires qui picoraient élégamment comme des oiseaux juchés autour des tables. Po et Shen mangeaient avec plaisir, n'échangeant que peu de mots. Puis Shen recommençait à fumer son opium, tandis que Po avalait encore quelques gorgées de bière épaisse et douce-amère...

Un jour, Shen proposa d'aller dîner chez son père, qui désirait connaître Po depuis qu'il lui avait montré certains de ses poèmes. Bien qu'il eût quitté la maison familiale du jour où il avait refusé de poursuivre ses études, Shen allait encore quelquefois, rarement, voir son père. Alors qu'il parlait de sa mère sur un ton de sarcasme, Po ne l'entendait jamais critiquer son père, dont les convictions étaient pourtant complètement opposées à la façon dont lui-même vivait.

Po redoutait cette rencontre avec le gouverneur, mais Meng Kuo le convainquit d'accepter : il l'enviait d'avoir pareille occasion de connaître les idées d'un représentant autorisé des traditions confucéennes de gouvernement. On savait qu'avant d'être envoyé à Hang-chou le gouverneur avait été à la tête de l'un des six ministères de Ch'ang-an : le très puissant ministère des Finances, des Impôts, des Terres, des Marchés et des Transports. Et qu'il avait perdu ce poste quand, après la mort violente du célèbre Premier ministre Weng Chang, le courant traditionaliste l'avait emporté dans les hautes sphères du mandarinat. On murmurait que le nouveau ministre, le vieux Yao Kuan, l'avait en quelque sorte exilé si loin de Ch'ang-an parce qu'il craignait sa supériorité intellectuelle et son ascendant sur le Fils du Ciel, qui recourait souvent à ses conseils pour l'administration d'un immense patrimoine personnel mal géré par les Grands Eunuques. On prévoyait d'ailleurs que, tôt ou tard, il serait rappelé à Ch'ang-an pour assumer une très haute charge, tant étaient proverbiales ses compétences en matière d'économie et sa connaissance des secrets de l'administration.

Shen et Po arrivèrent à l'heure dite. Le gouverneur Kung Tao, qui dînait tôt par souci d'hygiène, les reçut dans une petite pièce sobre, près d'une table où le couvert était déjà mis. Po se trouva devant un homme d'une soixantaine d'années, robuste plus par l'ossature que par la chair, avec un visage qu'un front chauve allongeait. En travers de son long crâne sans couvre-chef étaient ramenés quelques cheveux encore foncés, qui couraient d'une oreille à l'autre. Le gouverneur amena la conversation sur les poèmes de Po qu'il avait lus et appréciés ; il était, cela se voyait tout de suite, au fait des nouveautés, même dans le domaine littéraire. Il rappela que, dans sa jeunesse, il avait publié deux livres d'histoire, l'un sur l'époque de Confucius, l'autre sur la genèse de la bureaucratie sous la dynastie des Han. Il offrit à Po une édition précieuse de son premier ouvrage en y apposant une dédicace amusante rédigée d'une belle écriture.

Le gouverneur abandonnait par moments son immobilité tranquille pour de brusques sursauts nerveux et juvéniles. Sous ses épais sourcils gris, ses yeux bienveillants brillaient d'ironie et de vivacité. Po le jugea bien différent des fonctionnaires balourds qu'il avait jusqu'alors rencontrés. Les vers de Po Chü-i lui revinrent en mémoire :

> Étonné, j'interrogeais : « Qui est là ? »
> Un conseiller du trône, me dit-on,
> pivot autour duquel tourne l'État.

Dans un fauteuil était assise une grosse femme paisible, et, bien qu'elle fût très différente du mandarin, Po trouva qu'ils se complétaient bien. Elle avait un beau visage rond et candide, et des reparties sympathiques de femme du peuple : c'était la concubine.

Plus tard dans la soirée, Shen présenta à Po sa mère, qui vivait dans un luxueux appartement séparé. Cette vieille dame maquillée et poudrée, qui lui offrit du thé au jasmin dans de précieuses tasses anciennes, faisait penser à un échassier : à quelque maigre oiseau hypersensible. Parmi les servantes et les dames de compagnie qui l'entouraient de leurs vêtements de couleurs vives, Po remarqua une jeune fille, visiblement la favorite, peut-être la bien-aimée, qui jouait du psaltérion, tenait des propos capricieux, et jetait sur Shen des regards minaudiers. La vieille dame fit tout de suite comprendre à Po qu'elle trouvait son mari ennuyeux comme tous les fonctionnaires : trop assidu au travail, trop calme quand sa journée s'achevait, il ne pensait qu'à mener une vie paisible et retirée.

« Dès qu'il le peut, il part s'enterrer dans une villa, à la montagne. Et Shen, même s'il ne s'entend pas avec lui, ne lui ressemble que trop ; en vérité, il est d'un caractère plus impossible encore. »

La vieille dame se lamentait.

Alors qu'il avait montré de la sympathie et même de la tendresse — teintée d'ironie — pour la concubine de son père, Shen grimaçait d'embarras en écoutant sa mère ; et, très vite, il entraîna Po dehors.

« Je ne supporte pas cette musique », dit-il très fort en se référant peut-être au psaltérion de la favorite, qui n'avait pas cessé de lui lancer des œillades.

Po, de son côté, s'était senti mal à l'aise auprès de cette dame vaniteuse et de sa cour, tandis que le gouverneur décidément l'intéressait : il devinait, derrière sa réserve bienveillante, un homme d'expérience, possédant maturité et chaleur.

Le gouverneur offrit ensuite à ses hôtes un spectacle théâtral qu'était venue jouer pour lui une compagnie d'acteurs ambulants, qui donnerait le lendemain une représentation au Théâtre central de Hang-chou.

Au pas rapide de ses longues jambes, à travers des couloirs tortueux et mal éclairés, le gouverneur guida ses invités jusqu'à une grande salle illuminée par des torches, où s'élevait une scène devant laquelle se tenait déjà l'épouse, entourée de sa cour bavarde.

Apparurent les acteurs, qui jouèrent et chantèrent *Le Songe du mil jaune*, un drame de Ma Chih-yuan que Li Po tenait pour le chef-d'œuvre du théâtre moderne. Malgré la médiocrité des interprètes, Po se laissa à nouveau captiver par un récit où il lui semblait entrevoir une métaphore de son destin.

Le jeune Lü Tung-pin, chevauchant un âne parmi de jaunes acacias en fleur, se dirige vers Ch'ang-an pour y passer les examens d'État et devenir fonctionnaire. Il s'arrête pour manger dans une auberge de campagne. Pendant que l'hôtesse lui prépare le mil jaune, il est troublé par le regard qu'un vieux taoïste fixe sur lui. Assis sur le grand fourneau de terre cuite verte, l'homme savoure son thé, sourit et enfin, appelant Lü Tung-pin par son nom, l'exhorte, à sa grande surprise, à abandonner ses rêves de gloire, d'argent, d'amour, pour se convertir en se réfugiant dans les montagnes. Le jeune ambitieux se moque de l'ermite. Mais voilà que celui-ci l'endort et fait défiler devant lui, le temps qu'il faut pour la cuisson du mil, ce que sera sa vie s'il se rend à la capitale.

Suit le rêve sur scène. Lü Tung-pin arrive à Ch'ang-an, réussit brillamment à ses examens, épouse la fille d'un haut fonctionnaire — une beauté — et devient, à plus ou moins brève échéance, commissaire aux armées. Éclate une révolte aux frontières de l'empire, qui l'éloigne des siens. Il est si impatient de rentrer chez lui qu'il se laisse corrompre et vaincre par les rebelles. Revenu à l'improviste à Ch'ang-an, il y trouve sa femme en flagrant délit d'adultère. Et alors qu'il cherche à se venger, il se fait arrêter pour trahison et est condamné à l'exil dans une région lointaine. C'est entouré de ses enfants qu'il affronte le long chemin de l'exil, quand une nuit, dans une région déserte, après avoir trouvé refuge dans une cabane abandonnée, il est attaqué par un brigand sanguinaire : il doit assister au massacre de ses enfants, et, comme lui-même tente de fuir, le bandit le poursuit en faisant tournoyer son épée, qui enfin lui tranche la tête.

Lü Tung-pin se réveille en hurlant. Il aperçoit à nouveau le vieux qui savoure son thé, assis tranquillement sur son fourneau, tandis que l'hôtesse pose sur la table l'écuelle fumante de mil jaune tout juste cuit.

« En quelques minutes, tu as vécu dix-huit années ! » lui explique le taoïste en l'invitant de nouveau à se retirer avec lui dans les monts pour y mener une existence paisible et longue.

Lü Tung-pin ne répond pas. Sourd à toutes les exhortations, il dévore son mil, les yeux rivés sur son assiette. Puis, en silence, il paie l'addition, remonte sur son âne et reprend son voyage vers son destin.

Après la représentation, le gouverneur Kung voulut raccompagner Po et son fils chez eux en voiture. Sur la route, il leur offrit du thé et du vin dans un vieil établissement public où il fut accueilli avec la familiarité respectueuse que l'on témoigne à un important habitué des lieux.

Le mandarin indiqua à Po la vaste salle de bois sombre.

« C'est la plus ancienne maison de thé de Hang-chou. La ville grandit, et on démolit les vieilles maisons. Ce décor a au moins trois siècles ; T'ao Ch'ien l'a peut-être vu. Hélas ! tant de choses disparaissent ! Il devrait être interdit de détruire les plus belles maisons. Il faudrait les conserver comme biens publics. Quand j'étais ministre, j'ai proposé une loi dans ce sens. Mes collègues ne l'ont pas retenue. Mais il faudra bien qu'on y vienne. »

Entre deux carafons de vin parfumé, ils parlaient du spectacle. Rien ne trouva grâce aux yeux de Shen, sarcastique, si bien que le gouverneur finit par prendre la défense des acteurs.

« Il trouve des qualités à tout le monde, ironisa Shen. Voilà bien l'excès de prudence, ou de tolérance, des administrateurs.

— On n'est peut-être jamais trop tolérant, répliqua le gouverneur avec un sourire.

— Paternalisme ! » insista Shen amicalement.

Après un moment de réflexion, le gouverneur Kung s'adressa à Po.

« Mon fils ironise sur l'effort d'impartialité, de modération qui distingue en principe un bon gouverneur. Non que je prétende en être un. Dans le métier que j'exerce, ma patience est mise à rude épreuve : non seulement par les gens qui dépendent de moi, mais aussi par ceux dont je dépends moi-même, à commencer — que cela reste entre nous — par l'Empereur céleste, que le ciel lui accorde longue vie ! Après tout, c'est ainsi justement qu'on apprend la prudence. A quoi bon reprocher sa médiocrité au médiocre, et sa sottise au sot : mieux vaut rendre l'honneur qui lui est dû à l'intelligence. Toi, peut-être que tu partages l'intransigeance de rêveur de mon fils, ses réquisitoires contre les institutions tant impériales que confucéennes, et pas seulement contre elles d'ailleurs : ce soir, c'était le tour du théâtre ! Moi, je cherche des qualités même à ce qui est à peine passable. Si n'existaient que le dérèglement, l'originalité, l'exception — qui plaisent tant à mon fils et à toi aussi, je suppose —, toute prévision raisonnable serait vouée à l'échec : ce serait désastreux non seulement pour le gouvernement, mais pour le peuple. Comprends-moi : moi aussi, je préfère Chuang-tzu le philosophe ou T'ao Ch'ien le poète à la vertu moyenne : mais, dans ses rapports avec le peuple, un fonctionnaire doit, tout en se gardant d'être inhumain, s'effacer derrière sa fonction comme s'il était transparent.

— Moyennant quoi il ne sera que plus mystérieux, insinua Shen.

— C'est pourquoi je m'arrête, ou adieu mystère ! » conclut le gouverneur en riant.

« Il était plus loquace que d'habitude, le vieux, ce soir, constata Shen quand ils furent seuls. Je ne l'avais encore jamais entendu parler de tout cela. Il l'aura fait pour toi. Je l'avais prévenu que ton ami Meng était curieux de connaître les idées d'un illustre représentant du pouvoir confucéen, qui compte par ailleurs tant d'imbéciles... Il est intelligent, hein, mon vieux papa ? Vraiment ce qu'on appelle un homme d'État ! »

Comme il feignait toujours l'ironie, Po lui fit remarquer :

« Et toi, tu es fier de lui !

— Eh bien, dans le genre conformiste, il est presque sublime. Comment ne pas nous étonner quand il nous arrive de trouver chez un fonctionnaire la finesse d'esprit que nous n'attribuons qu'à des artistes — fussent-ils en herbe — comme nous ?

— Reste que ton père a, comme beaucoup de politiciens, le défaut de prétendre qu'il s'entend avec tout le monde, qu'il est à l'aise dans tous les milieux. Il a besoin de croire qu'il comprend toutes les humeurs, assez au moins pour les tenir en respect et les mettre au service... de la très confucéenne continuité du Céleste Empire. »

Le fait est que, dans la maison de thé, le gouverneur avait engagé la conversation avec un marchand ventru, un artisan céramiste doué de repartie et les propriétaires du local qui le servaient eux-mêmes : deux gros barbus entre deux âges, qui se ressemblaient beaucoup. Tout ce monde avait parlé d'une voix forte — celle du gouverneur était puissante et belle —, si bien que des tables voisines plusieurs autres étaient intervenus. Mais Po et Shen n'avaient compris que quelques mots, car la conversation s'était déroulée dans le dialecte de Hangchou, que le gouverneur avait trouvé le temps d'apprendre.

« Vous restez, avait dit ensuite le mandarin en se levant, moi je m'en vais, car chaque soir je suis au lit à minuit précise, pour me lever le matin au chant du coq. Le médecin Wei, de la dynastie Han, le disait déjà : un sommeil régulier est le meilleur moyen de s'assurer un corps et des nerfs équilibrés, une vraie envie de travailler. »

Le soir, Shen aimait aller prendre le thé et fumer de

l'opium chez certains de ses amis, et Po l'accompagnait, sans trop de passion. Ils se rendaient généralement dans la maison d'un riche antiquaire, un homme fort beau, délicat et spirituel, qui vivait sous la coupe de son amant, un jeune musicien très maigre, laid, à la peau sombre, rongé par la drogue et peut-être fou. Dans un immense salon, accroupis en tailleur, ou étendus sur des tapis splendides, des architectes, des peintres faméliques, de gracieuses courtisanes aux velléités poétiques et d'autres artistes, réels ou présumés — on ne faisait pas la différence —, se passaient la grande théière à opium où Po comme les autres puisait.

Souvent, il ne comprenait pas leur discours et se taisait : tous ces gens utilisaient, outre le dialecte local, un jargon qui leur était propre, et dont ils prenaient soin toutefois de traduire les boutades qu'ils jugeaient plus réussies. Eux-mêmes parlaient peu, ils répétaient à plusieurs reprises la même phrase en riant doucement : allongés, les mains sous la tête, certains fixaient toute une soirée en silence le plafond décoré. Po se trouvait bien auprès d'eux, il se sentait en paix. Shen sortait de sa poche les dernières pages qu'il avait écrites en tentant d'apporter des corrections à son interminable nouvelle. Le beau maître de maison le regardait avec un sourire subtil et un soir il lui dit :

« Toi, quand tu ne travailles pas, tu sembles te sentir en faute ! Nous, au contraire (il montrait son jeune musicien à la peau foncée), c'est le travail qui nous fait souffrir. Nous sommes des mystiques du plaisir.

— Des hédonistes qui ne savent pas jouir, corrigea le vilain musicien, sans détacher de la tasse de thé ses lèvres au pli sarcastique.

— En somme, tu es bien le fils de ton père, reprit l'antiquaire à l'intention de Shen : le laborieux Chinois de famille mandarine de la vieille école.

— Ce n'est pas l'avis du gouverneur », répliqua Shen en riant.

Puis, s'adressant à Po :

« A propos, il m'a chargé de te dire que nous sommes invités à dîner demain. Moi, je n'y vais pas. »

Po y alla donc seul. Après le dîner, comme ils prenaient le thé ensemble dans la fraîcheur du parc, sous les arbres qu'éclairaient des lanternes, et tandis qu'un musicien resté un peu à l'écart pinçait délicatement les cordes d'un pi-pa, le gouverneur amena la conversation sur Shen.

« Sa vie me semble ne mener à rien. Quand il a refusé de poursuivre ses études, j'ai espéré que c'était là révolte de la jeunesse devant l'autorité et les côtés prosaïques de la vie. Un mouvement peut-être salutaire, s'il restait limité, et si Shen retrouvait par la suite un rapport actif avec la communauté. Mais les années passent, et trop d'entre vous se perdent aujourd'hui dans une opposition mi-littéraire, mi-taoïste : dans un refus mystique des liens sociaux. Je ne veux pas dire que, de mon temps, il n'y ait rien eu de semblable ; moi-même, je suis passé par là. Étudiant au collège impérial de Ch'ang-an, je me trouvai admis dans un cénacle de jeunes esprits qui ont fait par la suite leur chemin dans l'administration et même dans les milieux culturels de l'empire. Eh bien, à suivre nos discours, nos rires, notre usage de la satire, nous mettions à mal les institutions les plus respectables, nous défendions le droit à la libre expression de l'individu par-delà toute règle et tradition. Nous croyions qu'une affirmation effrénée de soi-même n'entraînerait que des avantages. Tout cela en étant d'excellents garçons, même si nous nous montrions un peu perturbés, comme cela arrive parmi les internes du collège impérial. Aujourd'hui, les choses sont plus dramatiques. Se répandent la tendance souvent théâtrale à se surestimer, le désir d'être original, fût-ce à l'encontre de toute règle.

« Et pourtant, c'est seulement à travers les institutions

existantes, quitte à les modifier, que nous nous développons. Le grand Po chü-i me le disait : même en poésie, les désirs et l'imagination de l'artiste, tout comme son habileté technique, sont au service de la perfection esthétique : même l'œuvre la plus novatrice se situe toujours à l'intérieur d'une tradition. En amour aussi, pour que le rapport de deux personnes soit pleinement réussi doivent être sacrifiés certains de leurs désirs égoïstes.

« N'empêche : des jeunes comme Shen et toi refusent aujourd'hui tout compromis. Vous ne daignez même pas justifier vos critiques : vous vous en tenez à un refus moqueur. Toi, peut-être peux-tu te le permettre : tôt ou tard, tu trouveras un mécène qui te laissera libre de te consacrer à la fois à la poésie et aux plaisirs. Tes vers sont parfaits : tu as non seulement du talent mais du métier, acquis grâce à l'étude et à l'application. Même si tu te disperses, le désordre de tes plaisirs et ton apparente inactivité servent encore ton génie : même quand tu sembles t'abandonner à la vie, tu ne trahis pas pour autant une œuvre qui prend forme à ton insu. Mais je doute du talent de mon fils. Il ne réussit jamais à terminer quoi que ce soit : il rêve plus qu'il ne réalise. Son ironie à l'égard de lui-même, derrière laquelle il s'abrite, son apathie inquiète ne donnent que ces tristes plaisanteries estudiantines, ces absurdes histoires de fantômes qu'il écrit. Je me demande ce qu'il serait devenu si je n'avais pas été là pour l'aider. S'il ne perce pas comme écrivain, il se trouvera toujours quelqu'un pour lui donner une place de copiste, pour l'unique raison qu'il est mon fils. Mais est-ce vraiment un si grand sacrifice que d'étudier ?

« Je vais t'imposer un monologue, contre mes habitudes, je le confesse, parce que je voudrais te convaincre que ni la préparation des examens ni un bureau ne t'empêcheraient de te réaliser comme poète. Po chü-i, arrivé jusqu'à la charge de censeur, a pu adresser des critiques hardies au Fils du Ciel, proposer au gouvernement des réformes économiques et sociales qu'il exposa dans de vastes traités auxquels je m'honore d'avoir collaboré ; il m'a précédé au poste de gouverneur de cette région, la plus importante après la capitale, et de façon telle qu'il m'est difficile de prendre sa suite sans susciter trop de regrets. Est-ce que cette charge qu'il a assumée pendant plus de dix ans l'a empêché d'écrire nombre de poèmes, et de tout premier rang ?

— A chacun son caractère, répliqua Po. Moi, je ne pourrais pas m'adapter à la vie administrative. Je ne le désire pas non plus. Je préfère le travail manuel : quand je peins des enseignes, je pense à autre chose.

— Après tout, on peut être un fonctionnaire consciencieux et ironiser en vers sur les inconvénients du mandarinat. Parce que toute réalisation est partielle, il est sain de renier en poésie ce que l'on a justement réalisé dans la vie.

— N'est-ce pas de l'hypocrisie ?

— Mais non ; on peut être confucéen le jour et taoïste ou bouddhiste la nuit, comme on dit. C'est alors qu'on est un véritable lettré. Malgré tout ton génie, peut-être te manque-t-il certaines compétences prosaïques qui pourraient enrichir ton inspiration. Inversement, dans leur sagesse, Confucius et les maîtres de son école ont fondé toute l'instruction des futurs dirigeants sur les études humanistes. Ce n'est pas par hasard que le peuple nous appelle “ lettrés ”. Mais les jeunes comme toi sont pleins de préjugés. Dans mon livre, que je t'ai donné et que tu n'as pas lu (Po l'avait reconnu durant le repas), j'ai essayé de reconstituer cette pensée. Permets-moi encore de te rappeler que, pour savoir gouverner, il faut apprendre à se gouverner soi-même : acquérir dignité et harmonie : et que, pour cela, l'étude ne suffit pas, il y faut une discipline, une règle de vie. Qui s'acquièrent comment ? En célébrant les cérémonies, les rites civils, le culte des ancêtres...

— Le culte des ancêtres ! s'exclama Li Po. Quel préjugé ! »

Et le gouverneur :

« Vous autres le méprisez. Au nom de quelles conventions les célébrer, dites-vous, puisqu'un confucéen ne croit pas aux esprits des morts ? Pourquoi honorer le Ciel par des rites, si on ne croit en aucun dieu ? D'accord, il y a mille deux cents ans, au temps de Confucius, le culte des ancêtres était pratiqué parce qu'on pensait que les esprits des morts survivaient — au moins pendant quelque temps. Mais, justement, parmi bien d'autres règles, Confucius a mis en doute les croyances religieuses. On ne peut faire aucune réponse raisonnable, observait-il, à la question de savoir si les esprits des morts survivent ; d'ailleurs, la chose n'a guère d'importance : " Nous ne savons encore rien de la vie, et nous voudrions en savoir plus sur la mort ? " Au culte magique du Ciel qui impliquait peut-être l'idée d'un Dieu suprême, il réagit en s'écriant : " Le Ciel ne parle pas ! ne parle pas ", en sorte qu'on reste sur lui dans l'incertitude. Avec l'avènement de l'empire, le confucianisme est devenu doctrine officielle ; résultat : pendant ce millénaire, les mandarins n'ont pas eu de religion : rien de comparable à ces États barbares, chez qui les prêtres participent au pouvoir. Nous tolérons toutes les religions : elles conviennent au petit peuple ; mais nous nous en méfions.

« Pourquoi, me demanderas-tu alors, pratiquez-vous les *li* — tous les rites, cérémonies, règles de communauté — et même les rites propitiatoires archaïques des saisons ? C'est que justement Confucius tenait que les *li* sont efficaces et positifs non quand on y croit — car alors ils rendent superstitieux et sectaires — mais quand, sans y croire à la lettre, on en reconnaît la signification conventionnelle. Ils font de nous des êtres sociaux. Le culte des morts n'est d'aucune utilité aux défunts, mais il apprend aux vivants à se libérer de la peur. Car les morts sont une chose terriblement sérieuse : la face obscure de notre personnalité. C'est pour achever sa formation que, lorsque son père meurt, un mandarin — moi-même je l'ai fait — abandonne ses fonctions publiques et se retire dans une cabane fruste, sans serviteurs ni parents, pendant une période qui allait autrefois jusqu'à trois ans, aujourd'hui sagement limitée à un an. En célébrant le culte, il établit un contact spirituel avec ses morts, il les évoque, il les voit apparaître comme des fantômes dans les rêves concrets, les hallucinations authentiques produits par le jeûne et la solitude. As-tu seulement lu le *Livre des rites?*

— Non.

— " Le jour du sacrifice, le fils pensa à ses parents, il se rappela leur maison, leur sourire, le ton de leur voix, leur sensibilité, leurs joies, leurs mets favoris. Et après avoir médité ainsi pendant trois jours, il vit ceux pour qui il jeûnait. Il les sentait bouger, parler ; quand il passa la porte, le souffle suspendu, il écouta : il lui semblait les entendre respirer... " A affronter ces forces obscures, la conscience les apprivoise ; elle en fait en même temps une réalité, par où elle les détache de soi et s'en libère. Si un homme peut cesser d'être un fils — respectueux ou rebelle, un fils reste toujours sous l'emprise de son père —, et devenir à son tour un père, un adulte, capable d'affronter seul la vie et la mort et de gouverner le peuple, c'est quand il a réellement dépassé le stade de la soumission à l'autorité paternelle. Sinon, il restera opprimé de l'enfance à la mort et recherchera, pour peu qu'il ait perdu ou renié son père selon la chair, un père absolu, une autorité qui remplace celle du mort : c'est ainsi que les barbares — et chez nous le petit peuple — sont asservis à leurs prêtres et à leurs dieux.

« Si les barbares occidentaux s'étonnent de notre douceur, de notre dignité, de notre sens inné des convenances, c'est que, dans notre comportement, le rite est devenu instinct. Or seule une discipline quotidienne a pu amener cette maîtrise tant des émotions que du corps : ce mélange de formalisme et de profondeur... Un gentilhomme doit se montrer à la fois libre et harmonieux dans ses mouvements, dans ses rapports avec les autres. C'est cette forme de contrôle de soi que Confucius appelle “ courtoisie ”.

— Cette fameuse attitude, observa Po, rend généralement vides, conventionnels, insupportables vos cérémonieux gentilshommes.

— Le danger existe effectivement, admit le mandarin, pour qui cherche la valeur des rites dans leur forme extérieure. Le vrai confucéen sait que les rites ne comptent pas pour eux-mêmes, qu'ils ont un sens symbolique et formateur. Pratiquer avec une intime conviction des comportements ritualisés, sentir qu'à travers le rythme des attitudes quotidiennes peut s'exprimer l'âme secrète et s'imiter le rythme de la nature, c'est cela qui dépasse la “ courtoisie ” et que Confucius appelle “ sincérité ”. Laquelle ne s'acquiert, elle, pas par les *li,* mais par la culture historique et artistique : surtout la poésie et la musique. Confucius donnait une très grande importance aux figures calmes et répétitives de la musique ancienne et aux chansons populaires. Ce n'est pas par hasard qu'il en a recueilli lui-même des centaines dans le *Livre des chants.* Et, comme le rapportent les *Entretiens de Confucius,* quand le maître était en compagnie de quelqu'un qui chantait bien, il l'invitait à reprendre, et ils chantaient ensemble. Pour Confucius, la poésie nous apprend à rechercher l'harmonie, tant pour les autres que pour nous. Un comportement incontrôlé n'est pas libre, il est soumis au hasard, au passager : tandis que la réserve n'est pas une contrainte pour qui a besoin d'harmonie. C'est elle qui donne au gentilhomme la liberté et le détachement intérieur qui lui permettront de cultiver, aux limites de la norme, les nuances de sa personnalité : voilà peut-être le cœur du confucianisme.

« Les taoïstes, je sais bien, exaltent la spontanéité et le naturel. Mais Confucius aussi critiquait le conformisme : le maître dit : “ Les bien-pensants sont les voleurs de la vertu. » Les défauts qu'il haïssait le plus étaient le parti pris, le dogmatisme, l'étroitesse d'esprit, l'égocentrisme. Il n'approuvait pourtant pas l'anticonformisme taoïste, qu'il jugeait vaniteux et affecté. Il est des hommes qui, par goût pour tout ce qui est obscur et étrange, cherchent à se singulariser par leur vie. Cela, je ne le ferai jamais. L'authenticité, pour Confucius, réside plutôt dans l'art de jouer savamment des règles, en y introduisant des variations ou des corrections ; dans l'art d'être soi-même tout en possédant parfaitement la tradition, sans se laisser dominer par elle, mais sans la dévaluer avec arrogance. C'est seulement dans le cadre de conventions communes qu'il nous est possible de nous entendre tout en cultivant notre différence, sans nous cracher à la figure comme des enfants brutaux. C'est pourquoi un mandarin peut être confucéen en famille ou en politique, et taoïste dans le plaisir, la solitude, le rapport avec la nature, en peinture ou en poésie. Il y a place pour tous : les vrais confucéens ont toujours lu avec sympathie Chuang-tzu et autres taoïstes quand eux font une caricature de la dignité et de la prudence de Confucius.

« Le maître, dans les *Entretiens de Confucius,* demande à quatre disciples ce qu'ils préféreraient faire dans la vie. Trois d'entre eux souhaitent gouverner le peuple avec justice. Le quatrième, Tien, confesse qu'il voudrait jouer de la harpe et chanter des vers au milieu de ses compagnons sur les rives boisées d'un fleuve, au printemps. " Confucius dit : mon cœur est avec le tien. " Par où il n'entendait pas, je crois, renier l'idée que le devoir du sage est de gouverner avec justice. Là est le devoir. Mais le cœur est ailleurs. Qui désire le pouvoir tente d'en abuser. Des empereurs mystiques, le maître dit : " Quelle chose sublime ! Shun et Yu dirigeaient l'empire sans s'y consacrer tout entiers. "

« Et puis vous autres oubliez que pour Confucius, au-delà de la maîtrise de soi et de l'art de gouverner, l'éducation a toujours pour fin le bonheur. Il faut que l'harmonie culturelle et sociale devienne pour le gentilhomme un besoin, un plaisir. La courtoisie prête sa forme à la sincérité qui donne naissance enfin à la troisième vertu, la vertu suprême : l' " humanité ", ce besoin d'être non seulement juste, mais à la recherche de la communauté. Et prends-y garde, l'amour du prochain n'est pas un devoir s'il n'est d'abord un plaisir né du besoin d'harmonie. C'est à partir de l'égoïsme naturel, que Confucius ne renia jamais, qu'on peut, grâce à l'éducation, arriver à la perfection ; le besoin d'harmonie devient alors si grand qu'on peut sacrifier sa vie pour la justice et l'humanité.

« C'est pourquoi même lorsque, au terme d'un règne millénaire, le confucianisme est devenu chez trop de gens simple conformisme, il s'est toujours trouvé des confucéens fidèles à un maître qui avait prêché la *Critique aux dirigeants :* disposés à exercer, avec intransigeance, voire au risque de leur vie, la charge de censeurs : ainsi le haut fonctionnaire chargé de rédiger la critique des erreurs de l'empereur. Celui-ci peut le condamner à l'exil, comme ce fut le cas pour Po Chü-i, qui fut un censeur inflexible. A une époque plus lointaine et moins civilisée, on pouvait condamner le censeur à la mort ou à l'émasculation : le confucéen répondait par le suicide, considérant comme un déshonneur de survivre. En revanche, il y a huit siècles, le grand Szu-ma Ch'ien, le père de l'histoire, condamné à la castration par le violent empereur Wu pour avoir critiqué ses expéditions sanguinaires, renvoya à plus tard le suicide pour terminer son *Histoire universelle.* " Quand elle sera lue dans les écoles des villages, écrivit-il, ma honte sera effacée. " Il y a toujours eu des confucéens prêts au plus grand sacrifice par amour de la vérité et de la justice, comprises toutes deux comme des conditions de l'harmonie universelle. »

Le gouverneur se tut en scrutant le visage de Po, dans la pénombre du parc.

« Présenté avec tant de savoir et d'éloquence, admit Po,

perplexe, le confucianisme ne peut que susciter l'admiration. Tout ce que tu dis est juste. Mais, aux examens, on nous demande de réciter par cœur une culture morte. Cela convient aux pédants, aux besogneux. Mais pas à moi. Mon père, un petit fonctionnaire corrompu du Szech'uan, sait toute l'œuvre de Mencius par cœur, tout le *Livre des chants*. Mais il ne comprend rien à la poésie.

— Une culture qui domine depuis mille ans — et qui tiendra au moins encore mille ans, peut-être davantage — se mue fatalement en conformisme chez beaucoup ; et ce sont précisément ceux-là qui peuvent faire carrière, car les puissants favorisent rarement les meilleurs. Mais on a vite fait de critiquer. Avant de dénoncer un travers de l'administration ou de la société, j'y repense maintenant à deux fois. Je veux d'abord envisager clairement un remède dont l'efficacité soit presque certaine. Certes il faut intervenir au moment opportun, dès que la décision est prise, pour s'adapter à un monde qui change, ou on finit dans la paralysie. Mais toute intervention trop rapide, ou trop ambitieuse, pour modifier des institutions que l'histoire a mises à l'épreuve, a des effets imprévisibles, et quelquefois néfastes. Je l'ai appris par l'expérience et auprès des autres. Après avoir quitté l'école, me guidant sur l'exemple de gentilshommes que la chance m'a donné de rencontrer, à tous les niveaux de l'administration, à côté d'autres ineptes ou corrompus, j'ai découvert l'œuvre, certes encore sujette à corrections, mais déjà extraordinaire en elle-même, que nos prédécesseurs ont accomplie pour ordonner la vie et l'empire. J'ai compris que la civilisation est une fragile construction édifiée grâce aux efforts d'une minorité d'hommes et maintenue en vertu de normes et de conventions savamment érigées. Aucun autre État n'a la grandiose structure administrative de notre Empire du Milieu. Je dirai que c'est un chef-d'œuvre, la plus grande gloire de notre civilisation : plus encore que les T'ao Ch'ien et les Chuang-tzu, plus que les poètes et les philosophes. Une invention d'autant plus extraordinaire que contre-naturelle.

— Contre-naturelle ? »

Po ne comprenait pas.

« Dans la nature et même parmi les hommes, les forts assujettissent les faibles. Il est tout à la fois raisonnable et étrangement peu naturel que les fonctionnaires soient sélectionnés après trois examens de niveau différent ; ainsi, ce ne sont pas seulement des fils de mandarins ou de nobles, mais souvent des fils d'artisans et de paysans, qui gouvernent le pays : la culture l'emporte sur les liens du sang et la force des armes qui prévalent chez ces autres peuples où ce sont toujours les nobles de naissance et les guerriers qui détiennent le pouvoir, avec l'appui des sorciers ou des prêtres. Chez nous aussi, il en allait ainsi. Quel esprit eut le premier, et le seul, le courage inouï de renverser ce destin ? Confucius. Beaucoup de préjugés circulent à propos de son œuvre. Mais je doute que nous revoyions jamais un génie semblable. Observant les défauts de plus d'un fonctionnaire, les taoïstes ont répandu des anecdotes comiques contre lui. Mais Confucius ne fut pas un bureaucrate : et le confucianisme que pratiquent les gouvernants ne reflète certainement pas sa pensée. Dans mon livre, j'ai précisément essayé de reconstruire le monde où s'est formé Confucius. Les jeunes gens comme toi n'en connaissent presque plus rien.

— J'ignore tout de l'histoire de ma patrie, admit un peu plus tard Po en riant. Quand on l'enseignait à l'école, je me bouchais les oreilles.

— Ouvre-les maintenant. Et tant pis si je te fais mon cours. Tu sais au moins que Confucius naquit il y a mille trois cents ans dans une famille noble déchue — il semble qu'il fut autodidacte —, dans le petit État de Lu, l'une des nombreuses provinces entre lesquelles la Chine était divisée. Ces petits États étaient gouvernés, héréditairement, par les nobles ; les paysans travaillaient pour le seigneur qui vivait dans une ville fortifiée, où résidaient aussi les artisans et où se tenait un marché. Et on était souvent en guerre. Les nobles organisaient des tournois, des chasses, des exercices militaires ; ils s'attribuaient seuls le droit de gouverner. Or Confucius fonda à Lu une école — la première école privée — qui attira une jeunesse nombreuse et fut célèbre dans toute la Chine : y étaient admis comme les autres les enfants d'artisans et de paysans. On y enseignait que le droit de gouverner n'est pas l'apanage des hommes de haute naissance, mais de ceux qui sont capables d'assumer cette charge et sont nobles par leur comportement. Confucius jugeait viles les activités chevaleresques et militaires, et les confucéens ont gardé pendant des siècles ce mépris pour le métier des armes ; si bien qu'aujourd'hui encore, si elle est contrôlée par nos commissaires, l'armée est confiée à l'empereur, à ses eunuques, à des chefs barbares. Il est vrai que cela a rendu l'empire plus vulnérable à la pression étrangère, aux invasions nomades. C'est pourquoi, il y a quelques années, j'ai proposé de réformer l'armée en y nommant des officiers confucéens. Sans résultat : les traditions sont sur ce point-là un obstacle.

« Pour en revenir à Confucius, il enseignait comment gouverner. Pour critiquer les dirigeants de l'époque, il se réclamait des temps anciens. C'est pourquoi certains le considèrent comme passéiste. A tort. Confucius trouvait dans le passé des exemples de bon et de mauvais gouvernement. Les bons exemples remontaient habituellement au passé mythique : les empereurs Huang-ti (l'empereur Jaune) et Yao, Shun et Yu, disait-il, ne s'étaient pas succédé héréditairement, mais avaient été choisis dans le peuple pour leur sagesse. Entre autres histoires, il racontait celle de l'empereur Yu, qui pleura en rencontrant sur la route un homme enchaîné, et se déclara indigne de gouverner s'il se trouvait encore dans ses États un malfaiteur, fût-ce un seul.

« Dans l'anecdote de l'empereur Yu affleure une autre thèse : le pouvoir doit se fonder sur la force persuasive de l'exemple, et non, autant que possible, sur la coercition. Mais, pour Confucius, il ne suffit pas d'opposer un idéal à la réalité, il faut essayer de le réaliser en partie, un peu chaque jour, en tentant de le concilier avec les conditions effectives : cela fait partie de la doctrine du “ juste milieu ”. Ainsi Confucius se proposa-t-il de gouverner sous l'autorité de ces mêmes nobles qu'il jugeait indignes. Voyageant d'un État à l'autre avec ses disciples, il suggéra aux princes de le prendre à leur service pour lui permettre de donner l'exemple d'un bon gouvernement. Il soutenait que, pour réunifier la Chine et instaurer la paix, il suffirait d'un seul État bien gouverné. Les autres se rebelleraient bientôt contre leurs chefs pour s'unir à cet État juste. Mais il ne put mettre ses théories en pratique : aucun prince ne le suivit. Les dernières années, rentré à Lu, il se contenta d'enseigner ; et, dans le domaine politique, il avait le sentiment d'avoir échoué.

« Là-dessus, qu'enseignait Confucius ? Il est stupéfiant de penser qu'il ne prétendait pas dire la vérité, ni construire un système comme le font croire les philosophes. Il a mis l'accent sur le doute, l'effort, la lente conquête de vérités provisoires. Il disait qu'on peut trouver la vérité par l'étude, par le dialogue et la raison, que tout homme peut s'engager dans cette recherche. C'était une attitude révolutionnaire, bel et bien. Le savoir traditionnel consistait en règles imposées. Taoïstes et bouddhistes devaient insister par la suite sur la révélation intérieure et la contemplation. Confucius, lui, avait suggéré la critique et l'enquête, la curiosité à l'égard de tous les aspects de la vie. Il y avait même un enseignement à recueillir chez les artisans, les paysans. “ Le maître dit : en voyageant à trois, je trouve toujours quelqu'un qui m'apprend quelque chose. ” Les meilleurs des philosophes confucéens sont restés en grande partie fidèles à

Confucius. Mais, chez tous, il manque ce doute, cette autocritique permanente qui rend unique sa pensée.

« Lui dit qu'il ne connaît pas la vérité, qu'il a changé d'idée, qu'il s'est trompé, qu'il doit recommencer à étudier. (" Laissez-moi encore du temps, jusqu'à soixante-dix ans : j'espère qu'alors je ne commettrai plus d'erreurs graves. ") ; qu'il n'est pas plus sage que les autres, qu'il est seulement plus passionné d'études, au point qu'il en oublie de manger quand il est absorbé par quelque sujet. (" Dans le plus petit village, n'y vivrait-il que dix familles, il se trouvera toujours quelqu'un d'aussi honnête et d'aussi droit que moi, mais il n'y aura jamais personne de plus dévoué au savoir. ") Il n'a pas à enseigner, dit-il, une doctrine, mais une méthode ; il n'aborde jamais qu'un aspect d'un problème, pour stimuler la recherche personnelle. Celui qui cherche la vérité, dit-il, vaut mieux que celui qui la connaît (par contre, " celui qui trouve le bonheur vaut mieux que celui qui le cherche "). Il est essentiel de mûrir : qui se croit arrivé ne progresse plus Le maître dit : " Il y a des bourgeons qui n'arrivent pas à fleurir. Des plants fleuris qui n'arrivent pas à monter en épi. Attends la saison froide, tu sauras alors que le pin et le cyprès sont les derniers à perdre leurs feuilles. "

« La vérité, de soi, n'élève pas : tout dépend de la manière dont on l'assimile, de qui la pratique. " Le maître dit : ce n'est pas la vérité qui fait la grandeur d'un homme, c'est l'homme qui fait la grandeur d'une vérité. " Voilà son humanisme. Alors que " les bien-pensants sont les voleurs de la vertu, le sage vit sans desseins préconçus, en ignorant tous les tabous : il décide au jour le jour de ce qui est juste. Je ne saurais que faire d'un homme qui ne se demande pas : que faire ? que faire ? à tout instant ".

« Cela dit, il ne faut pas non plus pousser trop loin la prudence. Un disciple se vantait de réfléchir trois fois avant d'agir. " Deux fois suffisent ", répliqua Confucius, qui critiquait l'intellectualisme. Méditation et étude ne doivent pas prévaloir sur l'action. " Un savant qui reste chez lui n'est pas un savant. Le gentilhomme est lent en parole mais rapide en action. " Pour Confucius, vertu signifie efficacité, comme on parle de la vertu d'une plante. Il ne suffit pas de connaître le bien pour le faire. C'est à son efficacité sociale qu'on reconnaît la vertu. Et la valeur du gentilhomme se révèle dans ses rapports avec les autres : dans la conversation, les contacts amicaux entre hommes de culture, enfin dans l'aspiration à une société juste et raisonnable.

— Avec quels résultats ? s'exclama Po ironique. La corruption partout répandue. Le favoritisme. Les privilèges. Les conditions de vie des serviteurs. Des détenus. De tant de paysans.

— Fidèles " au juste milieu ", nous avançons lentement. Mais, sans nous, il ne faut pas se faire d'illusions, ce serait bien pis. Ceux qui croyaient apporter le salut aux hommes, les mohistes surtout, en suscitant des révoltes, loin d'instaurer une justice immédiate, se sont retrouvés à l'origine des pires massacres et des pires injustices jusqu'au retour de l'ordre confucéen réclamé à grands cris par ce même peuple qui le critiquait tant. Je te récite mon acte de foi.

« La loi ne suffit pas : la coutume, élevée au rang de culture commune, laisse une empreinte plus profonde. Mais il est heureux que le confucianisme ait été une doctrine officielle, dont on étudiait et respectait les principes, même quand on ne les mettait pas en pratique : on pouvait donc toujours s'en réclamer pour punir les abus.

« A la dernière période des royaumes combattants, voilà mille ans, après Confucius et Mencius, mais avant le triomphe du confucianisme, a prévalu la doctrine des légistes. Ils ne soutenaient pas comme Confucius un idéal de justice, mais prétendaient à l'inverse qu'il est juste d'obéir à la loi, à tout pouvoir incontestable. Selon eux, le confucianisme n'était qu'un rêve de lettrés : pour unifier la Chine, il fallait qu'un seul royaume rallie tous les autres par la ruse et la force, et non par l'exemple. C'est ainsi que l'État de Ch'in, sous le ministre légiste Li Szu, se dota d'une implacable organisation militaire qui unifia l'empire par les armes. Le souverain de Ch'in, devenu l'empereur Shih-huang-ti, fit construire la grande muraille par des paysans déportés qui moururent comme des mouches, laissant leur vie dans cette entreprise démesurée ; il ordonna de brûler tous les livres anciens, dont les œuvres de Confucius : on condamnerait à mort ceux qui les conserveraient. Mais, devant cette sauvagerie, le peuple et les confucéens — qui s'étaient retirés dans les montagnes après avoir caché les textes dans le creux des arbres — se révoltèrent ; un modeste fonctionnaire rural, un fils de paysans, Liu Pang, chef énergique et bon, astucieux et simple, se retrouva à leur tête. Et quand, après des années, la révolte aboutit enfin, il devint empereur sous le nom de Kao-tsu, fondant la dynastie des Han. Il était analphabète, mais il savait écouter. Un conseiller confucéen lui dit un jour : “ Tu as conquis le monde à cheval, mais pourras-tu le gouverner à cheval ? ” Kao-tsu éclata de rire. Il était entouré d'officiers querelleurs, habitués à la ripaille et à l'orgie. Pour remplacer les nobles à la tête des provinces, comment se servir de ces incompétents ? Avec l'aide du conseiller, il composa la *Chanson du grand vent :*

Vent sauvage faisait rage,
au ciel s'amassaient les nuages.
J'imposai la paix en partage.
Mais maintenant où donc trouver
des sages capables de veiller
sur le monde aux quatres côtés ?

« Il dansa, chanta des vers et pleura, car il était aussi enclin à s'émouvoir qu'à rire. Il lui fallait des fonctionnaires instruits. Bien conseillé, il promulgua l'édit qui commence en ces termes : “ Il y a de par le monde beaucoup d'hommes capables et cultivés, mais, au train où vont les choses, jamais je ne les rencontre... » Il invitait tous les érudits à se munir d'une voiture et à venir à la cour où, après avoir été dûment indemnisés, ils seraient élevés au rang d'envoyés impériaux. Sous ses successeurs, pour recruter des fonctionnaires, on institua le système des examens fondés sur la connaissance des classiques ; et, avec le temps, les ministres ainsi formés réussirent à limiter le pouvoir de l'empereur : en principe toujours absolu, il devint en fait nominal ou rituel. Quand le souverain qui montait sur le trône avait une très forte personnalité, il pouvait, en s'appuyant sur son patrimoine personnel, sur les eunuques, sur l'armée (négligée à tort par les confucéens), s'opposer aux ministres et même éliminer les plus obstinés d'entre eux. Mais les confucéens ont toujours réussi, pour finir, à rétablir le règne de la loi.

« En contrôlant le souverain, nous ordonnons aussi l'empire. Aux examens peuvent participer les enfants des fonctionnaires, d'artisans, de paysans — certains villages se cotisent, comme tu sais, pour offrir des études à un garçon doué —, et si sont exclus des concours les fils de marchands, c'est que ceux-ci appartiennent à une classe considérée comme vile et dangereuse. Pourquoi ? Eh bien, c'est une tendance de la Bureaucratie céleste que d'empêcher la puissance économique d'une ville de se transformer en force politique. Aussi avons-nous toujours remis à l'État la propriété des inventions mécaniques, les mines, les industries du fer, du sel, du papier, de la soie, les chantiers navals et autres travaux d'intérêt public. Je reconnais que si on laissait une plus grande autonomie aux marchands, à leurs corporations et aux villes, l'empire pourrait devenir plus riche, et les inventions liées au travail progresseraient plus vite. Mais, pour les ministres qui la font, pour les fonctionnaires qui l'appliquent, la loi est une fin en soi. Alors qu'elle ne devait être qu'un moyen à mettre en œuvre pour que se déploient toutes les possibilités du peuple comme des individus : la vraie finalité des lois, ce n'est pas autre chose. Magnifique idée, certes. Et mon rêve. Mais comment développer pareille sensibilité chez des bureaucrates, dont la personnalité doit s'effacer totalement, comme s'ils étaient la roue de la loi ? Attention encore à ceci ! A Ch'ang-an, je disais à mes collègues : “ Ce n'est pas à l'État de diriger la culture, de définir le bonheur de chacun. ” Parmi nous autres mandarins, il en est trop qui le croient. Mais ceux qui voudraient ainsi faire le salut du peuple pousseront si loin leur tentative qu'ils le mettront en cage, contre toute prévision. Le rôle du pouvoir est seulement d'écarter les causes de souffrance, les obstacles qui se mettent en travers de la vie : abolir progressivement les maux dont souffrent les hommes, sans prétendre savoir où est leur bien !

« Dans tous les domaines, mon cher, nous pratiquons nous aussi un art. Vous les artistes, généralement, le sous-estimez. Un art bien difficile ! Je te parlais tantôt de Shen. Dans ma position, j'ai dû apprendre à faire un usage avisé de mon autorité. Mais ai-je su exercer sur mon fils cette autorité pleine d'amour que l'on attend d'un père ? Ai-je été trop compréhensif ? Trop affectueux ? Me suis-je montré trop soucieux ? Ces questions me harcèlent. Résultat inattendu de tant d'affection : je ne le vois jamais, il n'a pas besoin de moi, seulement de mon argent. Que fait-il maintenant ? Et que penses-tu de cette petite putain délicieuse, de cette petite amie — tu as dû la connaître —, de son étrange et pernicieux pouvoir sur Shen, toi, mon ami ? Comment vois-tu cette passion obstinée de Shen, qui n'est pas partagée, je crois ? »

Po dit ce qu'il en pensait en hésitant. Sur quoi le froid, à cette heure désormais avancée de la nuit, incita le gouverneur à quitter le jardin et à faire raccompagner Po chez lui par deux soldats.

Quelquefois, le soir, Shen persuadait Po de le suivre dans la maison de thé dont la véranda surplombait les eaux du lac, et où Pai-hsi exerçait en experte son métier d'entraîneuse. Cette jeune femme nerveuse, agressive, aux traits et à la voix de petite fille, aux cheveux teints en rouge ou en violet, au visage criblé de taches de rousseur, dont les grands yeux verts semblaient toujours émerveillés sans jamais l'être, n'intéressait guère Po, bien qu'elle le traitât avec les plus grands égards et qu'elle sût chanter des vers classiques : cela faisait partie de l'apprentissage des courtisanes les plus recherchées des mandarins. Elle avait séduit Shen qui l'aimait depuis des années. Non qu'il en parlât beaucoup à Po. Après des périodes de solitude pensive qu'il occupait, semblait-il, à panser les blessures que lui avait infligées Pai-hsi, Shen, tout en conservant son habituelle attitude d'ironie et d'ennui, nouait d'éphémères relations avec des jeunes filles enjouées : une danseuse sans travail, une belle servante indienne un peu sotte, qu'il hébergeait quand elles avaient des difficultés. Il les traitait, après cela, avec une telle suffisance, parfois un tel mépris, qu'elles finissaient par transporter le duvet et la natte sur lesquelles elles dormaient de la chambre de Shen à celle de Po, sans se fâcher si Po, après avoir fait plusieurs fois l'amour avec elles, les négligeait. Elles trouvaient vite ailleurs un hôte plus accueillant.

Il arrivait aussi à Shen de les chasser de sa chambre parce que Pai-hsi, arrivée à l'improviste, restait là pour la nuit, pour deux ou trois jours, quand elle réussissait à interrompre quelque temps sa lucrative activité, qu'elle se refusait à abandonner malgré les prières de Shen. Cela pouvait arriver une fois par mois. Shen était alors un enfant comblé. Il tournait autour de Pai-hsi, anxieux comme un ours qui jouerait avec un petit oiseau. Ces jours-là, Po ne prenait pas son petit déjeuner à la maison, car, pour entrer dans la cuisine, il aurait dû passer par la chambre de Shen ; or Shen et Pai-hsi restaient sous leurs couvertures jusque passé midi. Et si quelqu'un venait chercher Shen, Po répondait qu'il était sorti.

Deux jours plus tard, Po étalait à nouveau son miel sur sa fouace de riz aux côtés d'un Shen matinal et sombre, qui préparait du thé, ou faisait bouillir une soupe de mil. Le soir, à l'auberge indienne, Shen retrouvait son visage habituel, tranquille, ennuyé, la peau un peu gonflée par l'opium, tandis que, d'un air ironique, il regardait Po avaler sa soporifique et douce-amère boisson.

Un matin, un commis vint chercher Po chez lui pour l'accompagner au palais jusqu'à la porte du gouverneur. Un jeune homme petit et maigre, vêtu de gris, se tenait respectueusement debout près du fauteuil où était assis le mandarin Kung, derrière une table ancienne. Tout en continuant à parler avec ce jeune employé, il adressa à Po un sourire cordial et leva un bras pour lui faire signe d'avancer et de s'asseoir. Po regarda autour de lui : la pièce était grande, luxueuse, elle n'avait rien d'un bureau : de confortables fauteuils gris-bleu s'accordaient avec les tons des rouleaux anciens accrochés aux murs, qui représentaient des scènes de cour, avec empereurs, dignitaires et dames. Trois grandes fenêtres ouvraient sur un vaste pré, semé d'amandiers encore dépourvus de feuillage mais déjà recouverts de fleurs blanches.

Le regard tourné vers l'extérieur, Po s'assit ; il entendit le gouverneur donner d'un ton paternel à son employé des instructions pour la rédaction d'un règlement judiciaire. Le jeune homme posait des questions hésitantes et acquiesçait à chaque réponse en secouant avec emphase sa petite tête noire peignée avec soin, tout en prenant des notes sur une tablette accrochée à sa ceinture. Dans ses yeux mélancoliques fixés dans ceux, sereins et vivaces, du gouverneur, Po vit l'intense vénération du disciple suspendu aux lèvres du maître. Toute son attitude, son costume net et terne révélaient la gêne, l'excès de scrupules, l'anxiété. Après avoir jeté sur Po un regard timide et jaloux, le petit fonctionnaire sortit sans bruit ; il marchait penché en avant comme s'il était rachitique, la pointe de ses pieds interminables tournée vers l'intérieur.

Le gouverneur vint s'asseoir dans un fauteuil auprès de Po. Il lui donna une somme qui lui permettrait de se reposer, quelques jours au moins, murmura-t-il pudiquement ; Po pourrait ainsi accorder un peu plus de temps à l'étude et à la poésie. Il le pria de ne pas parler à Shen de cette somme : cela pourrait inspirer à son fils de vains espoirs. Puis ils devisèrent une fois encore ensemble tout en savourant le thé qu'un serviteur avait aussitôt apporté. Sur ces entrefaites, le jeune assistant qui venait de sortir frappa timidement et entrouvrit la porte ; il avança dans l'entrebâillement son petit front moite où il passait et repassait nerveusement un mouchoir blanc ; dès que le mandarin lui eût fait signe d'entrer, il posa de nouvelles questions d'un ton anxieux, s'attirant ainsi d'autres explications et un paternel « bravo, continuez » accompagné d'une tape rassurante sur sa manche.

Après qu'il se fut à nouveau éloigné comme une ombre, Po observa avec ironie qu'on notait chez ce jeune homme une vénération enflammée pour le supérieur. Secouant la tête, comme à regret, le mandarin dit en souriant :

« Sans ces modestes et méticuleux exécutants, le gouvernement aurait les mains liées, tout progrès demeurerait à l'état de projet. Ce jeune homme est sorti du collège des Quatre Portes avec de bonnes notes ; il a une culture honorable, une mémoire solide, des compétences techniques, mais il manque d'initiative. Il souffre de mille hésitations, par excès de scrupules ou défaut d'imagination. Seul, il ne ferait jamais rien ; guidé, il est capable de proposer des solutions judicieuses. Il m'a fallu beaucoup d'efforts pour lui donner un peu de confiance en lui. Mais je le vois s'affirmer de jour en jour. Des jeunes comme lui sont pour moi comme des fils, des fils spirituels dont l'éducation est plus facile à diriger que celle d'un enfant selon la chair. Certes, des jeunes gens comme lui restent habituellement des enfants, il est difficile d'en faire un jour des chefs. Médiocrité dorée, nécessaire toutefois pour qu'une civilisation se perpétue.

« La première fois que nous nous sommes rencontrés, cher ami, quand nous avons parlé après le théâtre, t'en souviens-tu ? nous nous félicitions que le monde ne soit pas uniquement peuplé de Chuang-tzu et de T'ao Ch'ien, en somme d'originaux, mais aussi d'hommes moyens, aux réactions prévisibles sur qui on peut compter. Il y a bien sûr une forme de médiocrité irréfléchie et vaine : celle de l'homme sans éducation, hargneux et mécontent, qui ne cherche que des avantages personnels. Mais il y a aussi, et c'est parmi eux qu'il faut recruter, des médiocres dévoués et consciencieux qui étudient les règles avec amour, exécutent les ordres avec logique et assurent la durée des mesures que d'autres ont su prendre. Et la durée est nécessaire, car ce n'est que lentement que les choses peuvent s'améliorer, alors qu'elles empirent vite.

« Mais le drame, avec la bureaucratie et la politique — puisqu'il y a des avantages et des inconvénients à tout, d'où la difficulté de tout choix —, c'est que la médiocrité et la répétition tendent elles-mêmes à tout diriger. Dans un appareil de fonctionnaires sont favorisés et font carrière les bons exécutants, mais aussi les opportunistes prêts à s'adapter partout. Arrivés au sommet, ce ne seront pas les plus doués pour proposer des directives courageuses en courant des risques. Ils auront tendance à servir les seuls intérêts de l'appareil qui les a portés au pouvoir.

« C'est précisément pour lutter contre ce danger que Confucius voulut que tout dirigeant fût un lettré possédant une culture historique, humaniste, plutôt que des connaissances spécialisées. La culture générale favorise l'indépendance d'esprit, rend capable de peser le pour et le contre avant de prendre une décision. C'est pourquoi quand, de nos jours, de grands poètes comme Po Chü-i et Wang Wei, ou de grands érudits comme Han Yu, réussissent, à la faveur des circonstances, à monter jusqu'aux échelons les plus élevés — ce qui leur est difficile, en raison justement de leur intégrité et de l'indépendance de leur jugement —, ils se révèlent ensuite des dirigeants remarquables.

« Il est difficile d'aider ses collaborateurs à devenir non seulement honnêtes mais indépendants, sans les contraindre, en les stimulant par l'exemple afin d'assurer la transmission du noble art de gouverner, non la simple pérennité d'une bureaucratie vulgaire. Par chance, les hommes consciencieux ont souvent du respect pour l'exemple d'un homme capable. Mais il est difficile de transmettre le modèle que nous croyons avoir suivi. »

Le gouverneur se leva brusquement et, tournant le dos à Po, s'approcha d'une grande fenêtre. Il regardait les amandiers en fleur.

« Nous qui avons su être les rouages d'une énorme machine sans visage, qui avons su gravir patiemment les marches d'une difficile carrière administrative, nous entendons siffler certaines nuits à nos oreilles un vent venu du désert : nous rêvons alors aux libres aventures de la fantaisie, au jeu de la force, aux ivresses de la rébellion et du pouvoir personnel : quelle aventure ce serait que d'imposer ces projets que nous croyons utiles et justes, au mépris des règles et des hiérarchies qui les freinent inévitablement ! Dans l'histoire de l'Empire du Milieu, certains gouverneurs énergiques, dans de grandes régions comme celle de Hang-chou, se sont quelquefois rebellés en imposant leur souveraineté, qu'ils essayèrent d'étendre. Mais qu'ont-ils obtenu à la fin ? La guerre civile, jusqu'au lent retour de la légalité. Il n'y a point de salut au désert ; la liberté sans frein, le retour à la nature laisseraient le champ libre aux bêtes féroces et aux victimes misérables. Ce n'est pas dire que le salut réside dans la pédanterie du fonctionnaire. La véritable maîtrise de soi ne s'acquiert qu'au prix d'un difficile équilibre : savoir être un fonctionnaire consciencieux, mais harcelé par la fièvre des projets inédits, le feu de l'imagination et des rêves, avec le vent du désert et du néant dans le cœur... »

Il continuait à regarder au-dehors par la grande fenêtre. Po suivit son regard. Au-delà du pré, au-delà des frondaisons blanches des amandiers, on voyait l'autre aile du palais, d'autres fenêtres de bureaux. Après un long silence, le gouverneur se retourna et revint vers Po.

« Mon cher, ce monologue m'a fatigué, tu vois que je suis en sueur : ce n'est pas seulement la chaleur qu'il fait ici, c'est l'émotion de m'être confessé impudiquement — non sans me vanter quelque peu —, une réaction chez moi indigne, inhabituelle, je veux l'espérer. »

Il revint s'asseoir. A cet instant, un secrétaire frappa et entra en murmurant quelque chose.

« Tout de suite », répondit le gouverneur.

Peu après, il raccompagnait Po à la grille du parc ; il serra fortement ses mains entre les siennes. Ce fut seulement alors qu'il lui révéla qu'un brusque changement de gouvernement s'était produit et qu'en conséquence il serait peut-être bien rappelé à Ch'ang-an — sans que cela signifie qu'il se déplût à Hang-chou. Il espérait convaincre son fils de le suivre.

Quelque temps après, Po fut invité au banquet d'adieu officiel : l'empereur avait nommé le gouverneur Kung Tao ministre de l'Administration publique : il devait diriger tout le corps mandarinal, les transferts, l'instruction, les examens d'État. Couvert d'hommages, entouré par les hôtes les plus importants, Po le vit se frayer un chemin dans la foule et venir à sa rencontre pour le saluer avec des accents de véritable amitié ; il l'invita même à le suivre à Ch'ang-an où il le ferait admettre au collège des Quatre Portes.

Li Po apprit par une lettre que Shen s'était soumis à la volonté de son père et se préparait aux examens. La lettre lui réitérait l'invitation du mandarin. Li Po répondit qu'il n'abandonnait pas sa vie précaire de vagabond, taoïste et poète. Peut-être viendrait-il à Ch'ang-an, mais uniquement pour le plaisir de voir du pays ; pour les retrouver, lui, Shen et son merveilleux ministre de père, à qui il souhaitait tous les succès ; enfin pour rencontrer le poète Po Chü-i ; Shen lui racontait en effet que Po Chü-i avait retrouvé son poste de censeur et qu'il était venu visiter le collège par un matin enneigé ; mince et légèrement voûté, il avait eu une conversation paternelle et amicale avec professeurs et étudiants.

6

Ma Teh.
Où l'initiation de Li Po s'achève

Se retrouvant seul dans le logement que lui avait laissé Kung Shen et passant à l'extérieur le plus clair de son temps, à cause de son travail ou pour d'autres raisons, Po négligeait la maison, qui était de plus en plus sale ; un jour, enfin, il se décida à chercher une femme qui vînt de temps en temps faire le ménage. Un voisin l'envoya à la mère Ma Teh, une veuve qui n'habitait pas très loin, dans le quartier des Maquignons, sous la colline de la Tête de Mort, près du fleuve. Po se trouva devant une femme énorme, la cinquantaine passée, mais à la peau rosée et saine, à l'air intelligent ; elle avait un visage régulier, plaisant, qui s'élargissait vers le bas comme une amphore ; son menton se perdait dans les plis de sa gorge.

Po se lia rapidement d'amitié avec elle : elle était douce et sereine, mais aussi franche et résolue. Quand il était chez lui, Po prenait le thé avec la mère Ma Teh, tout en conversant parfois des heures avec elle devant la grande fenêtre qui encadrait les arbres du jardin ; ils étaient assis de chaque côté d'une vieille table que Shen avait achetée pour quelques sous à un chiffonnier. C'est après avoir fini le ménage que la femme apportait son thé à Po, tandis qu'il était plongé dans la lecture ou la correction d'un poème.

« Si tu permets, mon petit monsieur, lui avait-elle dit la première fois, je me repose un moment sur ce siège. Même l'Empereur du Ciel, après avoir construit le monde, se reposa au bout de six mois de travail. Pour moi, désormais, six heures, c'est trop. »

Ensuite, elle restait là en silence, sans toucher à sa tasse, jusqu'à ce que Po, qui appréciait cette pause, lui parlât et bût avec elle. Pendant qu'il l'aidait à jardiner, elle lui apprenait à reconnaître les fleurs ; ou bien elle lui préparait à dîner, et ils mangeaient ensemble en bavardant.

Il aimait l'interroger, parce que Ma Teh savait parler des gens qu'elle venait de rencontrer au marché, ou raconter des histoires du temps passé qu'elle assaisonnait de remarques pleines d'humour. Elle avait tout à la fois de la curiosité et du bon sens, qualités qui s'accordaient harmonieusement avec un certain fatalisme populaire : bouddhiste fervente mais non bigote, elle faisait confiance à la bienveillance de la providence cosmique.

« Laissons faire Fo, qui est un vieux saint », disait-elle.

Po s'aperçut qu'elle comprenait tout ce qu'il disait, quels que soient les termes qu'il employât ; elle faisait même des commentaires judicieux. Des phrases sentencieuses, recueillies Dieu sait où et associées Dieu sait comment, jaillissaient de sa bouche. Po les trouvait si efficaces et si savoureuses qu'il s'efforçait de les garder en mémoire. Il en notait quelques-unes avec l'intention de les utiliser dans ses vers. Hélas ! quand il se rendait compte à regret qu'il les avait oubliécs, mère Ma Teh n'arrivait pas à reconstruire ce qui avait jailli spontanément de sa vigoureuse imagination.

Avec des détails inépuisables, pathétiques ou comiques, Ma Teh racontait à Po la vie de son village. Elle venait de l'intérieur du pays ; elle était la fille d'un paysan rebelle et peu instruit, qui avait fini par s'adapter à la société et s'était acheté des champs ; puis elle évoquait les difficultés qu'elle avait rencontrées à Hang-chou avec un mari malade. On en aurait entendu de belles, disait-elle, si un écrivain avait représenté sur une scène tout ce qui lui était arrivé dans sa vie ! Po projeta de rédiger lui-même ces récits, convaincu que, s'il les travaillait, il en sortirait quelque chose. Plus tard, il regretta de ne pas l'avoir fait.

A Hang-chou, Ma Teh avait vécu de nombreuses années avec un mari voiturier, propriétaire d'un char qui servait au transport des marchandises. Après la mort de celui-ci, pour entretenir ses filles, elle était devenue colporteuse d'habits. Un ascendant naturel sur ses compagnons, plus un sens de la justice appris, disait-elle, à la dure école de la vie, l'avaient fait élire comme représentante du quartier au conseil de la corporation des marchands ambulants. Ses filles à présent mariées, elle avait abandonné son travail parce qu'elle souffrait d'une maladie de cœur ; mais elle avait voulu rester indépendante, garder sa maison, vivant d'abord de quelques économies, puis des cadeaux de ses vieux compagnons de la corporation et de travaux à domicile : peut-être aussi, pensa Po quand il la connut mieux, parce que ses gendres avaient voulu soustraire leurs femmes à l'empire d'une mère dont le dévouement se révélait envahissant.

Ma Teh aimait surtout évoquer sa jeunesse, le temps où elle était une fille mince et gracieuse. Un jour, elle montra à Po sans tristesse, toute contente même, un portrait de famille qu'elle avait chez elle, œuvre d'un habile et naïf peintre de campagne. Po vit une jeune fille maigre, rêveuse et d'un grand charme. Une autre fois, elle lui raconta que la veille au soir était arrivé de son village un compère qui l'avait courtisée pendant de nombreuses années ; ne l'ayant pas revue depuis trente ans, il avait été effaré de se retrouver devant cette imposante masse ronde : il ne pouvait la regarder.

« Tu te souviens ? lui avait-il dit. Dans ce temps-là, tu étais une fleur des champs.

— Et je suis devenue un éléphant », avait-elle répondu sans amertume, en riant.

Po l'assura qu'elle était encore plaisante : une harmonieuse matrone pleine d'agrément et de dignité. Elle rougit de confusion, de plaisir. Po pensa qu'au fond d'elle-même elle se sentait encore dans la fleur de l'âge, comme la jeune fille d'autrefois : les années n'avaient pas dissipé son ingénuité, sa curiosité ; sous cette montagne de graisse, l'adolescence se dessinait encore en filigrane dans ses gestes, ses expressions, ses regards.

La mère Ma Teh, en écoutant Po, s'intéressait à tout et surtout à la poésie, à la magie, à la musique, au théâtre. Elle savait des choses sur Confucius, sur Bouddha, sur le poète Chü Yuan, en l'honneur de qui on donnait depuis mille ans des fêtes sur le lac : les barques en forme de dragon rappelaient le jour où il avait mis fin à son exil en se noyant dans le fleuve Mi Lo après que l'empereur eut repoussé le poème dans lequel il invoquait son pardon et demandait qu'on lui accorde le retour.

Ma Teh s'intéressait plus encore aux rêves, aux amours, aux horoscopes, aux prédictions réglées par les tablettes du I Ching. Po finit par lui faire des comptes rendus édulcorés de ses fluctuantes relations érotiques du moment ; il lui raconta aussi ses amours passées. La mère Ma Teh écoutait avec gravité, en exprimant à l'occasion, par ses paroles ou son attitude, son mépris pour l'indigne Miao — Po ne l'avait jamais revue —, qui l'avait fait souffrir et avait eu le mauvais goût de lui préférer un autre.

Ma Teh buvait toutes les paroles de Po, comme si de l'avoir connu lui ouvrait des perspectives illimitées. Comme elle avait appris à lire avec son père, certes avec lenteur, Po lui offrait des livres : en général, des histoires d'amour et de fantômes qu'elle lisait en quelques nuits : elle souffrait d'insomnie. Il l'emmenait voir, car elle les ignorait, les mille trésors de Hang-chou et des rives du lac : temples, pagodes, palais, places, jardins, avec des explications historiques et artistiques qui la ravissaient. Un jour, elle fut émue aux larmes devant la rustique beauté d'une grande fresque représentant la mort du Bouddha au milieu de ses disciples et de tous les animaux de la création que Wu Tao-tzu, le célèbre moine décorateur de Ch'ang-an, était venu peindre quelques années auparavant dans le temple des Mille Bouddhas, au bord du lac. Elle désira y retourner ; Po l'y conduisit : elle pleura à nouveau doucement en se traitant de sotte. Elle s'essuyait les yeux avec un mouchoir jauni, brodé aux idéogrammes de son nom, un dernier vestige de son trousseau de jeune mariée, pendant que Po, en riant, lui caressait affectueusement les cheveux comme à une énorme petite fille.

Il l'accompagnait au théâtre musical : c'était là le plus grand plaisir de cette femme qui savait chanter d'une voix faible mais juste nombre d'airs célèbres. Elle s'asseyait fièrement à côté de lui et aux entractes s'étonnait de trouver si insipides ou maniérées les femmes de fonctionnaires ou d'artisans, à qui Po la présentait en la tenant par la main.

« Madame Ma Teh, qui a la bonté et la patience de me servir de gouvernante et de mère. »

Maman Teh connaissait par cœur beaucoup de poèmes, que son père lui avait appris au village, pendant les soirées d'hiver au coin du feu, ou qu'elle avait lus et relus dans quelque manuel scolaire.

Elle savait réciter plusieurs compositions du *Livre des chants ;* elle racontait que son père, lui, l'avait connu tout entier par cœur. Comme Po pouvait en réciter certains passages, ils jouaient à reconnaître les vers, à compléter leurs citations. Ou il lui lisait d'autres poètes : elle aimait surtout Ts'ao Chih, T'ao Ch'ien, Po Chü-i.

« Quel goût classique sûr ! commentait Po. Il y a là toute la sagesse paysanne. »

Il lui lut ses propres poèmes, qui l'enchantèrent, bien qu'ils ne fussent pas d'inspiration populaire. Si un passage ne semblait pas clair à Ma Teh, Po tentait de le simplifier ; et il s'apercevait que, lorsqu'il s'efforçait de concilier sa singularité quelquefois compliquée avec la sensibilité moins égotiste de Ma Teh, ses vers y gagnaient beaucoup. Plus tard, il regretta la perte de cet équilibre naturel. Elle osait même formuler des suggestions timides ; ces minces contributions la remplissaient de fierté quand Po les accueillait favorablement. Elle s'enorgueillissait aussi de l'admiration que ces poèmes avaient soulevée chez Meng Kuo et d'autres amis. Une fois seule, elle les relisait lentement, et les apprenait par cœur. Assise au premier rang, dans sa belle robe à fleurs qui moulait sa forte poitrine et son gros ventre, elle assista, radieuse et toute rose de plaisir, à une lecture publique organisée par ces mêmes amis dans une salle de plaisir proche du petit port.

Il y avait déjà un an que maman Teh faisait le ménage chez Po, quand, un après-midi — c'était la fête de la Première Lune —, comme elle n'était pas venue depuis quelques jours parce qu'elle souffrait d'arthrite à une épaule, Po s'en alla lui porter un cadeau. Elle demanda qui venait là, sans ouvrir la porte, puis, toute confuse, laissant la porte entrebâillée, le pria d'attendre avant d'entrer : elle était en chemise de nuit. Elle se remit rapidement au lit. Po lui tendit alors une boîte qu'elle ouvrit avec émotion : à l'intérieur, il y avait une robe de chambre violette à fleurs dorées. Elle le pria d'aller à la cuisine prendre du vin et des galettes de riz sucrées. Po obéit. Après qu'il eut approché du lit, qui occupait presque toute la pièce, une chaise, ils mangèrent et burent ensemble en bavardant.

Appuyée à deux oreillers, maman Teh était assise sur un côté de l'immense lit de fer peint de couleurs voyantes par un artisan naïf. Ses genoux soulevaient les couvertures, projetant une grande ombre sur le mur revêtu d'une pauvre étoffe déchirée. Les volets de la fenêtre étaient mi-clos, la pénombre régnait dans la chambre faiblement éclairée par une lampe à huile pourvue d'un abat-jour rouge sombre, posée sur un escabeau à côté du lit.

Po l'éteignit d'un souffle ; ne resta que la faible lumière qui venait de l'extérieur. D'un ton moqueur, Po demanda — il faisait très froid — de glisser sous les couvertures ses mains glacées. Il le fit d'ailleurs sans attendre la réponse. Ils se turent, soudain sérieux ; Po tremblait, Ma Teh aussi, remarqua-t-il. Après quelques minutes, il avança lentement ses mains qu'il alla poser sur son ventre bouffi, sous ses mamelles. Sans la regarder, il cherchait la chair nue à travers l'échancrure de la chemise de nuit. Tout d'un coup, il la fixa du regard : brouillés et ardents, les yeux de maman Teh brillaient dans la pénombre qui donnait à son expression une douceur incertaine. Po caressa la poitrine ondoyante, prit entre ses doigts les mamelons qui se durcirent aussitôt, tandis qu'elle tentait de les lui soustraire. Soulevant rapidement la chemise, il lui enlaça le ventre en lui murmurant précipitamment des mots tendres.

« Ma chérie, ma petite Ma Teh, ma fleur des champs, ma petite éléphante délicieuse... »

Il se glissa sous les couvertures. En se redressant pour se déshabiller, il la renversa, puis s'étendit à nouveau sur elle. Il la dénuda, prenant soin de ne pas lui faire mal à l'épaule ; il jeta hors du lit les coussins sur lesquels elle s'appuyait : elle s'abandonna en arrière. Po se serra contre cette mer de chair qu'il explora en caressant tendrement ses moindres replis. Le lit grinçait lamentablement. Du pont le plus proche leur parvinrent les coups de gong qui indiquaient l'heure. Dans la rue, un chien aboya.

Il ne lui fut pas facile de s'unir à elle tant elle était énorme. Mais elle l'y aida, avec quelque hésitation, et il réussit à la faire sienne. Elle sembla d'abord bouleversée par leur différence d'âge — plus de trente ans —, puis, lorsque Po fut apaisé, elle parut fière de lui avoir plu, et reconnaissante. Si bien qu'à la fin elle aussi se laissa aller à des effusions maternelles, à d'insolites tendresses. Bougeant avec peine à cause de sa douleur et de son poids — le lit protestait —, ce fut elle qui monta sur lui. Cette lourde masse de chair en sueur dégageait autant de chaleur qu'un rose fourneau de terre cuite. Elle lui mordit tendrement les oreilles, le cou, le lécha, haleta contre son visage, elle lui couvrit tout le corps de salive et de baisers. Avec une volupté infantile, les yeux fermés, elle suça son membre.

Il glissa enfin sur le côté. Puis il se leva, encore dévêtu, pour ouvrir la fenêtre. Un ciel d'un blanc tendre s'étendait au-dessus des toits verts et du grand silence de la ville en ce jour de fête. On voyait la tour de la pagode de la Kuan-yin noire et, surplombant le fleuve, la colline aride de la Tête de Mort, dans les flancs de laquelle on avait creusé des écuries pour les ânes et les chevaux. Sur le bord d'un toit, un chat roux et ébouriffé détala, tenant entre ses dents un rat encore vivant.

Le soleil déjà bas projetait dans la chambre — à travers les vitres de la fenêtre aussitôt refermée — une clarté dorée qui alluma des lueurs pourpres au chevet du lit, sur la couverture renversée, les rideaux déteints, les taches d'humidité des murs, les ampoules et les pauvres vases de terre cuite qui couvraient une commode sombre, le grand miroir terni pendu au mur et qui renvoyait la lumière, enfin le grand corps de Ma Teh, la peau toute fumante de chaleur dans le froid, un bras sur ses yeux, l'autre allongé, la main sur le pubis : elle gisait sur le dos, les jambes entrouvertes, dans un abandon confiant. La respiration soulevait le globe de son ventre à la peau brillante, tendue, ruisselante de sueur.

Elle secoua sa torpeur ; penchée en avant comme pour se protéger de la lumière, elle descendit en titubant de son lit en écartant largement ses pieds nus, les plis de sa chair ondoyant comme autant d'écailles, et entra dans la misérable toilette. En l'entendant uriner, Po éprouva de la tendresse pour cette créature sans défense qui s'offrait entièrement à lui : plaisir de l'intimité quotidienne, de la convivialité, compassion pour des chairs lourdes, promises à la mort, usées par les années :

dans leur inéluctable déclin, Po reconnaissait son propre destin.

Il s'avança vers la toilette : dans l'âcre atmosphère, il la vit accroupie en train de se laver péniblement entre les cuisses ; elle s'interrompit, inquiète, quand elle l'aperçut. Po l'aida à se relever, la prit par la main et lui donna une tape affectueuse sur les fesses. Elle grimpa à nouveau sur le lit et s'y abandonna à plat ventre, colline rose sur la blanche plaine du drap. Elle se renversa tout de suite après sur le côté, tournant dos et cul à la fenêtre et à Po. Elle cachait son visage dans l'ombre, craignant sans doute de ne plus plaire déjà.

Po revint s'étendre à côté d'elle. Peut-être pour la rassurer, il se mit à caresser en silence sa nuque ronde, son dos trempé, la courbe de ses hanches, le creux de ses fesses, son anus, chaude anfractuosité dans laquelle il enfila profondément deux doigts ; il sentit l'humidité de sa vulve étrangement petite et gracieuse, du vagin serré entre ses cuisses. Creux et pleins informes et sans âge, qui lui étaient chers : tendresse et pitié pour une vie qui avait su vieillir et résister.

Il s'était assis sur le lit. Ses regards exploraient maintenant ce corps que les rayons du soleil couchant éclairaient : le sang paraissait affleurer dans les taches enflammées que le soleil allumait sur cette chair si vivante. Ailleurs, dans l'ombre, se dessinaient des courbes obscures, où l'on devinait tout un passé : les traces de la lente maturation, de la durée domestique, de la corruption naturelle ; tiède chair qui avait appris à vivre, à jouir, et était destinée à mourir.

« Voilà, pensait Po, mon regard s'attarde comme ce soleil à l'agonie pourpre qui semble vouloir illuminer cette vie de ses rayons, dans une presque religieuse compassion... »

Il éprouvait cette même impression de calme qu'on ressent parfois devant un paisible tombeau. Il pensait à cette image de la mère nature comme à une amphore sacrée, dont l'argile primitive conservait intacte l'histoire d'une vie.

« Placide chair ancestrale, rêvait Po dans une sorte de demi-sommeil, placenta maternel, voix de la terre engendrante, boue riche de semence et de fruits, caverne antique, orque marine, immortelle tortue qui soutient le monde sur son dos, hippopotame languide, veine tiède, fleuve ardent où l'on plonge par jeu, quand on est prêt à sacrifier toutes les merveilles de la terre et du ciel pour goûter au bonheur de l'oubli. » Il aimait ses âcres odeurs de femme. Elles lui rappelaient l'odeur de la paille imprégnée d'urine dans les écuries souterraines de la Tête de Mort. Odeur de petite fille vieillie qui avait jadis été une jeune fille en fleur, dont on retrouvait encore le lointain reflet dans ce visage, dans cette montagne de chair posée là comme une chose fatiguée : petite fille qui savait tout de la vie : bien femme en cela.

En se réveillant, Po, la saisissant par ses cheveux gris, renversa son visage en arrière pour la scruter, écarta de son visage ses mains qui le cachaient, en lui tordant les doigts avec une douce violence. Il lisait dans ses yeux l'attente naïve d'une vie à venir, éternelle, où la jeune fleur des champs ressusciterait par-delà la présente tombe de chair. Cette renaissance au paradis bouddhiste, elle se la représentait comme le retour quotidien de ce soleil rouge qui répandait une clarté sanglante sur les toits de la ville et les légers nuages du ciel, avant de se noyer à l'horizon, tandis que l'ombre gagnait leur chambre où le couchant allumait encore quelques lueurs sur les corps allongés.

Po, maintenant à genoux, sentait son jeune corps se préparer de nouveau, agile et dur, comme le couteau rouge du boucher tendu au-dessus de la dépouille allongée d'une victime dépecée : victime sacrificielle qui croyait en la résurrection. Peu après, posant la main sous son sein gonflé, comme si elle pressentait dans la jouissance une attaque de son mal, elle s'exclama :

« Je voudrais mourir ainsi. Po, je t'en prie, mon amour, fais-moi mourir. »

Avec une émotion brutale, toujours en silence, Po mit une main contre sa nuque et la poussa pour qu'elle s'étende à plat ventre. Il murmurait des mots obscènes, mais aussi des noms de déesse, de mère, de terre, de nature, il la pénétra avec dévotion, le cœur battant, et répandit sa semence dans ce cul. Ainsi seulement, il avait l'impression de l'avoir violée et labourée toute : terre maternelle, possédée dans toutes ses anfractuosités. Seconde mère, ventre infernal où mourir et renaître, comme, aux premiers temps du monde, le cheval divin sur le corps sacré de la bufflonne, parmi les champs de blé fleuris...

Sur ce jour de la Première Lune, Po écrivit l'un des poèmes les plus appréciés de ses contemporains, hélas aujourd'hui perdu. Il le recopia sur papier jaune et le fit insérer dans un rouleau de soie, après avoir corrigé ou effacé une centaine de mots : il en fit ensuite don à Ma Teh comme le biographe Hsia Mu le raconte.

De ce jour-là, Ma Teh vint vivre avec Po ; elle montra un dévouement inépuisable et une surprenante ardeur, enveloppés d'une gaieté moqueuse. Serrés l'un contre l'autre dans le lit, entre deux étreintes, ils se perdaient en rires et en commentaires joyeux. Ma Teh sut ne pas se laisser troubler par l'hostilité que lui témoignèrent ses gendres quand ils découvrirent sa liaison : ses filles furent plus compréhensives.

Elle continuait à se rendre au temple bouddhiste de la Kuan-yin noire. Aux réprimandes de l'abbé qui la menaçait des réincarnations les plus viles si elle mourait sans avoir rompu avec Po, Ma Teh répondait que le Ciel ne saurait punir un amour si fidèle : il connaît mieux que les bonzes les besoins de ses créatures. L'Empereur Céleste ne saurait trouver mauvais que l'une de ses filles, après des années d'efforts et de privations, profitât de la vie sans faire de mal à personne et connût un peu de bonheur avant de descendre dans la tombe.

Po vécut presque deux ans avec Ma Teh. Il l'admirait pour son humble dévotion ; par affection et par respect plus que par amour, il ne la trompa jamais. Aucune autre femme ne la remplaça, même une nuit. Mais elle, sans revendiquer pour autant des droits sur son amant, était jalouse et se tourmentait en silence ; leur relation cependant avait fini par lasser Po. Il ne savait comment y mettre fin sans provoquer un drame. Il renvoyait toujours la rupture, mais Ma Teh devait supporter sa mauvaise humeur, sa brutalité sexuelle, son hostilité. C'en était fini de leurs lectures, de leurs promenades en barque sur le lac, de leurs voyages à la campagne dans des chariots de paysans, de leurs sorties au théâtre. Ma Teh en souffrait.

Po sentait qu'il ne pouvait plus vivre avec elle ; et il était tombé un peu amoureux d'une très jeune danseuse qu'il avait rencontrée à une fête, et embrassée lors d'une poétique promenade dans le parc du palais impérial. Or une nuit que Ma Teh, livide, souffrait d'un malaise cardiaque, Po, avec son égoïsme habituel, lui imposa une étreinte que le guérisseur avait défendue dans ce cas. Perdant la tête à l'approche de l'orgasme, elle implora tout à coup son aide et, dans un cri, s'effondra dans ses bras. Elle respirait faiblement, les yeux exorbités, elle ne semblait pas entendre. Après avoir assouvi son désir avec fureur, Po s'aperçut qu'elle s'était évanouie. Puis qu'elle était morte.

Après l'enterrement, une solennelle et coûteuse cérémonie bouddhiste, Po visita le village si souvent décrit par Ma Teh, dans son entourage de collines sur fond de monts lointains, au bord d'un large fleuve : c'est là, au nord de Hang-chou, qu'elle avait vécu sa jeunesse.

Quand, plus tard, il y repensait, les années laborieuses passées auprès de Ma Teh lui semblaient appartenir à une autre vie, à quelque lointain passé qu'il se plaisait à ressusciter. Tant qu'il vécut à Hang-chou, il se rendit chaque année au cimetière pour l'anniversaire de la mort de Ma Teh et la fête des Ancêtres, afin d'entretenir sa tombe où il avait planté ses fleurs préférées, les graines des plantes qu'ils cultivaient ensemble dans le jardin autrefois. Il disait souvent que cette paysanne avait été la femme la plus intelligente et la plus spirituelle qu'il eût jamais rencontrée. La plus intègre, courageuse et humble, généreuse et délicate, tendre et amusante : en tout la meilleure, la plus sage et la plus juste : fleur naïve et miraculeuse de la culture populaire. Il la considérait comme sa vraie mère, et sœur, et amie, et enfin comme une muse : car c'est auprès d'elle, en écoutant ses conseils, qu'il avait écrit ses meilleurs vers, au dire des experts comme des profanes.

Le corps de Ma Teh s'était mué depuis bien des années en un fertile terreau, quand Po aimait encore à citer au nombre de ses rares mérites les quelques mois de bonheur qu'il avait donnés à cette femme ; avec cette mort s'était achevée, disait-il, son initiation à la vie : sa première jeunesse.

Troisième partie

LE JARDIN ENCHANTÉ

1

La Source des pêchers en fleur *ou* Le Village perdu

Après avoir visité le village natal de Ma Teh, Li Po fit un détour avant de rentrer à Hang-chou et s'en alla jusqu'au Mont Lointain, pour y rencontrer Pa-ta-tzu, le maître taoïste le plus célèbre de ce temps. Autour de sa cabane d'ermite au toit couvert de mottes herbeuses, et dont la porte branlante s'appuyait contre un vigoureux pin, s'était constitué au fil des années un village de disciples. Il y en avait désormais une centaine — en comptant les femmes et les enfants. Ils avaient mis tout en commun, sous la direction d'un économe nommé par le très saint Pa-ta-tzu, qui ne s'occupait pas de ces choses. Ils cultivaient la terre ; leurs champs, au pied de la montagne, produisaient du mil, du riz et du soja ; ils étaient aussi bûcherons, charbonniers, chevriers, pêchaient dans le torrent, chassaient, élevaient des abeilles, des vers à soie, des cochons, tissaient le chanvre et le lin, et réussissaient ainsi à vivre frugalement.

On racontait que, dans les débuts, quand quelqu'un montait le voir en se présentant comme un disciple, Pa-ta-tzu ne lui prêtait pas attention, ne répondait pas à ses questions, refusait ses dons, qu'il jetait du haut d'un rocher ; et si vraiment le fâcheux ne partait pas, il le frappait avec une grosse canne en bambou, pour le chasser. Malgré tout, certains étaient restés : ils avaient construit des cabanes dans le bois, à quelques centaines de mètres de la sienne. Et, comme ils se contentaient de le regarder vivre de loin, Pa-ta-tzu, sans faire plus attention à eux, toléra leur présence. Avec le temps, résigné à jouer le rôle de maître, il lui arriva de converser et de rire avec les plus anciens, sans se soucier des nouveaux arrivés. Il répondait à leurs questions et allait même jusqu'à dispenser une manière d'enseignement un peu fantasque.

C'est ainsi qu'à mi-pente de la montagne, dans un bois odorant, s'était constitué un village sans nom, connu désormais dans tout l'empire comme le Village du Mont Lointain, avec ses cabanes éparses parmi les pins et les buissons, autour de rares clairières herbeuses et de sentiers argileux.

Il y avait là nombre de solitaires ; malgré tout, la plupart étaient venus avec leur femme et avaient eu là des enfants dont les cris et les jeux animaient le village. D'ailleurs, le maître Pa-ta-tzu avait lui-même une femme ou concubine : une minuscule paysanne toute ronde, toute rose, beaucoup plus jeune que lui, qui ne quittait jamais sa cabane où elle montait la garde, tandis qu'escorté à chaque pas d'un gros chat gris, il s'acquittait seul de toutes les tâches domestiques : aussi bien puiser l'eau à la source que pêcher à la ligne dans le ruisseau leur nourriture et celle du chat, s'occuper de la porcherie, du poulailler, des ruches, ou encore préparer les repas et tisser le chanvre pour les vêtements.

Comme le village se trouvait à une certaine distance en contrebas, sa cabane restait isolée devant une clairière où tout le monde accourait lorsque le bruit se répandait qu'il allait parler. Le reste du temps, si quelqu'un s'approchait de trop près et posait des questions, il n'était pas rare que Pa-ta-tzu continuât à vaquer à ses affaires sans lui porter attention ; il allait parfois jusqu'à lever sa canne en silence, en signe d'avertissement, ou à crier : « Va-t'en ! » Cependant, aucun habitant du village ne l'avait jamais vu frapper personne, comme il faisait, disait-on, autrefois. Si des problèmes à l'intérieur de la communauté ou des familles surgissaient, c'était maître Fung, le gros économe avisé, qui s'en occupait : comme l'avait dit un jour Pa-ta-tzu, un sage n'a pas besoin d'être un guide s'il sait choisir ceux qui seront capables de jouer ce rôle.

Donc, ses disciples les plus fervents l'observaient de loin. S'il parlait à l'un d'entre eux, les autres accouraient et, sur des tablettes qu'ils gardaient toujours prêtes à leur ceinture, comme s'ils étaient des fonctionnaires, ils notaient ses paroles, qui se répandaient aussitôt à travers le village, avant de parvenir, quelque peu déformées ou caricaturées, à Hang-chou, d'où elles étaient exportées à Ch'ang-an, et on en recueillait des échos, répercutés on ne sait comment, ici et là de par tout l'empire, et jusqu'en Corée ou au Japon. En de rares occasions, il lui arrivait de parler plus longuement : il dispensait, sous forme de prêche, une sorte d'enseignement improvisé ; la nouvelle arrivait instantanément aux oreilles de tout le monde, y compris femmes et enfants ; toutes affaires cessantes, le village entier se rassemblait autour de lui dans la clairière ; on s'asseyait en rond par terre, les jambes croisées à la manière indienne, comme il avait lui-même l'habitude de faire. Il parlait par sentences, anecdotes ou paraboles ; et même les plus cultivés avaient peine à distinguer dans ses discours ce qui était de lui des emprunts qu'il faisait à des maîtres anciens, à commencer par Lao-tzu et Chuang-tzu. Il redonnait vie à des citations qui paraissaient nouvelles parce qu'il les avait habilement rapprochées ou abrégées. Un jour, il répliqua à quelqu'un qui lui demandait quelles étaient ses sources :

« Qu'importe qui l'a dit ? C'est dit une fois pour toutes. Et pour tous. »

On rapportait que, quelques années plus tôt, Po Chü-i, du temps qu'il était gouverneur de la région, était venu, avec une escorte restreinte, en voiture jusqu'au pied du mont. De là, il était monté à cheval vers Pa-ta-tzu, à qui il avait longuement parlé en tête à tête. On prétendait même — affirmation dont on peut douter, les mandarins confucéens contrôlant tout — que Po Chü-i aurait été porteur d'une invitation pour le sage à la cour, où une très haute charge lui était réservée, et que Pa-ta-tzu aurait jeté dans le torrent sans même l'ouvrir la lettre impériale, puis se serait remis à pêcher en silence sans plus tourner la tête vers le mandarin ; selon d'autres rumeurs, il aurait déclaré : « Je n'ai pas le temps de m'occuper de l'empire, je dois penser à mon dîner. »

Pour tout homme de bon sens, il était cependant clair que cette histoire ne faisait qu'attribuer à Pa-ta-tzu ce qui était arrivé, disait-on, mille ans auparavant, à Chuang-tzu, l'un des pères du taoïsme, quand les envoyés impériaux l'avaient invité à prendre la direction du gouvernement. Chuang-tzu leur avait demandé : la tortue dont la carapace se trouve dans le temple des Ancêtres impériaux, à l'intérieur d'un écrin d'or, enveloppée d'un drap précieux, et qui sert à la divination, qu'aurait-elle préféré ? Recevoir ces honneurs insignes qui lui valent de n'être plus qu'une carcasse sans vie, ou continuer à traîner sa queue dans la boue, en menant la vie d'un simple animal ?

Au Village du Mont Lointain, Li Po arriva sur un âne en compagnie d'un ami, un garçon de son âge qu'il avait rencontré dans une auberge et qui ne le lâchait plus. Ni Shih était un grand escogriffe fort peu soigné, couvert de boutons ; ses longs cheveux retombaient en désordre sur son front ; un rire continuel et incertain agitait son visage nerveux ; le menton était fuyant, la poitrine creuse ; les bras et les jambes mal proportionnés ; il marchait le cou et la tête en avant. D'une curiosité maladive, il posait toutes sortes de questions, avec force sous-entendus : c'était, pensait Po, l'un de ces hommes qui trouvent toujours quelqu'un à admirer naïvement, à qui montrer une dévotion importune et obstinée malgré tous les mauvais traitements. Il avait suffi que Po récite certains de ses poèmes pour que l'admiration de Ni Shih ne connût plus de limites. Li Po le supportait avec bienveillance et le trouvait apaisant à sa manière, bien que trop insistant. Quand il le dérangeait, il ne lui répondait pas, le faisait taire, ou le chassait. Sans s'en offusquer, Ni Shih le suivait alors à quelques pas de distance, comme un chien battu guettant le moindre signe de pardon. Li Po profitait de cette servilité jalouse pour demander à Ni Shih de lui chercher les puces qu'il avait attrapées dans quelque auberge : Ni Shih avait un vrai talent pour les saisir et les écraser.

A sa façon, c'était un mystique bouddhiste, peut-être un futur moine. Tourmenté par des doutes religieux, il était venu de Hang-chou, où il était copiste dans un hospice de vieillards, et avait demandé l'aumône le long de la route, sa sébile pendue à son cou, pour poser au saint taoïste des questions, qu'il avait apprises par cœur, touchant les différences et les affinités entre taoïsme et bouddhisme.

« Il ne te répondra pas », lui disait Po.

Parvenus sur le Mont Lointain — comme il faisait presque nuit et que pointait déjà dans le ciel une lune blanche au-dessus des pins noueux —, ils cherchèrent au village un endroit pour la nuit. Ils trouvèrent facilement : plusieurs jeunes gens se disputaient le plaisir de les recevoir dans leur cabane. Ensuite, ils montèrent jusqu'à la clairière où on leur indiqua la cabane du saint, plus vieille et plus pourrie que les autres. Ni Shih était en proie aux affres de l'angoisse.

Le saint se trouvait derrière la cabane, son chat à côté de lui, à la lisière d'un petit bois de bambous : il en avait scié un dont il taillait les branches avec une serpette, pour se faire un bâton. Ils étaient nombreux à observer le vieillard à distance. Un homme à moitié nu, avec une barbe en désordre qui lui descendait jusqu'au nombril, riant devant l'étonnement craintif de Ni Shih, lui expliqua que le saint avait cassé sa dernière canne sur le dos d'un fâcheux qui s'était approché de trop près. Sur quoi, à côté, un personnage gras et soigné grommela, en haussant les épaules, que c'était encore là une histoire : Pa-ta-tzu avait simplement perdu son dernier bâton dans les bois.

Sans tenir compte de l'avis de ses voisins, Ni Shih s'avança lentement, un pas après l'autre ; avec ses jambes sèches et démesurées, son long visage plus étroit que jamais, tendu en avant, sa nuque raide, il faisait penser à une autruche ou à un chameau ; Pa-ta-tzu, qui était penché, les genoux légèrement fléchis, sur le bambou qu'il taillait à coups précis de ses grandes mains calleuses, se retourna. Avec une curiosité amusée, il observa des pieds à la tête cet individu qui s'était approché de si près, et restait là bouche bée, tel un point d'interrogation vacillant.

Li Po, à son tour, s'avança pour examiner le maître : il était de taille moyenne, plutôt gros, avec un large ventre autour duquel une corde de chanvre serrait une grossière tunique sale et trouée, dont les manches effilochées arrivaient à peine aux coudes ; ce vêtement trop court, enfilé de travers, s'arrêtait aussi aux genoux, en sorte qu'on voyait ses tibias gris et poilus tandis que ses talons déformés sortaient complètement de socques en lanières d'écorce. Il semblait proche de la soixantaine, le visage était ridé, les yeux ronds, les oreilles énormes et décollées, plantées très en arrière de la tête, presque sur la nuque. Un front haut, un nez busqué, un menton fermement dessiné conféraient malgré tout de l'autorité à ce visage, dans lequel une bouche édentée, un sourire facile, des yeux bienveillants témoignaient d'une placidité un peu sénile, d'un air contemplatif et spirituel qui contrastait avec la rusticité de la silhouette.

Après avoir examiné avec satisfaction le bâton qu'il avait fini de tailler, il venait de jeter sa serpette et de ramasser une flûte déposée là pour travailler plus à l'aise : c'est alors que Ni Shih s'adressa à lui. Sur quoi, enfilant sa flûte dans la corde grossière qui lui ceignait les flancs, Pa-ta-tzu se mit en route vers sa cabane suivi de son chat ; Ni Shih se trouvait justement dans cette direction.

Il contemplait la flûte avec étonnement ; vieille, maculée de terre, ébréchée, elle était connue depuis des décennies dans toute la Chine comme l'unique objet dont Pa-ta-tzu ne se séparât jamais, sans que personne l'eût entendu en jouer. Certains assuraient tenir d'un vieil homme, mort depuis plus de vingt ans — le premier disciple toléré par Pa-ta-tzu —, que, la seule fois où le saint avait joué de la flûte, les oiseaux s'étaient rassemblés autour de lui en dansant, et les poissons dans le torrent avaient sauté hors de l'eau pour faire une pirouette puis retomber et rebondir une nouvelle fois. Quand il avait cessé de jouer, l'écho de sa flûte s'était attardé longtemps autour des poutres de la cabane : pendant trois jours, ceux qui passaient par là — certains du moins — avaient continué à l'entendre, encore que de plus en plus faible.

Dans le village, on attendait depuis des années que Pa-ta-tzu jouât de nouveau. Quelquefois, il frottait sa flûte contre une de ses manches pour la nettoyer et l'approchait de ses lèvres comme pour l'essayer : mais il la reposait sans émettre un son, comme s'il avait changé d'avis. On l'épiait de loin, pour savoir s'il se promenait dans les bois seul avec son chat : on supposait en effet — mais personne ne parvint jamais à le prendre sur le fait — que lorsqu'on ne pouvait l'entendre il faisait danser au son de sa flûte les loups et les ours sous la lune.

Tandis que Pa-ta-tzu venait à sa rencontre sans faire attention à lui, Ni Shih, hochant la tête, articula d'une voix plaintive, mal assurée, la question qu'il avait apprise par cœur :

« Maître !... Maître, tu vois en moi un disciple du Bouddha. Chaque jour, je fais mes six heures de méditation pour me purifier de mes désirs. Mais je n'accède pas à la non-pensée, je continue à être inquiet. Est-ce ma faute ou celle de la méditation ? »

S'arrêtant brusquement, Pa-ta-tzu dévisagea cet étrange

individu qui parlait d'une voix monocorde en balançant son menton. Il leva son bâton en silence. Puis, une minute après, s'écria :

« N'oublie pas ce que je t'ai dit ! »

Ni Shih resta interdit.

« Que m'as-tu dit ? finit-il par balbutier.

— Pourquoi au milieu de cette foule ? reprit Pa-ta-tzu.

— Je suis venu tout seul, protesta Ni Shih, en se retournant pour regarder derrière lui. Les autres sont là pour leur propre compte.

— La foule, tu la portes en toi. Ne dérange pas mon sommeil avec tes rêves ! »

Baissant son bâton pour reprendre son chemin, le saint hurla encore :

« Va-t'en ! »

Ni Shih, en reculant, buta contre une racine et tomba sur le derrière tout en essayant de se retenir avec ses mains. Pa-ta-tzu se pencha pour l'aider. Mais Ni Shih, rouge de honte, hésitait à tendre sa main au vieillard. Il se releva tout seul.

« Ce n'est rien », balbutiait-il, mais ses mains étaient ensanglantées et pleines de boue.

Pa-ta-tzu en saisit une :

« Vous êtes des enfants sans mère. »

Il lui montra le torrent qui descendait en murmurant au bord de la clairière.

« Va te laver. »

Tremblant, Ni Shih courut jusque-là. Puis se rapprocha.

« Crois-tu vraiment t'être lavé ? » demanda Pa-ta-tzu en le fixant dans les yeux.

Ni Shih examina ses mains :

« Il me semble. »

Pa-ta-tzu continuait à le dévisager de haut en bas. Il éclata de rire.

« Ta mère est morte et tu vas la chercher dans la mer en fouillant les fonds avec une canne ? Gesticulation insensée.

Tu as la gorge serrée. Comment respires-tu ? Pas par la gorge, mais par les talons. Ton œil est inquiet, ta bouche crispée. Tu t'arrêtes comme un cheval dont on tire la bride, puis tu bondis comme une mécanique déréglée. Pourquoi te contrains-tu ? Pour qui ne sait pas suivre la Voie, c'est un moindre mal que de se laisser aller à ses inclinations, de ne pas faire violence à la nature, de la dompter par la douceur. »

Tout le monde s'était approché : la foule augmentait d'instant en instant. Nombreux étaient ceux qui avaient sorti leurs tablettes, pour noter les paroles du vieillard.

Flatté de cette attention générale, Ni Shih reprit courage.

« Maître, même si tu me réprimandes, je te suis reconnaissant. Le seul fait de te voir me remplit de bonheur. »

Pa-ta-tzu fit une grimace :

« Quand, après des années de solitude entre épines et chardons, tu rencontres un homme, cela te réjouit. La sérénité est contagieuse. Qui est parvenu à la délivrance peut délivrer les autres à leur tour.

— Qu'y a-t-il de plus important au monde, maître ?

— Ce que tu fais dans l'instant.

— Où est la vérité ? Bouddhisme et Tao sont-ils même chose ?

— Ce que l'on dit du Tao n'est pas le Tao. Et qui ne sait pas répondre est plus proche du Tao que qui croit pouvoir répondre. Il n'y a pas de question : voilà la réponse.

— Mais moi, je te reposerai ma question, balbutia un Ni Shih obstiné. Si je m'assois pour méditer comme l'enseigne le Bouddha…

— Jette le vide avec le reste !

— Comment ?

— Regarde !

— Quoi ? »

Pa-ta-tzu leva le bras et le doigt :

« Regarde la lune ! »

Il souriait, il semblait heureux de la voir. Ni Shih, le

menton levé et la lèvre pendante, la fixa longuement. Ne notant rien de spécial, il baissa les yeux sur le saint.

« Mais à quelle vie suis-je destiné ?

— Là, au milieu ! Ce genièvre entre les pins, regarde ! C'est là ta voie.

— Dans quel sens ? Ma voie, c'est le Tao ?

— Le Tao ? »

Pa-ta-tzu se pencha pour enlever une de ses socques et, en se relevant, la posa sur sa tête ; puis il regarda Ni Shih dans les yeux, et, comme ce dernier était beaucoup plus grand, la socque retomba en arrière, près du pied nu : Pa-ta-tzu avançant à tâtons ses orteils déformés l'enfila à nouveau, tout en continuant à dévisager Ni Shih avec un sourire.

« Tu veux dire ? balbutia celui-ci.

— L'été approche.

— Hein ?

— Puis arriveront les pluies d'automne.

— Eh oui.

— Le bœuf a quatre pattes : voilà ce que j'appelle le ciel. Percer le museau du bœuf et l'atteler au char : voilà ce que j'appelle l'homme.

— Eh oui.

— Transporter de l'eau, casser du bois à brûler, telle est la merveille du Tao. Tu allumes le feu, tu prépares la table, tu verses du riz dans ton assiette, tu manges...

— Mais ça, tout le monde le fait !

— Quand ils mangent, ils ne se contentent pas de manger. Toutes sortes de fantaisies et de pensées inutiles leur passent par la tête. Le sage, même quand il dort, ne rêve pas.

— Alors, le Tao est en tout semblable au nirvāna ?

— La fin est la même, mais les moyens autres.

— C'est ce que le Bouddha appelle détachement, cessation des désirs ?

— Bouddha, Lao-tzu, Pa-ta-tzu, pour le sage, les noms n'existent pas ! Si tu prononces ces noms, rince-toi ensuite la bouche pendant trois ans, pour te débarrasser de la poussière que tu as respirée. Et si tu rencontres le Bouddha, crache-lui à la figure ! »

Il graillonna : un crachat plein de morve alla se poser sur les pieds de Ni Shih, qui ne s'en offusqua point et n'osa pas s'essuyer.

A nouveau, Pa-ta-tzu se pencha, recueillit une poignée de terre :

« Le voici, le Bouddha. »

Il le jeta.

« Le Bouddha, c'est toi. Être et non-être, le mien et le tien, esprit et arbre, intérieur et extérieur, tout cela est une seule et même chose, quand a disparu l'attachement ! Le moi est l'autre, l'autre est le moi. Ne pas les opposer, voilà l'idée maîtresse du Tao. »

Il se pencha encore ; parmi les aiguilles de pin, la terre et les cailloux, il trouva un tesson qu'il se mit à polir avec son bâton :

« Purifier ton esprit des désirs et des impressions extérieures ? Pourras-tu jamais nettoyer ce tesson pour en faire un miroir ? Il n'y a pas lieu de méditer. Le non-esprit, le non-conscient, le vide cosmique, on ne peut les atteindre. Inutile de se forcer. Le néant n'est pas une fin : il est l'origine. Il est avec toi dès ton réveil. Tu flottes sur lui ; et si tu t'abandonnes à lui, il te porte. Si tu te reposes sur le Tao, c'est lui qui fait tout. Il portera le poids des besoins et des souffrances du corps, et t'en délivrera. Il est l'origine. Et le retour est le mouvement du Tao.

— Je ne comprends pas.

— Un homme avait peur de son ombre, horreur de ses empreintes. Il les fuyait en courant. Mais, plus il levait les pieds, plus les empreintes étaient nombreuses. Il avait beau s'élancer, son ombre ne le quittait pas. Il courut de plus en plus vite, sans jamais se reposer. A bout de forces, il tomba mort. Il n'avait pas compris que, pour que l'ombre disparût, il fallait rester dans l'obscurité ; que, pour ne plus laisser d'empreintes, il fallait rester immobile. C'est pourquoi il ne faut rien demander ! Un éleveur nourrissait ses singes de quelques châtaignes. Il décréta : " Trois le matin, quatre le soir. " Les singes protestèrent. Il décréta : " Quatre le matin, trois le soir. " Les singes furent contents.

— Je ne comprends pas.

— Les singes non plus. Vivre sans but, être apaisé et ne pas savoir pourquoi, voilà le Tao. »

Pa-ta-tzu rit. Et comme Li Po faisait écho, Pa-ta-tzu posa sur lui des yeux curieux :

« Qui es-tu ? »

Li Po se présenta.

« Eh bien, par l'expression, tu ressembles au Petit Singe magique, au Fripon divin ! »

Sur quoi, s'adressant à Ni Shih, Pa-ta-tzu pointa son bâton vers Li Po qui riait encore.

« Un seul, pour moi, en vaut dix mille ! Un homme chanceux vaut tout un peuple. Prends-le pour exemple, lui qui ne pose pas de questions. »

Se tournant tout à coup pour regarder, derrière sa cabane, le bois épais, puis, par-dessus la cime nue de la montagne, la lune, il appela en hurlant :

« Li Po ! Li Pooo ! Li Pooooo !

— Me voici ! » s'écria le garçon.

Pa-ta-tzu se retourna, comme stupéfait :

« J'ai appelé Li Po ! Pourquoi me réponds-tu ? »

Ses yeux étincelaient de colère. Puis, à pas décidés, en frappant violemment le sol de son bâton, suivi de son chat, il entra dans sa cabane dont il ne ressortit plus.

Tous se pressèrent autour de Li Po et de Ni Shih, qu'on regardait comme d'heureux élus auxquels Pa-ta-tzu avait parlé tout de suite et longuement. Ils contemplaient surtout Po, avec une admiration dénuée d'envie : le saint ne l'avait pas seulement traité avec sympathie mais l'avait, semblait-il, donné en exemple, même si sa dernière réplique restait obscure. Un vieillard qui passait pour un initié l'interpréta comme un reproche : Po ne s'était pas encore libéré de la vanité et de l'illusion du moi, s'il répondait à l'appel de son nom. Sur cette interprétation, d'autres émirent des doutes : pourquoi donc, en criant « Li Po », le saint avait-il regardé la lune par-dessus le sommet de la montagne ?

Le biographe Hsia Mu insinue que Pa-ta-tzu avait peut-être pressenti le rapport secret de Li Po et de sa poésie avec la lune, ou peut-être même le rôle que joueraient l'eau et la lune dans les circonstances étranges de sa mort, beaucoup plus tard. Il ajoute que Li Po préféra une interprétation plus hasardeuse : Pa-ta-tzu, en l'appelant, ne se serait adressé qu'au poète, au chantre de la lune et des cimes, suggérant ainsi que Po sacrifiait son moi à l'impersonnalité de la poésie.

Comme la nuit était tombée mais que l'air déjà tiède, presque estival, incitait à rester dehors, un groupe se forma qui conduisit Li Po et Ni Shih dîner sous un portique de troncs rustiques.

Po observa qu'en ce lieu de retraite vivaient en fait des gens de toutes sortes, comme on en voit partout dans le monde ; les plus insouciants ou les plus joyeux avaient saisi le prétexte de cette arrivée pour faire la fête. Il était, comme toujours, au centre de l'attention, et Ni Shih trouvait que c'était justice ; au reste, habitué comme il l'était aux abstinences bouddhistes, le garçon fut bientôt ivre, bien avant les autres : il ne cessait de rire, englobant tout le monde dans une affection enthousiaste. On trinqua à la chance des nouveaux arrivés, on fuma de l'opium, on s'enivra. On fit griller en plein air un cochon de lait ; du vin chaud circula. Li Po fit honneur à tout.

Tandis qu'ils mangeaient ainsi à la lumière de lanternes rouges suspendues aux branches, sous une lune tout aussi écarlate, ils racontèrent à Po et à Ni Shih, qui écoutait avidement, les histoires qui couraient sur le maître. Quelqu'un rapporta que, huit jours auparavant, Nien-tzu, un autre taoïste illustre, était venu de loin pour le rencontrer.

A peine arrivé au village, accueilli par Fung-tzu, l'économe, et par d'autres anciens, il s'était écrié :

« Cessez de taper sur ce tambour !

— Il n'y a pas de tambour ici, avait observé l'économe perplexe. Comment pourrions-nous en jouer ?

— C'est toi le tambour ! » avait répondu Nien-tzu.

Il semblait irrité ou méprisant. Il alla frapper à la porte de la cabane où dormait Pa-ta-tzu.

« Qui est-ce ? cria Pa-ta-tzu de l'intérieur.

— Un lion », répondit l'autre en tombant à genoux.

Et, à la stupeur générale, il se mit à rugir.

Pa-ta-tzu sortit sur le seuil et sourit :

« Pourquoi rôdes-tu par ici, grosse bête ? »

Il monta sur le dos de Nien-tzu, qui feignait avec ses bras d'avancer tout en feulant doucement.

Ensuite, tous deux se relevèrent, s'assirent à l'indienne devant la cabane, à quelques pas l'un de l'autre, et se fixèrent du regard sans un mot. Puis ils commencèrent à s'amuser. Tandis que le premier poussait des cris d'animaux en agitant ses mains comme des pattes, le second le regardait en souriant ; puis le premier s'arrêtait, et c'était l'autre qui lançait des cris d'animaux. A la fin, ils furent pris d'un rire inextinguible ; ils se tenaient le ventre, de peur d'éclater. A force, ils tombèrent à la renverse, se relevèrent, retombèrent. Les uns après les autres, tous les spectateurs assis autour d'eux s'étaient mis à rire de plus en plus fort, jusqu'aux larmes, jusqu'à se tordre par terre, à se sentir mal. Un événement extraordinaire, avait-on commenté par la suite, une libération, une communion inouïes des corps et des esprits. En observant les deux sages assis là, beaucoup notèrent que Pa-ta-tzu et Nien-tzu, si différents, étaient semblables, presque identiques, si ce n'est que Nien-tzu était un peu plus grand, moins gros, et n'avait ni chat près de lui ni flûte à la ceinture. A cet instant-là, ils se ressemblaient comme des jumeaux — l'étaient-ils ? Étaient-ils nés de l'union céleste de deux animaux sacrés ?

« Maintenant que j'ai tenu tête, j'ai répondu à tes questions, nous nous sommes tout dit. »

Nien-tzu en se levant avait rompu l'enchantement.

« Je te dirai qu'en venant ici j'avais très peur. »

Il se tut. Pa-ta-tzu ne posa pas de questions. C'est encore Nien-tzu qui demanda :

« Qui t'a appris l'art de parler en silence ? »

Pa-ta-tzu ne répondit pas : fidèle à son art.

« J'ai eu peur, répéta Nien-tzu.

— Qu'est-ce qui t'a effrayé ? jugea opportun de demander l'économe.

— Pendant le voyage (Nien-tzu s'adressait toujours au saint), j'ai mangé dans dix auberges, et dans cinq d'entre elles j'ai été servi le premier. »

Comme Pa-ta-tzu continuait à se taire — il semblait même ne pas écouter —, l'économe interrogea à nouveau :

« Et alors ?

— On commence à me prêter de l'importance. »

Nien-tzu saisit son bâton, et, la tête basse, à pas rapides, s'éloigna sans saluer personne : non pour retourner d'où il venait, mais pour monter au sommet de la montagne, où il n'y avait d'ailleurs rien à voir. Il ne reparut plus.

Après avoir mangé et bu, l'assemblée cessa de parler de Pa-ta-tzu. On entonna des chansons taoïstes, comme celle dont voici le début :

J'entends une grive,
dit le sourd.
Et moi je la vois,

dit l'aveugle.
Nous l'attraperons,
dit l'estropié.
Je la tiens tout contre moi,
dit l'homme nu...

Suivit une joyeuse chanson contre les confucéens :

Chaque famille, quand naît un enfant,
veut qu'il soit intelligent.
Moi ça m'a gâté la vie d'être brillant.
Ce que je veux, c'est que l'enfant
se montre stupide, ignorant.
Ministre alors il finira
et dans le confort il vivra.

On raconta enfin à Li Po (Ni Shih ronflait, étendu par terre, un bras sur le visage) qu'au village vivait un jeune hermaphrodite, intelligent et gracieux, du nom de Chin-hua — Fleur d'or —, et vénéré de tous comme une créature céleste. Il était doux, aimant, harmonieux comme le Tao. Quoi de plus naturel ? Le Tao, c'est l'équilibre des contraires, conscience et instinct, yang et yin, masculin et féminin : or l'hermaphrodite en est la manifeste incarnation.

Li Po fut curieux de le voir : il s'était intéressé à l'alchimie : le cœur céleste dans le château jaune, le cœur adamantin, le mercure, le lapis-dragon, la licorne ou, justement, dans la salle pourpre, la fleur d'or.

A la lueur de la lune, ils le conduisirent jusqu'à une cabane située un peu en dehors du village, au milieu d'un grand pré, près d'une source entourée de pêchers en fleur. Certains de ces pêchers servaient de colonnes à un petit portique ; leurs fleurs débordaient du toit, au-dessus duquel s'étendaient les branches protectrices d'un haut noyer.

Tout au long de la route, ils n'avaient cessé de parler de l'hermaphrodite avec une affection respectueuse qui n'excluait pas allusions et ricanements : ils le disaient réservé, réceptif, chaste comme une femme. Désiré par tous, il les avait tous repoussés. Seuls trois d'entre eux l'avaient possédé, le temps d'une étreinte ; il s'était ensuite refusé : ces trois-là n'en suscitaient pas moins l'envie, destinés qu'ils étaient à une très longue vie. Mais le désir de répéter cette unique expérience les tourmentait sans cesse. L'un d'eux était présent : on le montra à Po qui le contempla avec curiosité ; il était pâle et sombre.

En amour, reprirent-ils, Fleur d'or était vraiment la femme la plus douce qui se puisse désirer : pourtant, il pouvait aussi être un homme ; la jeune veuve de l'un des plus vieux disciples du saint, tombée amoureuse de lui, était entrée un soir dans sa cabane, l'avait assailli, excité à force de baisers, violenté. Très tendre avec elle aussi, plus réceptif qu'actif, il l'avait cependant repoussée les soirs suivants avec une fermeté douce. La femme de l'économe, sage-femme experte, qui l'avait tâté à fond, affirmait qu'il était fait comme une vraie femme, avec utérus et ovaires. Il émettait même tous les mois un flux menstruel, qui le faisait tellement souffrir qu'il devait rester au lit pendant trois jours. Mais, lors de ses trois rapports, il n'avait pas été fécondé, et il n'avait pas non plus fécondé la veuve, malgré l'espoir qu'avaient nourri les quatre heureux élus : la naissance d'un enfant d'hermaphrodite n'était-elle pas considérée, dès les textes les plus anciens, comme un très grand honneur pour l'humanité ?

Dans la cabane — soignée, avec des nattes multicolores, de jolis vases à fleurs, des statuettes de terre cuite représentant les Immortels, que Chin-hua lui-même ébauchait, émaillait et cuisait —, ils ne trouvèrent personne. Ils attendirent en se versant à boire le vin d'une grosse gourde qu'ils avaient amenée avec eux ; tôt ou tard, Fleur d'or rentrerait ; il aimait errer seul dans les bois jusqu'à une heure avancée quand brillait la lune, peut-êre pour parler avec les animaux — en dépit de ses dénégations souriantes —, qui ne retrouvent qu'au cœur de la nuit une voix humaine ; ou pour attendre que, sous la voûte, sortissent de leurs tanières parfumées le Lièvre lunaire, le Tigre blanc, la Salamandre et le Phénix.

A l'heure du rat — minuit précis —, Fleur d'or entra de son pas souple, légèrement déhanché. Il tenait un splendide bouquet de fleurs des bois, une composition en rouge, bleu, vert et jaune. Sans se montrer le moins du monde surpris, il salua le groupe qui avait envahi sa cabane, et s'inclina devant Li Po et Ni Shih, qu'on lui présenta. Avec des gestes caressants, il disposa ses fleurs dans un vase octogonal. Puis il alla s'asseoir à l'indienne sur une natte aux mêmes couleurs harmonieuses, dans l'angle le plus obscur. Là, tandis que les autres continuaient à converser et à boire — lui, tout en écoutant en silence, avalait de temps en temps une gorgée de vin —, les yeux écarquillés dans l'ombre, il ne cessait de fixer Po, d'un regard apeuré, enfantin, tandis que ses lèvres esquissaient à peine l'un de ces sourires légers, immobiles, qu'ont les statues du Bouddha. Étrangement familier à Po, qui jetait vers lui des coups d'œil rapides.

Dès l'entrée de Chin-hua, ils avaient échangé un regard brûlant de surprise, comme s'ils se reconnaissaient. Ensuite, au moment des présentations, Po l'avait fixé d'un air décidé, mais Chin-hua avait gardé les yeux baissés. Ce pourquoi il plaisait à Po toujours davantage. Il ne devait pas avoir vingt ans ; il était de taille normale, et vêtu comme qui veut plaire et être apprécié : il portait des boucles d'oreilles en ivoire finement ajourées, qu'il avait lui-même ciselées, Po l'apprit plus tard ; ses cheveux étaient bouclés ; sa peau, dorée et ferme ; il était à la fois élancé et rond : il avait les épaules et les bras d'un adolescent, des hanches et de longues jambes de femme, des seins discrets. Il n'avait pas de poil masculin, à l'exception d'un duvet très léger sur sa lèvre retroussée, un trait que l'on trouve chez beaucoup de jolies femmes. Ses yeux surtout frappèrent Po : ils étaient singulièrement écartés l'un de l'autre dans ce visage ovale. Sa voix cristalline, mais traînante, un peu maniérée, à en juger par les rares mais justes paroles qu'il prononça — pour répondre à des questions ou à des remarques gentiment ironiques —, était d'un enfant plutôt que d'un adulte.

Tout le monde lui parlait comme à un homme ; Li Po, lui, dès le début, et toujours par la suite, pensait « elle » ; une « elle » qui lui était destinée sans l'ombre d'un doute. L'intérêt inquiet que lui témoignait Chin-hua ne pouvait lui échapper. Plusieurs autres s'en aperçurent ; quelqu'un dit :

« Réjouis-toi, Po, de la manière dont Chin-hua te dévisage. Avec de grands yeux de chienne fidèle. Au premier regard, il est tombé amoureux de toi !

— Voici pourquoi le saint, remarqua un autre, t'a appelé le Petit Singe, le Fripon divin ! »

Fleur d'or rougit, mais continua à regarder Li Po avec son sourire de statue. Et plus Po la regardait, plus il la déshabillait du regard, cessait d'écouter la conversation. Il n'avait qu'un désir : rester seul avec elle.

Quelqu'un se leva :

« Frères, partons. Ces deux-là ont une envie folle de rester seuls. »

Les derniers à sortir furent le pâle jeune homme, toujours taciturne, qui avait étreint une fois Chin-hua, et Ni Shih, qui continuait à observer l'androgyne avec stupeur.

Dès que le dernier visiteur eut passé le seuil, et bien qu'il eût l'impression qu'ils étaient tous restés dehors pour les épier à travers les planches disjointes de la cabane — assister aux amours d'un hermaphrodite portait bonheur —, Li Po s'approcha de Chin-hua, qui était resté assis dans son coin ; avec une hardiesse précipitée — jamais encore il n'avait eu de liaison semblable —, il se jeta sur elle pour l'embrasser, la caresser, la dévêtir, bien qu'elle tentât timidement de lui résister en silence, comme qui, pour se protéger d'un danger, esquisse mollement un geste de défense. Po devina qu'elle redoutait de montrer comment elle était faite.

« J'ai honte ! confirma enfin, comme un enfant, Chin-hua. J'ai peur !

— De quoi ?

— De ne pas te plaire. »

Elle essayait de garder le dernier vêtement et, quand Po l'eut arraché, elle se couvrit d'une main.

« Tu me plais ! balbutia Po éperdu. J'ai étudié l'alchimie pendant des années, je me suis affairé autour des creusets brûlants pour parvenir au bienheureux et jamais éloigné pays sans frontières, à la mer où fait reflet la lune, pour te voir renaître de tes cendres et te ranimer, ô Phénix ! Je t'ai enfin trouvé ! Ouvre-moi la Fleur d'or ! »

Bouleversé, vaincu, Chin-hua écarta sa main lisse ; Po caressait l'androgyne, l'examinait avec un respect dévot pour la bonté infinie de la providence et l'ingénieuse générosité de mère nature.

Il trouva tout fort gracieux, complet : surabondant même. Après cet examen minutieux, et mieux encore grâce aux familiarités qui suivirent, Po se rendit compte que Chin-hua avait à la fois pénis, vulve et vagin. Le pénis — Po l'appelait phallus, ou membre, ou verge, ou pine, ou petit oiseau — était plus petit que la normale, le prépuce et le filet n'étaient pas entiers, le gland n'était pas perforé. Mais il durcissait, se gonflait et s'allongeait comme il convient. Avec une grâce bruyante, Fleur d'or pissait comme une femme, par un des orifices de la vulve — Po l'appelait con, ou chatte, ou minet, ou petit rat —, normalement poilue ; et de là jaillissait, au moment de l'orgasme, en petite quantité, un liquide inodore qui ressemblait au sperme. Il avait également des testicules — qu'on les appelle bourses ou couilles —, durs mais très petits, qui pendaient séparés des deux côtés des grandes et petites lèvres, comme deux boucles d'oreilles. Le vagin, qui sécrétait une humeur normale, plutôt abondante, était un peu étroit et court, mais admirablement élastique ; Po le trouva doux, humide et de bonne prise dans ses contractions, ses sursauts, ses sanglots.

Ils firent l'amour pendant toute une nuit ; Chin-hua, le plus souvent réceptif et couché sur le dos comme une femme, montrait aussi parfois une agressivité timide et enfantine. L'hermaphrodite s'abandonnait sans retenue à son double plaisir. Il pleurait, riait, gémissait, gloussait, criait, gazouillait, jouait, jubilait, suçait, avalait. Li Po se montra prodigieux bien des fois : il se sentit sombrer, éperdu, noyé, anéanti comme dans le berceau et le ventre du cosmos : calme unité du Tao, mer du tout et du rien, vie et mort, nirvāna, rose candide, source éternelle, anfractuosité verte, pré humide qui, labouré avec vigueur, s'épanouissait dans l'explosion multiple des orgiastiques fleurs de pêcher.

« Po, je veux un enfant de toi ! Je ne l'ai jamais désiré de personne. C'est toi qui dois faire enfler mon ventre. Engrosse-moi, amour ! Ainsi naîtra le fils de l'homme et du Ciel. Du Tao. La Licorne par qui sera sauvé le monde !

— Je fais ce que je peux, foutue petite sotte ! répondit en riant Li Po, essoufflé. Que le Ciel me prête secours ! »

Durant des jours et des nuits, son plaisir ne connut pas de cesse. Pourvu qu'elle se sentît désirée et tendrement agressée, Fleur d'or se montrait suave, soumise, impatiente de servir : plus humble et plus désarmée que n'importe quelle femme, même Ma Teh, ou que n'importe quel saint ; plus oublieuse d'elle-même qu'aucune créature que Po ait rencontrée : dauphin, chienne, méduse intelligente et douée de parole ; à la fois éponge, bête et divinité, avec son éternel sourire de Bouddha.

« Tu es complète, aussi es-tu douce et paisible comme le Tao, comme l'Urobore primordial, comme la Tortue mère dont la carapace supporte le monde », murmurait Po en la léchant.

Chin-hua le servait en tout : avec une habileté diabolique,

il préparait sans cesse de nouveaux plats, merveilleusement assaisonnés de drogues aphrodisiaques. Lui-même n'en mangeait pas, nourri qu'il était — en tant qu'être sacré — par la communauté : de miel doux de fleurs d'oranger et de miel amer d'arbousier. Ce qu'on lui donnait leur suffisait d'ailleurs à tous deux, si bien qu'ils ne participaient pratiquement pas aux travaux du village. On les apercevait quelquefois enlacés comme des serpents dans les buissons autour des champs, vautrés sur la terre nourricière, tels des nouveau-nés ou des primitifs. Po mangeait et buvait beaucoup, au point de perdre souvent conscience.

Chin-hua parlait peu, mais Po n'avait jamais rencontré personne qui sût aussi bien écouter, comprendre et s'identifier. Dans son désir d'apprendre — comme les animaux ou les dieux, il n'avait pas conscience de son savoir — pour se montrer digne de l'amour de son ami, il posait des questions pleines de justesse qui dévoilaient à Po des horizons imprévus. Ce dernier hasardait alors des réponses intuitives qui l'enrichissaient à son tour.

Chin-hua le prenait pour un génie : une réincarnation de l'un des Huit Immortels, peut-être l'Immortel de la Littérature, qui était aussi le Génie de la Grande Ourse, ou Dragon lunaire, venu provisoirement en exil sur la terre. Quelques décennies plus tard, pendant les dernières années de Li Po et après sa mort, advenue sous le double signe de l'eau et de la lune, pareille idée fut combattue et tournée en dérision par les confucéens ; mais son disciple Hsia Mu la reprenait déjà dans le titre de sa biographie.

Durant des mois, Li Po ne pensa plus à rien, ne rêva même plus : il ne faisait que boire, manger, dormir : parfois pendant quinze heures d'affilée. A peine réveillé, il faisait l'amour avec Chin-hua dans la cabane, ou dans un buisson sous les pêchers de la source, ou lové au soleil au hasard des bois et des monts ; en été, ils ne rentraient même pas au village la nuit, ils dormaient à l'abri d'un ailante ou d'un catalpa, se protégeaient de l'humidité en s'agitant interminablement dans tous les sens sous leur couverture.

Le consciencieux Ni Shih, pour sa part, s'instruisait : les problèmes de l'homme et de l'univers continuaient de le tourmenter comme autant de punaises, si bien qu'il avait encore maigri ; il ne cessait de rôder autour de Pa-ta-tzu, qui ne répondait pas et ne semblait plus le remarquer. Une fois seulement, il lui demanda des nouvelles de Li Po :

« Je ne vois plus le Fripon. Ne fait-il rien d'autre, ce Singe de l'Encre, que de baiser la vierge sacrée en long et en large, par-devant et par-derrière ? »

Sur son éternelle tablette, Ni Shih notait les rares paroles que Pa-ta-tzu adressait à un disciple ou à la foule, et c'est grâce à son étonnante et scrupuleuse mémoire que nous sont parvenus les deux grands prêches que fit le maître pendant ces mois-là. Après les avoir montrés à Po, qui ne les avait même pas entendus, Ni Shih les transposa dans un style plus élégant et les publia quelques années plus tard à Hang-chou.

Ce fut d'abord le fameux *Prêche du rêve et de l'ombre.* Assis près de sa cabane, devant un coucher de soleil écarlate, son chat allongé, les yeux clos, à côté de lui, Pa-ta-tzu parlait solennellement sans s'adresser à personne en particulier dans la foule toujours plus nombreuse, les yeux tournés vers l'intérieur, plongé dans la contemplation du vide. Il rappela pour commencer le célèbre conte de Chuang-tzu :

« Un jour, j'ai rêvé que j'étais un papillon heureux, qui voletait de fleur en fleur à sa guise. Je ne savais pas que j'étais Chuang-tzu. Tout d'un coup, je me suis réveillé et j'étais Chuang-tzu. A présent, je ne sais plus : suis-je le Chuang-tzu qui s'est rêvé papillon, ou le papillon qui en ce moment même rêve qu'il est Chuang-tzu ?

« Tant que tu rêves, tu l'ignores, enchaîna Pa-ta-tzu, poursuivant le discours pour son compte. Ce n'est qu'après ton sommeil que tu sais que tu as rêvé. Les imbéciles croient être réveillés et savoir ce qu'ils sont, princes ou bergers. Là-dessus, le grand réveil viendra, mais tu ne sauras toujours pas que c'est encore le grand rêve. Je te dis que tu rêves ? Prends garde que c'est là un rêve.

« L'Ombre invisible de l'Ombre demanda à l'Ombre : “ Il y a quelques instants, tu te tenais la tête haute, maintenant tu la tiens baissée ; tu avais les cheveux noués, maintenant ils sont dénoués ; tu marchais, tu es immobile ; tu étais debout, tu es à présent assise. Pourquoi ? — Je suis âgée, répondit l'Ombre. Je change comme changent la cigale ou le serpent, sans savoir pourquoi. Avec le soleil et le feu j'épaissis, avec l'obscurité je rétrécis. Cela dépend-il d'eux ? ou d'une cause supérieure dont eux dépendent ? S'ils surviennent, j'adviens avec eux ; ils s'en vont, aussitôt je m'efface. Ils sont contraints de vivre, et moi avec eux. A quoi bon chercher l'origine de la contrainte ? Nous vivons sans raison et pourtant nous vivons ! ”

« L'être tire la vie du non-être. Le vide donne son sens au plein. C'est dans le vide que réside la valeur du vase. Du non-être des portes et des fenêtres que la maison tire sa vie. Les ouvertures inondent de lumière la chambre vide. La bonne chaussure est celle qui fait oublier le pied, la bonne ceinture celle qui fait oublier les hanches, un cœur juste demeure juste sans en être conscient. C'est pourquoi il convient d'être comme si on n'était pas. De vagabonder, étendu, inerte, dans les landes illimitées de la futilité ; d'errer dans le jardin de l'insouciance ; de monter sur l'oiseau de la légèreté pour aller à l'aventure dans la vacuité ; de parcourir les pièces de l'interminable palais du non-être. L'Illuminé demanda à l'Inexistant : “ Maître, existes-tu ou n'existes-tu pas ? ” N'obtenant pas de réponse, il l'examina attentivement : le trouva creux. Il le scruta toute la journée : et ne vit rien. Il l'écouta : et ne l'entendit pas. Il le saisit : mais il ne le prit pas. “ Tu es trop grand ! s'exclama l'Illuminé. Comment te rejoindre ? ” Le fait est que de l’inexistant naissent les dix mille créatures.

« Qu’y avait-il avant le monde ? Comment était-ce, quand ciel et terre n’existaient pas ? Pourquoi le ciel ne s’écroule-t-il pas, pourquoi la terre ne sombre-t-elle pas ? Advenir sans fin : voilà l’origine que nous entrevoyons ; revenir sans cesse : voilà la fin, sur laquelle nous nous interrogeons. Le passé était le futur : le futur sera le passé. Si tu pénètres au cœur du Tao, si tu en assumes les vues, il n’existe ni passé ni futur. Aujourd’hui, je vais à Hang-chou, j’y arrive hier. Il n’existe ni grand ni petit. Le duvet automnal des arbres dépasse la plus haute montagne. Ciel et terre sont un grain de mil, mais la pointe de l’un de tes poils, une colline. Qui est mort au berceau a vécu plus longtemps que l’ancêtre Keng. Il n’y a ni commencement ni fin. La mort n’éteint pas la vie. Le sage vit comme si chaque créature était sans fin. Avoir peur de la mort, c’est faire comme le petit enfant qui ne veut pas aller dormir le soir ; ou comme qui s’est perdu et ne sait pas rentrer chez lui. Mourir, c’est percer l’abcès de la vie : le pus disparaît. Accepte imperturbablement la vie et sa mort ! Il n’y a rien de terrible dans la vie quand on sait qu’il n’y a rien de terrible dans la mort. On meurt un peu chaque jour. C’est une amie qui t’accompagne comme l’épouse la plus fidèle. Elle n’est pas seulement devant toi, elle est déjà derrière : chaque heure qui passe ajoute au trousseau de la mort. Et qui se sait condamné à la voir venir à pas lents n’a pas peur de l’obscurité de sa cellule.

« Imite le ciel et la terre ! Change avec les saisons. Elles, elles ne font pas d’efforts pour se succéder : cela se produit tout seul, dans l’harmonie du cosmos. Un pêcheur demanda à Lao-tzu : “ Pourquoi viens-tu chaque matin au lever du soleil jusqu’à cet étang, pourquoi y restes-tu sans rien faire et t’en vas-tu ensuite ? — J’essaie d’apprendre les mots de la chanson que les grenouilles chantent pour célébrer le Tao. ” »

Le second prêche transcrit par Ni Shih, on l'appelle *Prêche de l'eau,* parce qu'il commençait ainsi :

« Le sage est comme l'eau. Rien au monde de plus ductile, et pourtant elle use le dur et le fort. La puissance du Tao, c'est sa faiblesse. Qui domine les autres ne fait qu'usage de la force ; qui se domine lui-même est fort. Le fleuve tend vers le bas : c'est pourquoi il gouverne la vallée. Le sage se tient tout en bas et fait monter le bien. Il ne fait rien pour les hommes, mais les hommes l'aiment, parce qu'il se tient dans l'eau calme, et non dans un courant : en s'y mirant, on se reconnaît. Vide est le sage, et vaste comme la vallée.

« Le sage est la part féminine du monde. Par la douceur, le calme, la soumission, le féminin peut vaincre le mâle. Celui qui, tout en possédant la force du mâle, devient femelle, celui-là trace le lit du monde. Le Tao est l'équilibre des contraires, sans quoi ils se renverseraient l'un dans l'autre. A soixante ans, Chu Po-yu était si savant que, dès qu'il avançait une affirmation, il posait la négation tout de suite. Des nuées humides jaillit la foudre qui peut mettre le feu à des arbres gigantesques. Forêts et montagnes ravivent l'esprit de l'homme, pour la raison précise qu'ils ne sont point choses spirituelles. Dans une discussion, c'est celui qui a le dessous qui en apprend le plus.

« Le sage prête attention au ventre et non aux yeux. Car la chair crie : ne pas avoir faim, ne pas avoir soif, ne pas avoir froid. Mais, si tu ne souffres pas de cela, tu sentiras ton corps déborder de la joie des Immortels. Le sage se contente de peu. Rien ne peut satisfaire ceux qui ne se contentent pas du nécessaire. Tzsu-chi avait huit enfants. Il appela le devin Chui-fang et lui dit : “ Observe-les ! Lequel aura le plus de chance ? — Ce sera Kun, répondit Chui-fang. — Pourquoi ? demanda Tzu-chi, ravi. — Il mangera à la table d'un empereur pendant toute sa vie. ” Épouvanté, Tzu-chi se mit à pleurer très fort : “ Que fera mon fils de si humiliant pour en arriver là ? Lui lécher les hémorroïdes ? ” Le sage porte des vêtements simples et cache dans son cœur le jade. Il se connaît mais ne se montre pas, il se soigne mais ne se vante pas. S'illuminer dans le Tao est entrer dans les ténèbres. Ne pas avoir de moi. Le sage n'agit pas, aussi ne se trompe-t-il pas ; il n'a rien, aussi ne perd-il rien. Son faire est non-faire : il n'y a rien alors qui ne se fasse. Le coq de combat le plus redouté de ses adversaires est celui qui reste immobile. Le sage est un écheveau sans fin. Silencieux comme l'abîme, il crie en silence, il danse immobile.

« Il semble hébété, abruti, insensé, on ne peut discuter avec lui. Pour pêcher, Chao-tzu acheta une cinquantaine de bœufs qu'il utilisa tout entiers comme appâts. Il jeta sa ligne dans la Mer Orientale. Tout le monde se moquait de lui. Il essaya chaque jour : rien. Un an après, il attrapa une baleine si grosse qu'on n'en revit jamais de pareille : toute la ville se nourrit de sa chair pendant une année entière. Le sage avance sans qu'on sache où il va. Il s'arrête sans qu'on sache pourquoi. Il s'en va docile et revient libre. Il ne considère rien comme sa propriété. Nulle originalité à cela : des millions de domestiques et de pauvres en font autant. N'accumule pas et tu auras plus qu'il ne t'en faut — tu as beau user le Tao, tu ne l'entames point.

« Calculs et rites ne conviennent pas à qui sait être spontané. La régularité du ciel, voilà la spontanéité. Le filet du ciel a de larges mailles, mais rien ne lui échappe. Si tu fais du monde une cage, où voleront les moineaux ? Regarde les chevaux sauvages. S'ils sont de bonne humeur, ils se frottent mutuellement l'encolure ; s'ils sont de mauvaise humeur, ils se tournent le dos et broutent tranquillement chacun de son côté. Mais, si on leur impose le joug, ils apprennent bientôt à donner des coups de tête pour le repousser, à regarder de travers, à ruer, à prendre le mors aux dents. Le Tao nourrit les créatures mais ne les soumet pas ; il ne les tient pas pour siennes. Il les laisse croître. On ne devrait confier l'empire qu'à un homme qui n'y attacherait aucune importance. Qui s'agite corrompt tout ; qui veut réformer déforme. Un petit État et peu de sujets ; personne n'y utiliserait ni char ni barque ; chacun y vieillirait sans avoir la curiosité de visiter le village qu'il aperçoit tout près à travers saules et mûriers. Po Chi suivait l'enseignement de Lao-tzu : " Je demande la permission d'aller voir le monde. — Alors, reste tranquille, suggéra Lao-tzu. Le monde est ici même. " Tu erres à la recherche d'un bien qu'on peut partout trouver.

« Quand il n'y a pas assez de richesse, les brigands apparaissent. Qui donc faut-il accuser ? La richesse. Le petit voleur est arrêté, le grand voleur est nommé magistrat. Celui qui vole une agrafe est puni, celui qui vole un royaume est roi. Quand le Tao fut perdu, la vertu apparut et l'homme mangea l'homme. Mais le retour est le mouvement du Tao. Depuis que j'ai vaincu la colère, je la garde dans ma poche. Si j'en ai besoin, je la sors. Ma colère est amour. Je plains les hommes qui se perdent... Je plains aussi ceux qui les plaignent. Et celui qui plaint ceux qui les plaignent. Ai-je dit que je les plains ? Je les plaignais, plutôt, car désormais je suis indifférent. Le Tao est la mère de tous les hommes. Et de toutes les choses. Le sage se tient près de la mère, et traite tous les êtres comme des enfants. Et lui-même regarde le monde avec les yeux d'un enfant amusé. »

Lentement — tandis que le chat ouvrait les yeux —, il s'était dressé par la seule force de ses jambes croisées et de son dos, sans se servir de ses bras. Il avait soulevé son bâton et criait, d'une voix de plus en plus forte :

« Tous les hommes savent vivre, moi seul suis embarrassé ! Tous les hommes sont gracieux, moi seul suis ridicule ! Tous les hommes ont l'esprit vif, moi seul suis confus ! Tous ont une vision claire, moi seul suis myope ! Tous sont affairés, moi seul suis fainéant ! Tous sont habiles, moi seul ne sais rien faire ! A tous, il reste quelque chose, moi seul j'ai tout perdu ! Tous sont différents, moi seul je suis toujours égal ! Tous sont éclairés, moi seul suis obscur ! Je répands une lueur aussi faible que celle de la lune à son coucher ! Je suis comme une barque qui s'abandonne à la mer ! Comme le vent qui ne rencontre nul obstacle ! Je suis un nouveau-né ! Un nourrisson qui ne sait pas encore sourire ! Je reste accroché au sein, et la Mère me nourrit ! »

Ce prêche fit grande impression : on en parla longtemps dans le village et aux environs. Quelques jours plus tard, certains aperçurent Pa-ta-tzu, qui, après s'être lavé la tête dans le torrent, dormait contre un pin au bord de la clairière, sa flûte dans la main : la bouche ouverte, il était si immobile qu'il semblait mort ; on ne le voyait plus respirer ; à ses côtés, le gros chat gris le regardait avec fierté. Tous l'entourèrent, inquiets. Li Po et Fleur d'or étaient là, eux aussi. Tout à coup, Pa-ta-tzu écarquilla les yeux, regarda autour de lui et sourit. Il examina sa flûte, la frotta à sa manche, l'approcha de sa bouche. Tous attendaient avec anxiété qu'il en joue. Mais quelques minutes passèrent, et il la reposa en riant :

« Ce soir, je vais vous raconter une petite histoire. »

On s'assit en demi-cercle ; quelqu'un alluma un feu au milieu de la clairière, des flammes s'élevèrent en crépitant, bientôt ravivées par les rameaux secs.

« Chuang-tzu et Hui-tzu, commença le saint, se promenaient au bord du fleuve Hao. " Comme ils doivent être heureux de nager, ces petits poissons ! dit Chuang-tzu. — Tu n'es pas un poisson, objecta Hui-tzu : que connais-tu de leur bonheur ? — Tu n'es pas à ma place, répliqua Chuang-tzu : comment peux-tu savoir que je ne le connais pas ? — Si je ne peux le connaître parce que je ne suis pas toi, tu ne peux pas plus le connaître parce que tu n'es pas un poisson. — Si tu doutes que je le connaisse, c'est bien que je pourrais le connaître. Le fait est que le bonheur des poissons m'a été révélé voici un instant : c'est celui avec lequel je me promène sur le bord de ce fleuve. " »

Au milieu du silence général, on entendit rire quelqu'un : Pa-ta-tzu reconnut Li Po.

« Tiens, le Fripon est là, ce soir ! »

Il le salua de la main.

« Je peux, moi aussi, te raconter une petite histoire, proposa Li Po. " Mon fils, tu vois double, dit un père à son fils. — Non, répondit le fils : si je voyais double, au lieu de voir deux lunes dans le ciel, j'en verrais quatre. " »

Il y eut beaucoup de rires, mais le visage de Pa-ta-tzu resta impassible.

« Eh bien ! lança-t-il. En passant entouré de ses disciples dans un bois de montagne, Chuang-tzu remarqua un bûcheron arrêté devant un énorme ailante, qu'il examinait. Il l'abandonna bientôt pour se tourner vers un arbre plus petit. " Pourquoi ? lui demanda Chuang-tzu. — Il a un tronc si noueux et tordu qu'on ne peut s'en servir, répondit le bûcheron. — Vous voyez, commenta Chuang-tzu : c'est grâce à un défaut que cet arbre a la vie plus longue que les autres. " Sortis du bois, ils arrivèrent chez un ami qui donna l'ordre de tuer une oie en l'honneur de Chuang-tzu. " Laquelle ? demanda le serviteur. Celle qui pond ou celle qui ne pond pas ? — Celle qui ne pond pas, naturellement, répondit le maître de maison. — Maître, fit alors remarquer un disciple malicieux à Chuang-tzu, l'ailante sur la montagne est parvenu à durer grâce à ses défauts ; mais ce sont ses défauts qui valent à l'oie d'être tuée. Qu'en dis-tu ? — Rien : c'est ainsi, répondit Chuang-tzu en riant. " »

Po répliqua aussitôt :

« Un homme qui avait perdu sa hache soupçonnait son voisin. Il observa son expression : pas de doute, c'était bien lui qui l'avait volée ! Il écouta ses propos : oui, il l'avait sûrement volée ! Il étudia sa façon de se mouvoir : il l'avait volée ! Or ce soir-là, il retrouva sa hache dans un coin de sa maison. En observant le lendemain son voisin, il en conclut que rien, dans son comportement, ne laissait supposer qu'il ait volé la hache.

— Bah, fit le saint. " Pourquoi la cigogne crie-t-elle ? demanda un érudit à Lieh-tzu. — Par la volonté du Ciel. — Pourquoi les pins restent-ils toujours verts ? — Par la volonté du Ciel. — Pourquoi les arbres qui se dressent au bord des routes ont-ils des troncs noueux ? — Par la volonté du Ciel. — Est-ce là tout le savoir taoïste ? ironisa l'érudit. Tu ne sais pas que la cigogne crie parce qu'elle a un long cou ? Que le pin est toujours vert parce qu'il a un tronc robuste ? Que si les arbres qui bordent les routes ont des troncs noueux, c'est à force d'être heurtés par les chars ? — La grenouille aussi crie, observa Lieh-tzu, et pourtant son cou est court. Le bambou est toujours vert, et pourtant il a un tronc fragile. Ton nez est tout enflé, et pourtant tu n'as pas été heurté par un char. " »

Et Li Po de rétorquer :

« Un homme avait été complètement trempé par une averse. Il enleva son habit, qui était noir, et rentra chez lui avec un habit blanc qu'on lui avait prêté. Son chien aboya contre lui. Il voulut le battre, quand un vieillard lui dit : " Si ton chien partait noir et revenait blanc, tu serais plus surpris que lui. "

— Tiens, proposa Pa-ta-tzu : un chrétien, qui se croyait charitable, se plaisait à délivrer les tourterelles en cage. Il payait grassement tous ceux qui lui en apportaient. Alors les gens se mirent en quatre pour en capturer. " Si tu étais moins charitable, dit un taoïste, il y aurait moins de tourterelles pour souffrir. "

— Pour échapper à un tigre, coupa Li Po, un bûcheron s'agrippa à une liane au bord d'un ravin et resta suspendu dans le vide. En regardant vers le bas, il vit un autre tigre qui l'attendait. En regardant en l'air, il s'aperçut qu'un rat achevait de ronger la liane à laquelle il s'accrochait. Mais, près de sa tête, il remarqua une fraise sauvage, bien mûre. Se tenant d'une main à la liane, il cueillit la fraise de l'autre. Et la mangea : elle était délicieuse.

— D'accord ! fit Pa-ta-tzu. Un homme, qui avait perdu un mouton, envoya une foule de gens à sa recherche. “ Tant de monde pour un seul mouton ? observa un voisin. — Il y a beaucoup de carrefours sur la route, répondit l'homme. ” »

L'auditoire était perplexe. Li Po alors enchaîna :

« Un propriétaire, qui recevait la visite d'un vieil ami, voulut lui montrer son domaine. Il était particulièrement fier de ses étables. L'ami remarqua deux vaches vraiment magnifiques. “ La blanche, confirma le propriétaire, a eu le premier prix à la foire de Nankin. — Et la noire ? — Elle a eu la même distinction. Mais la blanche produit une telle quantité de lait que le vacher le plus robuste doit faire un gros effort pour la traire. — Et la noire ? — Elle en donne autant : tantôt un peu moins, tantôt un peu plus. Mais la blanche, à chaque vêlage, met bas deux veaux, toujours sains. — Et la noire ? — Elle aussi, toujours deux superbes veaux. Par ailleurs, la blanche me procure un abondant fumier d'une qualité exceptionnelle. — Et la noire ? — C'est pareil. Avec ça, quand la blanche est attelée, elle tire le char ou la charrue avec une incroyable énergie : elle ne se fatigue jamais. — Et la noire ? — Elle a la même force. Je les attelle ensemble. — Excuse-moi, observa l'ami, tu me vantes les mérites de la blanche, mais lorsque je te questionne sur l'autre, il apparaît qu'elle ne lui est en rien inférieure. Qu'est-ce qui te fait parler comme ça ?

— Parce que la blanche est à moi ! — Et la noire ? (Le propriétaire fit une grimace) — ... la noire également. ”

— Eh ! » fit Pa-ta-tzu, qui cette fois ne put se retenir de rire comme les autres.

Habituellement peu loquace, Li Po pouvait être à l'occasion un conteur extraordinaire.

« C'est vrai, on ne commande pas à l'amour ! s'exclama la veuve qui s'était jadis accouplée avec Fleur d'or. Les préférences ne s'expliquent pas.

— Maintenant, assez de petites histoires, conclut Pa-ta-tzu. »

Et il fixa Li Po du regard.

« Celui-là est poète, murmura de sa voix mélodieuse Chin-hua, en montrant Po. Il m'a offert un poème sur le Tao.

— Dis-le-nous, si du moins il est court », concéda Pa-ta-tzu.

Ce fut Li Po qui récita :

> Au passé, point ne repense :
> en surgiraient regret, douleur.
> Vers le futur, pas plus ne penche,
> la crainte emplirait ton cœur.
> Le jour, reste assis, telle une besace.
> Et dors la nuit comme une masse.
> Quand le repas survient, ouvre la bouche,
> et quand vient le sommeil, cède à ta couche.

« Eh bien, fit Pa-ta-tzu, on pourrait en tirer une rengaine à apprendre par cœur, comme les prières des bouddhistes.

— L'autre jour, j'en ai écrit un bien plus beau, enchaîna Li Po, que j'ai intitulé : *En m'éveillant après l'ivresse, par un beau soir d'été.*

> La vie n'est plus qu'un long rêver :
> pourquoi par le travail la gâter ?
> Je restai donc soûl tout le jour
> couché au porche de la cour.
> J'ouvris les yeux sur le préau :
> chantait dans les fleurs un oiseau.
> Je m'enquis : le jour est-il beau ?

Au zéphir s'adressait l'oiseau.
Ému par son chant, je soupire,
et prends mon verre pour l'emplir.
Comme fou, j'ai chanté à la lune.
Après quoi, sensation aucune.

— Une merveille ! s'exclama Chin-hua. Tu es un Immortel ! »

Pa-ta-tzu ne semblait pas convaincu.

« Pourquoi préfères-tu celui-ci ? demanda-t-il à Po.

— J'y vois plus d'invention, d'images, d'expérience : l'homme ivre, le dialogue avec l'oiseau, la lune, le vin et la folie : dans ma vie, j'en composerai, je pense, très peu qui le valent.

— Tu as donc l'habitude d'écrire des vers ? »

Pa-ta-tzu sembla surpris.

« Alors, pourquoi vis-tu ici ?

— Je partirai dans quelques jours.

— Tu me quittes ? Oh non ! »

Chin-hua avait entouré de ses bras la taille de Li Po, tandis que son visage assombri s'abandonnait sur la poitrine de son ami, et glissait peu à peu sur les cuisses.

Po lui caressa lentement les cheveux, tout en écoutant Pa-ta-tzu répéter :

« Images, inventions, finesses. Oui, mais les belles paroles ne sont pas vraies ; et les vraies ne sont pas beauté. »

Sur le ton absorbé et sentencieux qu'il prenait pour enseigner, il continua :

« Qui est sincère n'embellit rien. Qui embellit n'est pas sincère. Le Tao qui brille n'est pas le Tao. La gloire est humiliation. Celui qui humilie les hommes par son talent ne parviendra point à les conquérir. Le sage est insipide comme l'eau : la fadeur du sage désaltère, la douceur de la beauté écœure. Je crache sur le beau et sur la vanité des hommes qui l'admirent.

« Ne prends pas garde aux apparences. La concubine impériale Li était, au dire de tous, la plus belle femme du monde ; mais, quand elle approchait, les oiseaux s'envolaient et les poissons se cachaient au fond de l'étang. La beauté n'existe que dans le regard des autres. Chuang-tzu fut l'hôte d'un aubergiste qui avait deux concubines : il méprisait la plus belle et chérissait la plus laide. Il lui en demanda la raison. " La belle se croit belle, répondit l'aubergiste. Aussi ne l'est-elle pas. La laide se croit laide, aussi ne l'est-elle pas. "

« Un homme enfila un jour son bonnet pour aller au marché ; là, il s'approcha de l'étalage d'un bijoutier, s'empara de son or et essaya de s'enfuir. La foule l'en empêcha et les gardes l'arrêtèrent : " Comment as-tu pu voler au milieu de tous ces gens ? — Je n'ai vu personne, balbutia-t-il. Je ne voyais que l'or. " C'est ainsi que tu agis. Tu n'as d'yeux que pour l'or de la poésie, et tu perdras ta vie. Un artisan voulut creuser dans un morceau de jade une feuille de mûrier. Il mit trois ans à l'achever. Mais on ne la distinguait pas des autres feuilles. Chuang-tzu dit : " Si le ciel et la terre qui donnent vie aux dix mille êtres mettaient trois ans pour finir une feuille, trop d'arbres resteraient dénudés. " C'est la fourrure qui pousse le chasseur vers le léopard. La poésie, Fripon, te tiendra lieu de fourrure.

« Jeune homme, moi aussi j'ai étudié la poésie, la calligraphie, la science des confucéens. J'étais devenu si habile à composer des vers, mes maîtres me couvraient de tant d'éloges que j'ai pensé : " Si je n'arrête pas tout de suite, je deviendrai un poète comme un autre, et n'atteindrai pas au tout-rien. " Et je n'ai plus tracé sur le papier un seul signe. Le sage ne laisse pas d'empreintes. La raison d'être de la nasse, c'est le poisson : quand le poisson est pris, tu reposes la nasse. La raison d'être du collet, c'est le lièvre ; le lièvre pris, tu reposes le collet. La raison d'être des mots, c'est l'idée : l'idée saisie, repose les mots.

« Et moi, Pa-ta-tzu, à qui m'adresserais-je ? En faisant tournoyer sa hache, l'artisan Chi enleva une tache de boue sur le nez de Chuang-tzu qui resta immobile sans sourciller. Bien des années après la mort de Chuang-tzu, le prince des Sung appela l'artisan Chi : " Refais-le en ma présence ! — Je n'y arriverai pas. Il me manque le matériau. — Tu n'as plus ta hache ? — J'ai encore la hache et le talent. Mais il me manque l'impassibilité de Chuang-tzu. " Ainsi moi, à qui adresserais-je mes paroles ? Qui sera capable de les rejeter ?

« Je ne fais pas attention aux mots. Ils expriment un besoin, ils ne l'expliquent pas. Celui qui parle ne sait pas. Celui qui sait ne parle pas. Atteindre le Tao est facile, le difficile est de n'en pas parler. Ceux qui parlent pour trouver un accord ne s'accordent point. On peut parler des choses en général, on ne peut parler de ce qu'elles ont de subtil. Une poutre peut ouvrir une brèche, mais ne peut pas boucher un trou : elle n'est pas assez fine. Si tu décris les cent parties qui composent le corps d'un cheval, tu n'as pas le cheval : si tu as le cheval, tu ne perds pas de temps à décrire les cent parties qui le composent. Ce n'est pas son braiment qui fait la valeur d'un âne. Ce n'est pas le langage qui fait la valeur d'un homme.

« Un jour, j'ai compris le mot du charron Pien. Pendant que Confucius lisait à l'étage, le charron, au rez-de-chaussée, construisait une roue. Il posa son marteau, son ciseau, et monta : " Puis-je te demander ce que tu lis, maître ? " Confucius répondit : " Les paroles des sages. — Ces sages sont-ils vivants ? — Ils sont morts. — Alors, ce que tu lis, conclut le charron, ce ne sont que les restes et la merde de ces Anciens. Vois : je suis charron depuis soixante ans. Mais, pour apprendre cet art à mon fils, les mots sont loin de me suffire, je dois lui montrer l'exemple. Toi, tu lis des paroles ! Mais ce ne sont que des empreintes : peux-tu les utiliser comme sandales ? " Je compris aussi l'anecdote de la visite de Confucius à Lao-tzu. Les confucéens se gardent bien de la raconter. Confucius, comme à l'accoutumée, s'était mis à étaler son savoir devant Lao-tzu, à lui expliquer les livres canoniques, les histoires... " Fais-moi un résumé, le pria Lao-tzu. Pas plus de six mots, s'il te plaît. — Justice, charité, aimer chacun sans égoïsme, résuma Confucius. — Oh ! Que de choses ! observa Lao-tzu. Aimer tout le monde ? N'est-ce pas trop vague ? Sans égoïsme ? C'est déjà égoïste. " Confucius s'en alla, en hâte, la tête basse, dans un bruit de vêtement froissé, en se frottant la poitrine ; ses longues manches se balançaient, il fronçait les sourcils, il ne parvenait plus à décoller la langue de son palais. Il ne cessa d'y repenser. Les années passèrent. A la fin de sa vie, il retourna auprès de Lao-tzu. " J'ai compris, dit-il. Le coq chante, le chien aboie, l'oiseau vole, le poisson est dans l'eau. Inutile d'amarrer la barque hors de l'eau. J'ai compris ! " Lao-tzu lui sourit avec affection : " Tu y es. " Qui étudie entasse ; qui suit le Tao retranche.

« A preuve : Chu étudia comment on abattait les dragons : en dix ans, il acquit une technique parfaite. Mais il ne rencontra jamais de dragon. Le grand Poefage ne sert pas à chasser les rats. Le hibou attrape les mouches la nuit, mais quand le soleil apparaît, il ne voit pas une montagne. Devant le vol du Dragon bleu, dont les ailes sont comme des nuages suspendus dans le ciel, une caille piailla : " Où va-t-il ? Où va-t-il ? Ne sait-il pas qu'on ne peut voler plus que d'une plante à une autre ? " La Grenouille du puits dit à la Tortue de la Mer Orientale : " Quelle chance ! Je saute sur la margelle du puits, je replonge, je prends le frais au creux d'une brique cassée. Dans l'eau, j'allonge mes pattes et je soulève le menton ; dans la vase, j'enfonce mes pieds et je fais des glissades. Les têtards et les crabes sont loin de m'égaler. Je suis la reine des profondeurs, la dame du puits. Viens goûter ce plaisir suprême ! " La tortue de la Mer Orientale avança une patte vers le puits, mais trébucha aussitôt. En se retirant, elle décrivit un cercle : alors apparut la mer, aux étendues sans fin, aux profondeurs insondables. Incrédule, la grenouille la jugea folle et prit peur. Il est vain de parler de la mer à la grenouille du puits, du gel aux insectes d'été, ils comprendront autre chose. Il est vain de parler du Tao à l'érudit. Autant charger une montagne sur le dos d'un petit poisson. C'est comme si un mille-pattes suivait le Fleuve Jaune.

« Chasse les habiles et les savants, cherche la compagnie des ignorants et des incapables. Ne sois pas arrogant avec les imbéciles. Ne te distingue pas, ne recherche pas l'originalité. Le cygne est blanc sans se laver, le plumage noir du corbeau se passe de l'encre. Le sage ne se vante pas de sa différence. Celui qui se dresse sur la pointe des pieds ne se tient pas droit. Ce n'est pas en montant sur une montagne que tu grandiras. Sois banal, ordinaire ; sois rustre, sois doux. Si on te traite de bœuf, ne crains pas de te sentir bœuf ! On demanda à Chuang-tzu : " Où est le Tao ? — Dans les fourmis. — Dans les fourmis ? — Dans ce brin d'herbe. — Dans ce brin d'herbe ? — Dans un tesson. — Dans un tesson ? — Dans la merde ! " hurla-t-il à la fin. »

Et Pa-ta-tzu termina son discours en clamant à son tour : « Dans la merde ! »

Il se leva avec son agilité et sa vigueur habituelles et disparut dans sa cabane, suivi de son chat. Li Po s'attira quelques regards teintés d'une ombre de commisération ; cette fois-ci, le maître l'avait davantage malmené que loué. Li Po, lui, pensa que Pa-ta-tzu ne s'était pas adressé à lui en particulier, mais plutôt à tous. Toutefois, il se sentit mal à l'aise, ce n'était d'ailleurs pas la première fois qu'il éprouvait ce sentiment dans ce milieu. Alors que Ni Shih avait l'intention de rester, il avait, lui, décidé depuis un mois de rentrer à Hang-chou, de se mêler de nouveau aux hommes, de partager la banalité quotidienne, selon l'enseignement même du Tao. Pa-ta-tzu avait subi à contrecœur la dévotion de ce village qui l'avait pris pour modèle. « Arrivés sur l'autre rive, revenez vivre sur celle-ci. »

Il serait déjà parti, si Chin-hua n'avait montré vouloir le suivre. Po ne voulait pas l'emmener avec lui. Alors, il différait son départ ; et, en attendant, passait son temps à faire l'amour avec elle. Elle pleurait des heures entières, et Po la provoquait affectueusement, jusqu'à ce que l'émotion la fît passer des larmes au rire, puis, après le plaisir, à des larmes timides entre ses bras.

Un matin, Li Po partit seul à Hang-chou. Un mois après, il reçut une lettre tendre écrite par Ni Shih sous la dictée de Chin hua qui lui annonçait qu'elle était enceinte et le priait de bien vouloir la laisser venir à la ville où elle s'habillerait en femme, sans que personne se doutât de rien. Elle ne supportait plus le culte dont elle était l'objet, elle voulait se sentir totalement femme : concubine et mère — comme le Tao et le sage. Se cacher de tous sauf de Po, dont elle était depuis le début la femme, l'esclave, la terre : c'était une idée que Fleur d'or caressait depuis longtemps. Mais Li Po lui répondit, bien qu'avec affection, qu'il ne voulait pas la revoir.

Sa liaison avec Fleur d'or l'avait oppressé par sa violence même ; il l'avait subie comme l'insatiable attraction exercée par une puissance aveugle, comme une perte de soi dans une sorte de nirvāna ou de Tao naturel. Il était épouvanté par cet enfant inattendu, soit qu'il n'en désirât pas — il ne voulait laisser au monde que ses poèmes —, soit parce que l'enfant d'un hermaphrodite était tenu plus encore que sa mère pour sacré : selon une croyance très répandue, et suivant les prophéties de la secte de la Triade, un tel enfant est non seulement promis à l'immortalité, mais destiné à devenir un sauveur d'abord de l'empire, puis de toute la terre : il apporte la Grande Paix, la Paix céleste. Seulement, cette paix utopique que tant d'hommes attendaient, Li Po, lui, l'associait irrésistiblement à la mort.

En outre, il doutait d'avoir joué un rôle dans la conception. On savait que, dans l'Antiquité, des hermaphrodites avaient conçu des enfants en restant vierges, sans le concours d'aucun homme, avec le seul secours du Ciel qui revêtait pour l'occasion quelque forme d'oiseau ou d'animal. Ils vomissaient leur enfant par la bouche, ou le rejetaient par une oreille, par le nez, dans un éternuement, par le nombril, par le cul, par une hanche, ou par une côte. Po soupçonnait Chin-hua de s'être fécondée elle-même pendant son absence, dans un délire de fantasmes : sorte de monstrueux inceste entre mère et père, dont naîtrait non un être humain mais quelque licorne ou quelque dragon. Peut-être se servait-elle de cet enfant pour contraindre Po à la reprendre avec lui : abandonnée par son amant, même la femme la plus douce et la plus honnête révèle d'inépuisables réserves de duplicité et de rancune.

Po écrivait au consciencieux Ni Shih pour lui demander de s'occuper de Chin-hua, de la faire avorter, s'il le pouvait, par des techniques taoïstes sûres. Ni Shih lui répondit que, l'aurait-il voulu, il en aurait été empêché non seulement par elle, mais par la communauté tout entière qui attendait cet enfant comme le Sauveur, l'Envoyé du Ciel et de la Terre, bien que le saint Pa-ta-tzu ne se fût pas prononcé et eût éclaté de rire quand on l'eut questionné sur ce point. Ni Shih assurait du reste qu'il veillait sur la parturiente ; Chin-hua avait ajouté à la lettre quelques mots tendres : elle pressentait qu'elle ne survivrait pas à l'accouchement.

Sept mois après, Po reçut de Ni Shih une autre lettre. Fleur d'or était morte, déchirée, exsangue. Sa conformation trop complexe n'avait pu survivre à l'énorme enfant dont elle avait accouché : un parfait petit mâle, né à minuit précis, qu'elle avait voulu appeler Tao-po : il ressemblait déjà à son père, et paraissait plein de vie. Il était même très vigoureux : allongé nu dans son berceau, de sa petite main grassouillette, il avait écrasé un lézard qui grimpait sur sa poitrine, mais il avait ri tout d'abord en se sentant chatouillé. Inexplicablement, il n'avait vécu ensuite qu'un seul jour : pour être plus précis, la durée totale d'une seule révolution du soleil.

Malgré la peine que lui causa la mort de Chin-hua, Li Po s'aperçut les jours suivants qu'il se sentait soulagé d'un poids. Il avait l'impression d'avoir vécu pendant de longs jours dans la crainte vague de se retrouver emprisonné — et, en tant qu'individu, détruit — par les anneaux du prodige, de l'arcane, du sacré : terribles comme les boucles monstrueuses de l'Octuple Serpent éternel ou celles de l'Urobore primordial qui dévore sa propre queue et la régénère sans cesse.

Après la mort de ces deux êtres, vécue comme une délivrance, le souvenir émerveillé du Village du Mont Lointain et de la vie menée avec Fleur d'or dans la cabane près de la source inspira à Li Po une fable en vers — qu'il nota quelques années plus tard. Ce récit, qui devint célèbre, on l'appelle tantôt *La Source des pêchers en fleur*, tantôt *Le Village perdu*.

Remontant lentement le fleuve, qui, par les bois
touffus, devenu torrent, se resserre,
un pêcheur, épuisé, perdue au loin la foi,
cacha là sa barque en lisière
et s'en fut chercher haut la source longtemps.
Rose troupeau de pêchers en fleur
s'y mirait. Pétales au sol ; lui, les foulant,
se rafraîchit. Mais étrange blancheur
dans le nuage rose vint. Surpris.
Unicorne ? Dragon ? Trébuchant, le pêcheur
parmi les chardons le suivit.
Le perdit. Et, quand se relança le guetteur
pour descendre en vue du bateau,
ni fleurs ni murmure d'eau : disparus.

Nuit dans les branches d'un ginko.
Aux oiseaux réveillé, se remit en quête du ru.
Courut le jour entier : égaré.
Dans une grotte étroite, haut sur la crête,
entre roches rouges à pic, amassées,
course de la nuit, inquiète.
Venue du fond, à l'aube, une lueur guidait
vers quoi tenta l'aventure ;
branches mêlées et pruniers le griffaient,
comme en chaque voie de nature...
Or une plaine par-delà verdoyait, de roux
monts, champs et jardins fleuris,
mûriers, vers à soie, saules épars, bambous,
cris de coqs et de chiens ; abris
à voile de roseaux : dont en peuple accoururent
hommes, vieillards, femmes, enfants,
et plus encore que lui effarée leur allure.
En un dialecte obscur disant,
pareil aux textes anciens qu'on récite à l'école.
Questionnement anxieux.
Il était affamé : vins et boissons à la fiole
le réjouirent. Et, chez un vieux,
Qui leur histoire longtemps conta, l'emmenèrent.
Là, depuis des siècles, en paix,
vivaient sans mandarins, sans roi, sans guerres,
sans l'empire qui les oubliait.
Ni armes ni soldats, prisons ou jugements,
depuis l'ancien temps de carnages
et ruines de l'empire de Ch'in : en haillons, paysans,
terrés près de leur village,
découvert le mont creux, en file s'étaient venus cacher
là parmi les collines bleues.
Incrédules, ouïrent le pêcheur conter
qu'après les Ch'in et encontre eux
quatre coulées de siècles les Han avaient régné,
suivis d'autres coulées encore,
guerres, famines, révoltes : tumultueux passé.
Dans le village aux gais débords

on l'accueillit, s'assembla, lui fit fête ;
à la fin on lui proposa
de rester. Mais des siens, l'image pressait en sa tête :
Femme, enfants aimés, là-bas.
Après dix jours joyeux, se voulut éloigner.
Lourd de provisions, s'en alla
vers le monde, par-delà le mont recreusé ;
mais avant de se lever jura
qu'à ceux du loin il cacherait toujours
l'être et lieu des joies enchantées.
Le pêcheur retrouva, dans la peine des jours,
la source entre fleurs de pêcher.
Sa barque descend le fleuve : le voici de retour.
A sa femme, qui déjà pleurait,
il ne sut cacher son secret :
en l'implorant de le taire toujours.
Elle le conta à sa sœur la plus chère...
Et, de voix en voix, arriva
au chef des gardes de par-là.
A son tour le préfet de la cité mère,
qui prévint le gouverneur, dont bientôt un message
prévint Ch'ang-an où l'empereur
tint discours de cette teneur :
« Quelque part en notre royaume, faut-il tolérer
« un lieu sans magistrats, sans justice,
« sans confucéens, sans police,
« sans corps de garnison, et sans taxes à payer ?
« C'est désordre pour tous, et mal insupportable ! »
Le maître des rites, un vieil
confucéen déclama : « Le ciel
« l'a voulu, leur bonheur est donc acceptable. »
En vain. On décida l'action, requit le pêcheur,
il se tut, on l'emprisonna,
on le tortura, il parla.
Un préfet, des soldats, une troupe de voleurs
grimpèrent vers la source, en renfort.
Un an était passé depuis lors :
telle brillait, et pruniers en fleur.

Las ! Unicorne, rouges roches, passe, village
en vain cherchés mois après mois ;
mis à feu montagnes et bois,
le préfet décida que tout était songe ou mirage.
La rage au cœur, il rapporta
à l'Empereur sacré ce constat.
Et l'on n'a plus jamais rien su
du village au rêve perdu.

2

Le jardin

Enfant, Li Po avait été frappé par un détail qu'il avait lu dans un livre et qu'il n'oublia jamais : le grand Chang Heng, pour pouvoir subvenir à ses besoins et se consacrer en paix à des recherches de géométrie, avait mené pendant des années la vie solitaire d'un gardien de porcs dans une campagne perdue.

Fatigué de son métier errant de peintre d'enseignes, désireux d'approfondir enfin les possibilités de la vraie peinture qui l'attirait autant que la poésie, Li Po décida de trouver lui aussi un emploi solitaire, fût-ce celui de gardien de porcs. Mais il préférait maintenant à la campagne les recoins secrets de la grande ville. Or, en se promenant au bord du lac ou sur la colline des Dix Mille Pins, il avait aperçu, derrière leurs portails, des villas aux vastes jardins ceints de murs ; les plus grandes semblaient désertes une bonne partie de l'année : seuls des gardiens ou des domestiques les habitaient. Il chercha là une place de jardinier — ne s'était-il pas occupé depuis son enfance de fleurs ? Ainsi, il pourrait tout à la fois assurer sa subsistance, se consacrer à la peinture et à la poésie dans le calme ; loin des bruits et de la foule, il vivrait, au cœur même de la ville, retiré.

Le gardien en chef du palais impérial essaya de l'aider à obtenir une place dans son parc ou d'autres jardins publics. Po avait conquis son estime en lui parlant de botanique poétique et en lui citant des vers célèbres évoquant les plantes et les fleurs. Mais il se révéla impossible d'accéder à l'un de ces postes sans disposer de puissants appuis dans l'entourage du nouveau gouverneur, qui était hostile aux lettrés dépourvus de diplômes. Le gardien en chef lui fit rencontrer les gardes des villas privées du voisinage, à qui Po vanta, toujours en vers, son amour de la nature. Quelques mois passèrent : une occasion se présenta : une place de jardinier dans une villa de la colline des Dix Mille Pins.

Il y avait là un magnifique parc ombragé ; et, en cette fin d'été, le seul à venir quelquefois dans la villa était le prince Pu, un petit homme trapu, d'apparence soignée et austère, avare de paroles. Les Pu étaient une très vieille famille de la maison impériale de Ch'ou ; encore riche, elle n'exerçait plus de pouvoir depuis des siècles, les nobles se trouvant relégués dans le ghetto doré où les avaient enfermés les confucéens.

Au gentilhomme qui l'interrogeait timidement, Po ne révéla point qu'il était poète : personne n'aurait pris au sérieux un jeune homme qui croyait pouvoir mener de front des activités aussi différentes que celles de poète et de jardinier. Comme il parlait peu, Li Po fit bonne impression sur ce seigneur laconique, qui le supposa expert en jardinage et appela aussitôt son intendant ; celui-ci fixa un salaire qui suffisait à Po : on lui promit d'ailleurs qu'après une période d'essai de quelques mois, sa paie serait relevée.

Le concierge de la villa — c'était lui qui avait convaincu le prince de choisir Po — était un homme efflanqué, sentencieux, à la longue barbe clairsemée ; il avait toujours à la bouche une pipe tordue, dans le fourneau de laquelle il fourrageait continuellement avec un cure-dents. C'était un collectionneur de papillons et de coquillages et un lecteur assidu des opuscules que distribuait sous le manteau la Cité des saules, la société secrète et millénariste de la Triade.

L'homme, qui était à la fois un anarchiste convaincu et un travailleur consciencieux, se plut bientôt à converser avec

Po : il admirait en lui le lettré taoïste, anticonfucéen, initié à l'alchimie. Sa femme, une grosse dame triste, était une excellente cuisinière, qui s'inquiétait toujours avec un soin maternel de ses convives. Le couple vivait au sous-sol de la villa, avec une fille unique aux seins superbes, mais au visage sans éclat — du moins est-ce l'impression qu'elle fit à Po, qui la voyait toujours perdue dans ses rêveries.

Po fut logé au fond du jardin, dans un pavillon de bois à un seul étage coupé de grandes fenêtres, qui avait été autrefois une oisellerie. Construit loin du portail d'entrée, dans un coin de l'enceinte, il se cachait à l'ombre des arbres, sous une dentelle de feuillages. Des plantes grimpantes couleur de rouille retombaient de son toit vert-bleu. Po, dans cette espèce de paradis, n'entendait aucun bruit de la ville : ce n'étaient que sifflements d'oiseaux, bruissements de feuilles, bourdonnements d'insectes, murmures de ruisseaux.

Il apporta là ses quelques livres, ses cahiers, de nombreuses esquisses et les rares peintures qu'il avait terminées : il se trouva aussitôt installé. Il prenait ses repas à la villa : il descendait manger au sous-sol, avec la famille du concierge, dans une vaste cuisine fraîche mais sombre. La femme du concierge lui lavait son linge et venait de temps en temps faire le ménage de son pavillon. Si bien que Po se sentait libéré de tout souci quotidien. Dans cette solitude protégée, il lui semblait goûter une modalité du bonheur taoïste. Le travail dans le jardin ne lui déplaisait pas : les soins qu'il prodiguait aux plantes, aux fleurs n'étaient pas sans s'accorder avec sa recherche poétique et picturale. Le matin, il se levait très tôt ; à midi, son travail était fini. Le reste de la journée était consacré à l'étude et à l'art.

Il descendait le moins possible en ville. Si, dans une aussi vaste enceinte, il y avait assez d'espace pour les arbres gigantesques qui y poussaient, il devait bien y en avoir aussi pour un homme qui voulait se consacrer à sa tâche. Il ne se sentait plus concerné par le mouvement de Hang-chou, là-bas, aux pieds de la colline, ni par l'agitation des fonctionnaires et des marchands, ni par la concurrence des poètes ou des peintres ; au milieu d'eux, il n'aurait pu être qu'un plagiaire ou un esclave, victime en tout cas de la compétition.

Certes, Po devait aussi travailler. Mais ce travail, au contact de l'herbe, de la terre, de l'eau et du ciel, était salubre. Et puis il en ressortirait peut-être en artiste reconnu et comblé. Peu importait, au reste, que cela arrivât demain ou plus tard, après sa mort ou jamais, s'il pouvait jouir du présent, sans se donner trop de mal, en se promenant dans les prés tachés d'ombre et de lumière ; tantôt le chant d'un oiseau l'éveillait ; tantôt, c'était le silence interrompu par la ténacité d'un grillon qui l'invitait au sommeil. Un cadre où inventer et mettre à l'essai des formes.

Certains jours, il se sentait prêt à accueillir la mort sans trop de regrets. Après la disparition de Ma Teh et son retour du Mont Lointain avant de venir s'enfermer dans ce jardin, il avait connu à Hang-chou des amours de passage, rencontré des amis. Mais il n'avait parlé à personne, sauf à Meng Kuo, de sa nouvelle vie. Les amis, lui arrivait-il de penser, étaient prétexte à perdre son temps, à parader, à satisfaire une vanité dont il se sentait désormais libéré. D'ailleurs, un ami n'en valait-il point un autre ? Ne pouvait-on s'en faire partout ? Ici même, il pouvait échanger quelques propos aimables : pas avec le prince, timide et parfumé, ni avec l'intendant, un rustre malin, qui venait quelquefois surveiller son travail, mais avec les jardiniers ou les artisans payés à la journée, et surtout avec le vieux concierge et sa femme, curieux de tout, qui le poussaient à discourir tour à tour de poésie, de taoïsme, d'alchimie ou d'astronomie. Le concierge, de son côté, le tenait au courant de ce qui se passait dans la ville et dans l'empire, non sans y ajouter des commentaires de sa façon, gentiment sectaires.

Po n'allait même plus au théâtre ou au concert. Il jouait

distraitement aux cartes, aux échecs, aux dames, au domino, au trictrac, aux boules, avec le concierge, avec Meng Kuo, qui lui rendait parfois visite, avec les gardiens des villas voisines qui, urbanisés depuis peu, avaient appris jadis ces jeux pendant les journées d'hiver, passées au coin de l'âtre ou du poêle, dans quelque auberge de village. La seule compagnie qui lui manquât réellement, la nuit du moins, c'était celle d'une femme : avec qui il aurait pu échanger de tendres paroles et faire les gestes de l'amour.

Un jour qu'il était sorti se promener, il rencontra par hasard Miao, qu'il avait presque totalement oubliée : désormais indifférent mais encore attiré par elle, il allait de temps en temps la trouver et lui faisait l'amour avec agressivité, en silence ; maintenant qu'il ne l'aimait plus, elle l'accueillait avec une admiration empressée.

Ses compagnes les plus fidèles étaient la poésie et la peinture. Pendant ces années-là s'était répandue jusqu'à Hang-chou la réputation des nouveaux maîtres de Ch'ang-an : Wu Tao-tzu, le moine solitaire qui ornait de ses fresques les pagodes bouddhistes de la capitale ; l'érudit Wang Wei, poète de l'harmonie, calligraphe, musicien et médecin personnel du Fils du Ciel. Déjà célèbre pour sa dignité, sa réserve et sa modestie, il avait démissionné encore jeune de toutes ses charges, pour se retirer dans son village natal qu'entouraient les collines du fleuve Wang, y méditer sur le bouddhisme, écrire de la poésie ou peindre. On fredonnait même à Hang-chou — et Po l'aimait beaucoup — une chanson, *Adieu,* qu'il avait écrite pour son ami Pei Ti, lequel, au matin de son départ, l'avait accompagné hors de Ch'ang-an, jusqu'au premier relais de poste.

Descendant de cheval, il m'offrit du vin :
« Ami très cher, dis-nous quand tu reviens. »
Et moi, le cœur serré : « Éloigné pour toujours,

« à la paix des collines je serai de retour.
« Ne me demande rien. Déjà je diminue,
« Veux rester seul avec les blanches nues. »

C'est là-bas, au-dessus du fleuve, que Wang Wei avait inventé le paysage à l'encre monochrome.

Après avoir beaucoup insisté auprès d'un célèbre collectionneur de Hang-chou, Lin Tsao, Meng Kuo avait obtenu l'autorisation d'examiner en compagnie de Li Po ses précieuses collections de peintures antiques et modernes, ses classiques de la calligraphie, ses bronzes rituels, ses sceaux, ses sculptures, ses céramiques. Surnommé le vieux Fou d'antiquités, Lin Tsao était un tout petit homme de plus de quatre-vingt-dix ans, à la démarche encore sûre, svelte et droit, très lucide : un solitaire bizarre et irascible. Il avait été lui-même artiste dans sa jeunesse, sans nourrir cependant aucune ambition, tant il était dévoué à la tradition : copiste acharné et génial, plutôt que peintre ou calligraphe original.

Il avait hérité de son grand-père cette riche collection et amassé lui-même, au cours de sa longue existence, toutes sortes d'objets, lors de nombreux voyages à travers la Chine, n'hésitant pas à y sacrifier maints repas, vendant parfois l'habit qu'il avait sur lui pour acheter une belle pièce : plus tard, il est vrai, il avait gagné beaucoup d'argent en revendant des objets auxquels il tenait moins : ce n'était pas pour vivre à l'aise, mais pour acquérir des pièces encore plus précieuses. Ainsi, dans son palais des bords du lac Occidental, protégé par ses murailles, gardé par une foule de serviteurs et une meute de chiens — il y avait là aussi quantité de chats, des pandas, des ours, des canaris —, il avait amassé par milliers des trésors qu'il ne montrait qu'à un nombre restreint d'amis.

Il portait lui-même des habits et des couvre-chefs vieux de cinq cents ans, reliques venues de la dynastie des Han, qu'il soignait religieusement. Et comme il surveillait constamment les gardiens, il ne sortait pas de chez lui. C'était d'elles-mêmes, maintenant, il aimait à le répéter, que convergeaient vers lui les pièces les plus belles ; particuliers ou antiquaires de Hang-chou et d'ailleurs venaient lui offrir leurs trouvailles ou lui demander une évaluation. Assis dans l'une des salles de sa demeure, une tasse de thé à la main, tantôt suspendant au mur un rouleau vertical, tantôt déroulant lentement sur sa table un rouleau horizontal, il pouvait vagabonder comme un Immortel dans les espaces infinis et dans les profondeurs du temps, se promener dans des forêts impénétrables, courir les fleuves et les mers, escalader les plus hautes montagnes, s'élever jusqu'au ciel parmi dragons et nuages ; quand il s'agissait des portraits peints ou sculptés de personnages historiques, il lui était loisible de tenir compagnie à de très belles dames et de converser en silence avec l'Empereur Jaune, Confucius, ou Chuang-tzu ; il contemplait même l'insaisissable dans toute une série de figures certes immobiles, mais plus vivantes que toute vie : l'Oiseau rouge, le Tigre blanc, la Tortue noire, le Dragon bleu, le Grand Poephage, le Cheval marin, le Cerf céleste, le Lièvre lunaire, le Phénix, la Licorne, l'Ouroboros, la Tortue mère, l'Octuple Serpent, le Serpent à cent têtes, le Serpent sans tête, le Solipède sans corne, la Langue-Longue cornue, le Glouton, le Mangeur d'ombres, le Basilic, le Griffon, la Chimère, la Salamandre, la Mandragore, l'Arbre parlant, le Monstre des forêts, le Fantôme des marais, le Démon du Tonnerre, le Démon squelette, le Démon Chauve-Souris, le Fripon divin, le Singe de l'Encre, le Saint de la Littérature et les sept autres Immortels du Tao.

Ses enfants, ses femmes et ses concubines ne riaient plus depuis longtemps de cette manie qui le poussait jour et nuit à dérouler ces peintures qu'il sortait des armoires, tiroirs et coffres de bois parfumés, pour les y ranger à nouveau presque aussitôt. S'il fallait toujours, selon lui, mettre les peintures à l'abri, ce n'était pas seulement à cause des altérations que pouvait leur faire subir la lumière, mais surtout pour éviter qu'on ne s'y habitue et qu'on cesse de les voir en les ayant sous les yeux. Certains jours, quand la température et l'humidité le permettaient, il convenait de les sortir et de les accrocher aux murs pendant quelques heures : le contact des mains de l'amateur contribuait à les maintenir en bon état, les préservait des mites et autres insectes. S'il mettait parfois une demi-heure à enrouler une pièce avec une infinie précaution, c'était pour empêcher qu'il ne se formât sur la soie ou sur le papier quelque pli ou coupure.

Quand il achetait une nouvelle peinture, pendant un temps il se consacrait à elle seule : assis, immobile, il passait des jours entiers à la contempler avec bonheur, à en étudier les secrets, à la restaurer avec un art subtil. Après avoir broyé sur la pierre un petit bâton d'encre et dosé l'eau qui la diluerait, il préparait une soie avec un mélange de poudre blanche et d'eau chaude, suçait et léchait longuement ses pinceaux ; et, pour se pénétrer de l'esprit de l'œuvre, il la copiait devant sa fenêtre. Ce n'était pas seulement une reproduction conduite avec un soin extrême — chose maintenant facile pour lui —, mais aussi une création. Apprenant ainsi des secrets toujours nouveaux, il disait qu'il finirait peut-être, à l'âge de cent ans — après avoir « dévoré et digéré les Anciens » —, par obtenir la copie absolue, celle qui suppose reconstruite la genèse et reparcouru le processus d'élaboration de l'original : peut-être pas une copie à l'identique, mais en tout cas indiscernable aux yeux des autres comme aux siens. C'est ce qui lui faisait signer ses copies « Lin Tsao de Hang-chou », y ajouter quelques écrits et y apposer son sceau : de crainte que les experts de l'avenir ne se trompent dans leurs attributions et leurs dates.

Meng Kuo suggérait à Po que c'était l'attachement aux objets, la joie de les découvrir, l'impatience de les posséder qui maintenaient Lin Tsao agrippé à la vie. Et l'on pouvait se demander si son corps même, au lieu de pourrir, n'était pas destiné à se dessécher, conservé comme sous une cloche de verre.

Après avoir montré une méfiance bourrue, Lin Tsao prit Li Po en sympathie, et lui permit d'étudier aussi bien des paysages traditionnels qu'un cahier dans le style nouveau que Wang Wei lui avait récemment envoyé en cadeau avec une affectueuse dédicace en vers ; ou encore des esquisses d'inspiration bouddhiste — le plus souvent imprimées sur de simples feuilles de prière —, œuvres de ce même Wu Tao-tzu dont Po allait souvent revoir, dans la pagode, sur le lac, la Mort du Bouddha qui avait tant ému Ma Teh. Le collectionneur lui offrit même quelques-unes des copies qu'il avait faites des chefs-d'œuvre de Wu Tao-tzu, de Wang Wei et autres modernes — Yen Li Pen, Han Kan, Chou Fang —, qu'il avait rencontrés lors de son dernier voyage à Ch'ang-an. Rentré dans son pavillon, Po les étudiait sans se lasser, à la recherche d'indices qui l'éclaireraient sur les différentes techniques et les divers styles de trait.

La peinture traditionnelle continuait à prévaloir dans toute la Chine et régnait encore à l'académie impériale de Ch'ang-an, la Forêt des pinceaux : chevaux qui faisaient la célébrité de Han Kan ; dames à la cour et dans les jardins où passait toute la délicatesse de Chou Fang ; paysages « bleu et vert » de l'école de Li Szu-hsün, reprise désormais par son fils, le général Li Chao-tao. C'était là, pensait Po, une peinture descriptive et décorative, qui visait à une ressemblance exacte, avec un trait précis mais impersonnel — facile à reproduire —, qui cernait le contour des choses, puis le remplissait par des clairs-obscurs, des ombres et des couleurs réalistes. Po pressentait qu'en suivant cette voie la peinture risquait d'arriver à un point mort, et l'imitation de la nature de devenir lassante comme une copie.

En revanche, les œuvres des derniers maîtres de Ch'ang-an lui laissaient entrevoir des possibilités jusque-là insoupçonnées. Au lieu de ces traits à l'encre qui indiquaient les plis des vêtements et les contours des silhouettes, lignes subtiles mais uniformes, identiques chez tous les peintres, il saisissait chez Wu Tao-tzu, à partir de quelques ébauches et de la grande fresque du Bouddha mourant — sans parler des grands cycles des temples de Ch'ang-an qu'on disait bouleversants —, un trait à la fois varié et fort singulier. Rapide et pourtant précis, parfois brusque et parfois alangui, ici fin et là épais, en apparence spontané et volubile jusque dans ses ruptures — jusque dans le modelé d'un drapé —, ce trait cherchait à expliciter le mouvement même du pinceau.

On retrouvait ainsi, au jugement de Po, la calligraphie. Depuis des siècles, le caractère d'un lettré, sa nature profonde se reflétaient non seulement dans le contenu de ses écrits, mais dans le tracé de ses idéogrammes, dont le graphisme, longuement maîtrisé avant de devenir spontané, comportait d'imprévisibles variantes dans les rapports entre les signes, les espacements, les fractures, les torsions, les épaisseurs, les voilures d'encre. Depuis les styles antiques, de bronze ou sacré, jusqu'aux formes coulées, bouclées ou cursives, et jusqu'aux écritures les plus libres, en fil d'araignée ou sans os.

Et voici que Wu Tao-tzu montrait qu'avec le pinceau et l'encre du lettré-calligraphe le peintre pouvait représenter les formes de la nature comme si c'étaient autant d'idéogrammes : ne se contentant plus de la précision extérieure, mais s'exprimant lui-même en des œuvres où la couleur avait moins de place que le trait varié à l'infini dans la touche et le rythme. Davantage : il s'agissait d'exprimer ce mouvement formatif et ce rythme de la nature qui engendre et gouverne à la fois les choses et l'esprit, dont ainsi on pouvait retrouver l'unité harmonieuse.

Il est trop facile de peindre des fantômes, avait déjà dit, mille ans plus tôt, le philosophe Han Fei-tzu : comme nul ne les a jamais vus, tout peintre peut donner libre cours à sa fantaisie ; il est plus difficile d'insuffler la vie à un chien ou à un cheval, à un rocher ou à une fleur, dont il faut rendre, par-delà la copie morte et figée, le sens vital. Traduire le rapport naturel entre l'esprit et les choses, en trouvant un juste milieu entre ces deux vains extrêmes : l'imitation habile et l'arbitraire des trouvailles d'un seul.

Po souligna ce que Chang Yen-yuan avait écrit dans l'*Histoire des peintures célèbres :* « Celui qui n'est pas naturel s'efforce de devenir virtuose : celui qui n'est pas virtuose essaie d'être exquis; celui qui ne sait pas être exquis tente d'être raffiné et finit par paraître sophistiqué. »

Bref, Po voulait atteindre en peinture ce naturel qu'à l'instar de ses maîtres, T'ao Ch'ien et Po chü-i, il avait toujours recherché dans ses vers : exprimer de la manière la plus commune et la plus directe le fait le plus complexe et le plus subtil, l'unité qui relie l'esprit et les choses.

Or voici que, à côté du graphisme si personnel de Wu Tao-tzu, il s'intéressait au paysage monochrome de Wang Wei, dans le nouveau style po-mo : encre brisée et taches. Cette technique permettait, entre autres choses, de rendre les effets de neige ou de brume par le blanc même de la feuille ; de suggérer, par le même moyen, l'air, le ciel, les fleuves ; et par l'encre, les terres, les arbres, les montagnes. Par de petits points, des traits répétés ou isolés, par des taches plus ou moins denses, en jouant de toutes les nuances qui séparent le noir du blanc, un peintre pouvait à la fois donner libre cours à sa nature profonde et reproduire les rides et les plis du monde : sa chair, ses tendons, ses os.

Lorsqu'il pensait à l'infinie variété des touches tour à tour douces ou rugueuses de Wu Tao-tzu, des nuances harmonieuses ou contrastées de Wang Wei, Li Po comprenait pourquoi la peinture de paysage, comme d'ailleurs la poésie, était née : il s'agissait de donner expression au Tao, à l'unité de l'émotion et de la connaissance dont fournissait si bien une image le petit homme immergé dans l'immensité du paysage. Et comme la figure la plus harmonieuse peut abriter les plus intenses conflits, ce qui s'exprimait ainsi était la paix contrastée du cosmos, l'accord de l'ordre et du désordre, l'union des contraires : dureté et faiblesse, vide et plein, ciel et terre, lumière et ombre, été et hiver, montagne et vallée, roche et eau, fleur et fruit ; enfin, l'identité même de la mort et de la vie, dans la succession continue des renaissances, comme celle du mil et de sa semence pourrissante. C'est ce que déjà le mythe antique du Seigneur des moissons ressuscité chantait :

Si le grain ne meurt, il demeure gris.
S'il pourrit, il fleurit et donne des fruits.

Po connaissait des textes anciens qui racontaient qu'en des temps reculés des tribus paysannes, installées dans les vallées et collines bordant le Fleuve Jaune — là où avait battu le cœur naissant de la Chine —, pratiquaient des rites propitiatoires de fécondité et d'initiation au mariage qui comportaient des orgies alimentaires et sexuelles : des groupes de jeunes gens des villages suivaient des groupes de jeunes filles ; tels des canards mandarins, ils s'immergeaient tous dans le fleuve, afin que les couples soient fécondés par les esprits des Ancêtres, qui remontaient des sources Jaunes par voie d'eau. Ces fêtes religieuses — qui avaient donné naissance à la musique, au chant, à la poésie — se célébraient dans une petite vallée enserrée de collines : le Lieu sacré, qui résumait l'harmonie contrastée des forces réglant et la vie naturelle et la vie humaine, comme pouvait le faire aujourd'hui l'encre glissant du pinceau sur la soie souple ; telle la semence féconde d'un membre viril...

Po connaissait le dicton antique : « Pour les bons poètes, il est facile de peindre ; les bons peintres savent écrire des vers », mais il prévoyait que, pour se perfectionner dans cet art jumeau, il lui faudrait — s'il en avait la patience — des années. Tsung Ping, au temps des Six Dynasties, avait écrit, dans *Joie de la peinture,* qu'il faut dix ans pour assimiler les rudiments, dix ans encore pour achever sa formation en apprenant à faire de bonnes copies des maîtres, et dix ans pour élaborer son propre style. Et Hsieh Ho, de la dynastie des Ch'i, rapportait dans les *Six Règles de la peinture* que le grand Ku Kzai-chih s'était refusé à peindre de vastes rouleaux avant d'avoir dépassé la cinquantaine, tandis que Chang Seng-yü s'était contenté de copier jusqu'à l'âge de quarante ans, ne pensant pas pouvoir donner fût-ce un seul coup de pinceau qui soit de sa fantaisie.

De ses mains, ou avec l'aide de menuisiers et de forgerons, Li Po aménagea dans son pavillon-oisellerie un laboratoire artisanal où il expérimenterait les techniques, récemment découvertes, de la gravure sur bois et sur pierre. En peinture, outre le paysage, il s'essaya également au portrait. Dans la collection de Lin Tsao, il avait été frappé par celui d'un vieux moine assis, attribué précisément à Chang Seng-yü : une tunique sombre, presque vide de corps, pendait là comme une serviette, avec ses plis, tandis que du fond opaque et rugueux de la soie brune, noircie par le temps, émergeait comme de l'ombre un visage ridé, qui semblait flotter au-dessus de la robe, suspendu dans l'air comme une vessie rose gonflée d'une vie fragile et pourtant impérieuse. Cette absence de poids toute spirituelle jusque dans la représentation de la vieillesse et de la déchéance physique, Po la retrouvait dans certains portraits funéraires de mandarins ou abbés taoïstes et bouddhistes, assis ou en pied, de face ou de trois quarts ; sur les couleurs uniformes des vêtements et du fond se détachait le visage, tracé d'une ligne fine, sans ombres. Chez le bel antiquaire de plus en plus épris de son musicien fou, il avait réussi à acheter l'un de ces vieux portraits, à crédit et à prix d'ami ; après l'avoir accroché dans le pavillon, il s'était mis à l'étudier. Il commença deux grands portraits à l'encre, au blanc de céruse et à l'aquarelle, du concierge et de sa femme : symétriques, de face, solennels comme les mandarins célèbres et les saints moines des peintures rituelles. Il progressait lentement, en revenant souvent sur son œuvre.

Après le travail au jardin, Po était entièrement libre de se consacrer à la peinture ou à la poésie, à ses livres ou à des rêveries dans l'herbe. Mais, conformément aux enseignements de la secte de la Triade sur l'égalité entre hommes et femmes, le concierge soutenait que même les filles, qui pourtant n'étaient pas admises dans les écoles publiques, devaient apprendre à lire et à écrire : par égard pour lui, à contrecœur — il ne désirait rien enseigner et ne voulait influencer personne —, Po s'était cru obligé de donner des leçons un après-midi sur deux à la fille, alors âgée de dix-huit ans.

Pendant que Po essayait, sur un ton réservé, de lui donner quelques connaissances, la jeune Chieh le fixait d'un air étonné et béat. Bien qu'elle fût loin d'être idiote, elle n'apprenait rien, ne répondait pas aux questions les plus faciles, et certaines fois, quand il se levait en disant : « Assez pour aujourd'hui » — les leçons avaient lieu dans le pavillon —, elle restait là à le contempler, si bien qu'il devait la pousser dehors. Au bout de vingt jours, il lui reprocha sa paresse : elle se mit à pleurer ; et comme il tentait de la consoler, elle finit par avouer qu'elle ne parvenait pas à se concentrer parce qu'elle était amoureuse de lui.

Po rétorqua que, s'il en était ainsi, mieux valait interrompre les leçons. Mais elle l'implora de ne pas la chasser : elle ferait un effort pour se concentrer. Quelques jours plus tard, elle sanglotait à nouveau. Et, devant ses reproches, elle murmura ces mots absurdes — qui parurent tels, en tout cas, à Po :

« Je ne te demande pas de m'épouser ! »

Tout ce qu'elle voulait, disait-elle, c'était qu'il fût le premier à la posséder : elle entendait lui faire don de sa virginité ; elle s'exprima exactement en ces termes, comme une héroïne du théâtre populaire.

« Elle n'est pas seulement étrange, elle est aussi stupide ! » pensa Po. Mais il la trouvait attirante : et, pendant la leçon, à la voir là distraite dans l'attente manifeste d'être embrassée, il lui arrivait de la désirer. Mais, comme il ne s'intéressait pas à elle par ailleurs, il jugea malhonnête, voire fastidieux et compromettant, de profiter de cet amour obstiné. Une semaine plus tard, il finit tout de même par la faire asseoir sur ses genoux, lui donna des caresses et l'embrassa. Quelques jours encore passèrent avant qu'il l'allonge, consentante, sur son lit étroit.

Les jours suivants, Chieh feignait d'aller chez des amies, sortait par le portail pour rentrer par un jardin voisin, laissé à l'abandon ; à l'aide d'une échelle, elle escaladait le mur juste derrière le pavillon-oisellerie, et elle s'introduisait chez Po par la fenêtre. Po était mal à l'aise : il craignait que le concierge ne les surprît. Chieh, au contraire, semblait vouloir défier le danger. Elle ne demandait qu'une chose : rester le plus souvent et le plus longtemps possible entre les bras de Po.

Aux heures de plaisir intense faisait place l'insatisfaction : Po sentait qu'il s'engluait dans une histoire trouble qui le distrayait de son travail. Alors il devenait sombre et brutal avec Chieh, qui trouvait toujours une excuse pour venir lui tourner autour. Quand il semblait hostile, elle restait là dans un silence têtu, jusqu'à ce qu'enfin elle éveillât chez lui un désir mêlé de pitié. Quand il l'avait renversée sur le lit, elle prononçait des mots d'amour un peu hagards, avec une sincérité violente qui semblait pourtant à Po empruntée : comme si elle récitait des phrases tirées d'un drame sentimental. Ou bien, elle se laissait aller à une hilarité nerveuse, que Po trouvait hystérique et presque désespérée. Quelquefois, il se demandait si elle n'était pas folle. D'autres fois, il était frappé par l'intelligence de certaines de ses observations ; quand elle avait un peu bu surtout, elle avait un sens du comique irrésistible qui surgissait d'un coup, du plus profond d'elle-même, pour compenser son habituel mutisme un peu torve. Po entreprit de faire un portrait d'elle, de face, et en pied.

Avec l'automne étaient arrivés les propriétaires de la villa : le prince qui avait engagé Po était accompagné de sa femme, de sa fille âgée de vingt ans, d'un fils qui en avait quinze, et de nombreux serviteurs. Avec eux, Po se montra évasif et réservé. Mais, quand la princesse et sa fille découvrirent que le nouveau jardinier passait ses soirées à lire, qu'il était instruit et qu'enfin il peignait, même s'il ne parlait pas de ses peintures, elles l'invitèrent à dîner, et se plurent à converser avec lui, malgré les hommes de la famille qui, vaguement jaloux, lui montraient peu de sympathie.

La princesse Tsai-luan était une grande lectrice de romans d'amour et de mystère ; elle fréquentait les théâtres, les concerts, les boutiques d'antiquités, les expositions de peinture et achetait très cher les œuvres des peintres locaux les plus connus, que Po trouvait horribles.

« Quel peintre de Hang-chou trouve grâce à tes yeux ? demandait-elle effarée.

— De Hang-chou ? (Po riait.) Une ville de boutiquiers ! Je ne reconnais aujourd'hui que deux peintres : Wu Tao-tzu et Wang Wei, ajoutait-il, à la grande perplexité de la princesse qui ignorait jusqu'à leur nom.

— Mais trouve-t-on leurs œuvres sur le marché de Hang-chou ? Achetons-les ! proposait-elle.

— Ils ne vendent pas, répondait Po. Wang Wei offre ses rouleaux à des amis, Wu Tao-tzu peint seulement pour les temples bouddhistes. Et tous deux vivent à Ch'ang-an. »

Accompagnée de son intendant, la princesse participait aux ventes aux enchères, où elle achetait des bronzes rituels archaïques, des ivoires et des jades antiques, des meubles précieux, des tapis. Très maigre, dotée d'un visage expressif encore beau, toujours vêtue avec une élégance rafffinée, elle semblait un peu mépriser son mari, qui lui vouait un amour plaintif. Elle tenait Po en grande estime : non seulement elle insista pour qu'il l'accompagnât chez les antiquaires, lui donnât son avis, dictât même ses choix, mais elle se mit à lui faire des confidences et alla jusqu'à lui avouer qu'elle était depuis toujours déçue par son mari ; avec l'assentiment tacite et dolent de ce dernier, elle avait depuis dix ans un amant, conformément aux usages en vigueur dans la noblesse, sur qui les préjugés confucéens n'avaient pas de prise. C'était un noble, lui aussi, lointain parent de son mari.

« Et presque aussi ennuyeux. »

Tai-yu, sa fille de vingt ans, était maigre comme sa mère mais plus petite et moins belle, avec de grands yeux dans un étrange visage nerveux. Son regard reflétait tantôt une ingénuité touchante, tantôt une curiosité pénétrante, tantôt une indignation contenue. Autant sa mère était mondaine dans ses attitudes, autant Tai-yu s'efforçait d'être sincère, trop sincère même. Mécontente de la vie qu'elle menait, elle était sujette à des sautes d'humeur : à l'espoir et à l'abandon succédaient des crises de dépression et de larmes.

Le concierge révéla à Po qu'elle avait été mariée pendant un an avec un jeune duc, très beau, qu'elle avait en vain tenté de refuser contre l'avis de ses parents. Or le duc s'était avéré irrémédiablement impuissant, et, devant les supplications de sa fille, le prince avait obtenu qu'elle fût répudiée par son mari. Elle était, murmurait-on, rentrée chez son père vierge comme elle en était partie.

Elle recevait la visite de nobles qui semblaient la courtiser. Un jour que l'un d'eux venait la chercher pour la conduire à une fête, Tai-yu courut se cacher dans le pavillon de Po et le pria ensuite de faire un tour en voiture avec elle. Contraint d'accepter, Po la suivit. La promenade fut longue ; ils restèrent d'abord à l'intérieur de la voiture, puis ils parcoururent à pied le parc impérial pendant que la voiture les précédait avec les serviteurs. Là, tout en marchant, pensive, elle lui raconta l'échec de son mariage.

Quelques jours plus tard, Tai-yu revint dans le pavillon-oisellerie, et Po dut s'interrompre de peindre. Assise sur un tabouret, sérieuse, s'efforçant de garder un ton parfaitement calme, elle lui confia — elle avait déjà fait une allusion à ce sujet durant la promenade — que jusqu'alors elle avait toujours eu peur des hommes au moment décisif : même si, cédant à leurs prières, elles les avait parfois laissés l'étreindre dans un lit. Elle lui fit observer que, par tradition, les femmes de la noblesse, surtout les veuves et les épouses répudiées, jouissaient d'une grande liberté. Bien qu'elle vécût chez ses parents, elle avait obtenu de son père qui l'aimait beaucoup d'avoir une petite maison à elle, au milieu d'un jardin, dans la vieille ville de Hang-chou.

Tai-yu avoua encore que cette virginité forcée, ce petit bout de peau qui résistait malgré lui à la lacération, lui faisait horreur ; et elle sentait qu'avec lui, Po, elle parviendrait à se libérer de sa peur : non qu'elle fût vraiment amoureuse, mais elle se sentait en confiance : aussi le priait-elle d'avoir la gentillesse de la « dépuceler » — elle prononça le mot avec une moue gracieuse. Bien entendu, cela n'impliquerait aucune obligation future, ni pour elle ni pour lui.

Po tenta de la dissuader. Mais, après des jours de discussion, il dut promettre d'accéder à sa demande, ne fût-ce que par amitié.

« Ce sera avec plaisir, bien sûr », la rassura-t-il quand elle se montra inquiète qu'il ne le fît que par courtoisie et ne la trouvât pas attirante.

Sans le dire à ses parents, Tai-yu reçut donc Po dans son petit appartement de la ville, où elle était entourée de deux servantes en qui elle pouvait avoir confiance. Mais, cette fois encore, au moment crucial, elle eut peur, et fixa Po avec de grands yeux ingénus qui l'émurent. Plusieurs fois, ils durent revenir dans cette maison ; ils se dévêtaient et Po hasardait alors des caresses longues et intimes. Paternellement, avec adresse et douceur, il essayait de la rassurer de mille façons, même contre la peur d'avoir des enfants. Lui non plus n'en voulait pas : il lui garantit l'efficacité de certaines herbes et de certaines pratiques taoïstes. Il l'invita à s'abandonner ; il lui donna des explications rassurantes, des leçons d'anatomie comparée. Au cours de certaines séances, il élargit peu à peu, d'un doigt délicat, l'ouverture de l'hymen. Enfin, ils purent faire l'amour, en atténuant le plus possible la douleur d'une déchirure.

Les jours suivants, Tai-yu voulut continuer ; elle y avait pris goût ; elle plaisait aussi à Po, bien qu'il eût préféré se concentrer dans la paix du jardin. Il se refusa à recevoir Tai-yu dans le pavillon : il avait peur de Chieh, avec qui il essayait en vain de rompre, tout comme il caressait aussi le projet de quitter Tai-yu. Avec celle-ci, il n'insista pas longtemps : en effet, plus il l'étreignait, plus elle lui plaisait ; et, s'il ne parvenait pas à mettre fin à sa liaison avec Chieh, c'était parce qu'il avait une peur confuse de sa sombre passion ; peut-être se sentait-il coupable à son égard.

Et puis un beau matin, pendant qu'il travaillait au jardin, Mme Tsai-luan, la princesse, s'approcha de lui ; après l'avoir longuement observé, elle se mit à bavarder ; soudain, lui caressant une joue, elle loua en soupirant sa peau ferme et juvénile — juste comme l'avait fait, au temps de son adolescence, Mme Pivoine, la femme de l'oncle Yang. Elle le pria de ne pas s'étonner si elle se confessait, un peu éprise de sa belle « jeunesse virile » : elle ajouta qu'elle était souvent sujette à des engouements de ce genre. Po fit comme s'il n'avait pas entendu, et ne leva pas les yeux.

Dix jours passèrent. Un soir, tard, après l'heure du chien, tandis que Po, installé dans un fauteuil sous le cône lumineux de sa lampe à huile rouge, étudiait, après avoir bu trois tasses de thé au jasmin, *Le Tao de la peinture* — un traité de Wang Wei, paru depuis peu, que le vieux Lin Tsao lui avait prêté — et qu'il méditait sur les diverses manières de représenter une montagne — *Kao yuan,* perspective ascendante ou en hauteur ; *Shen yuan,* perspective descendante ou en profondeur ; *Ping yuan,* perspective au niveau de l'horizon... —, il entendit frapper à sa porte. C'était la princesse, enveloppée dans une robe de chambre dont elle avait relevé le col devant sa bouche comme pour se cacher. Elle lui annonça que son mari et ses enfants étaient allés au théâtre et qu'elle était sortie subrepticement de la maison par la petite porte de derrière, sans que personne s'en aperçût. Elle n'admit aucune discussion. Le temps pressait, ajouta-t-elle. Elle voulut absolument se déshabiller ; d'ailleurs, elle était déjà nue sous sa robe de chambre : elle avait simplement un collier de grosses émeraudes autour du cou, et au poignet, un bracelet en diamant.

Elle s'étendit sur le petit lit sale de Po, en se couvrant pudiquement d'une main comme la belle femme allongée de la célèbre peinture érotique de Ku Kai-chih, dont Po avait vu une copie — mais le corps de la princesse était plus maigre et nerveux ; elle ne partirait pas, déclara-t-elle, tant qu'il montrerait cette indifférence blessante, pour une femme que la crainte de ne plus apparaître très jeune rendait plus susceptible. Po crut encore une fois se souvenir qu'il avait entendu des propos semblables dans la bouche de la tante Pivoine. Se laissant glisser hors du lit, la princesse lui tendit une main, l'attira à elle avec un petit rire, s'agenouilla devant lui et réussit à l'exciter. En y repensant plus tard, Po conclut qu'après tout il avait connu là un plaisir rare.

Mais il ne savait comment mettre fin à tous ces nœuds de relations embrouillées qu'il n'avait pas recherchées et qui tissaient autour de lui une véritable toile d'araignée. Dans les choses de l'amour, par nature d'abord, mais aussi de par son expérience et sa culture taoïste, Po était extrêmement doué et son habileté ne cessait de croître. Mais, comme il devait souvent dans la même journée passer de l'une à l'autre avec complaisance — or elles étaient toutes les trois exigeantes : Chieh, à sa façon passionnée ; la princesse, à sa manière débridée ; Tai-yu, poussée par un besoin de vérification enfantin —, il dut, pour faire face à la situation, commencer à retenir sa semence. En n'éjaculant plus chaque fois, il suivait l'enseignement qui veut que de la sorte augmente le plaisir de chacun ; selon le Tao, il est ainsi possible de faire l'amour plusieurs fois par jour jusqu'à une vieillesse avancée, le procédé allongeant d'ailleurs la vie.

Il changeait de positions et de rythme, procédait lentement, s'interrompait parfois, s'attardait, respirait profondément, récitait mentalement pour se distraire une strophe du *Tao-te-King,* et, quand il le fallait — si le besoin de s'abandonner à l'orgasme semblait irrésistible —, il pressait pendant quelques secondes l'index et le majeur entre scrotum et anus, pour bloquer le sperme. D'abord déçues parce qu'elles ressentaient comme un refus de s'abandonner ce qui était au vrai un généreux sacrifice, les trois femmes reconnurent bientôt qu'elles recevaient d'amples compensations. Mais cet épanchement interrompu éloignait Po de toute autre activité, le rendait nerveux et continuellement excité. Les corps des trois femmes, et de bien d'autres, tournoyaient dans son imagination en un mirage obsédant.

La crise éclata subitement. Un soir, la princesse avait renouvelé, après le dîner, sa visite au pavillon ; or Tai-yu avait quitté le théâtre, prétextant un malaise, pour rentrer en toute hâte ; aussitôt arrivée, elle surgit à l'improviste chez Po, avec qui elle venait de passer un après-midi de plaisir ; sans être vue, elle aperçut sa mère qui sortait précipitamment du pavillon pour se glisser dans la maison, le visage caché par le col relevé de sa robe de chambre. Le matin suivant, Tai-yu fit subir à Po un interrogatoire véhément, et voici que la pauvre Chieh l'entendit alors qu'elle errait dans les parages.

Après avoir obtenu les aveux de Po, Tai-yu fit une scène violente à sa mère, qui joua l'offensée, ne sachant quel autre comportement adopter ; elle gratifia sa fille d'une gifle et partit le soir même à la campagne, dans l'un de ses châteaux. Deux jours plus tard, après un long réquisitoire contre Po qui l'écouta sans broncher et lui proposa la rupture, Tai-yu rejoignait sa mère au château. Quelque temps après, la princesse, sa fille et son fils faisaient une brève réapparition, donnaient des instructions aux serviteurs qui se mirent à remplir des malles — Po ne se montra pas —, et s'éloignaient pour un long séjour à Nankin, ville natale de la princesse et but d'un voyage projeté depuis longtemps. Ainsi abandonné, le pauvre prince errait tristement d'un salon à l'autre, en laissant derrière lui un sillage parfumé. Décidément, il ne parvenait pas à comprendre pourquoi sa femme, puis sa fille avaient d'abord fui à la campagne, pour ensuite se réfugier, eût-on dit, à Nankin. Il finit par en parler à Po, avec qui, lui semblait-il, les deux femmes étaient plus en confiance qu'avec lui. Les choses ne s'étant pas davantage éclaircies, il partit à son tour pour Nankin, et, de là, suivit sa femme dans un voyage d'agrément qui les mena jusqu'à Lo-yang, Ch'ang-an et la Grande Muraille. Les mois passèrent ; ils ne revenaient toujours pas. Dans la villa restaient de nombreux serviteurs. Bien qu'ils n'eussent presque rien à faire, ils étaient payés avec ponctualité par l'intendant qui leur distribuait chaque mois un salaire à vrai dire maigre.

Chieh, de son côté, s'était effacée depuis longtemps. Après avoir entendu les reproches véhéments de Tai-yu à Po, elle avait pris la suite, en une scène terrible : hurlant, pleurant, bavant, elle se roulait par terre devant Po qui s'était empressé de fermer les fenêtres du pavillon et de taper sur un gong suspendu au plafond, pour qu'on n'entendît pas ses cris dans la villa. Ensuite de quoi, Chieh, les rencontrant, avait carrément insulté la princesse et sa fille, sans autre explication : et elles s'étaient montrées d'une surprenante indulgence, compte tenu, expliquaient-elles, de son « étrangeté ». De plus en plus convaincu qu'elle était folle, Po finit le jour suivant par la reprendre entre ses bras et lui promit une fidélité tout au moins provisoire : il ne pouvait lui offrir plus, car il ne supportait pas de mentir. Mais, quand elle l'aperçut sur la route, appuyé contre un mûrier, en discussion avec Tai-yu — c'était en vérité l'instant de leur rupture —, Chieh se sentit irrémédiablement trahie et décida de punir Po une fois pour toutes. Elle ne rentra pas ce soir-là. Cinq jours après, un batelier heurta son corps dans le lac. Comme Po n'avait parlé de rien, personne ne parvint à s'expliquer ce suicide.

Seul et tranquille à présent, Po put méditer, écrire, peindre. Il vivait dans le jardin avec le concierge et sa femme qui, n'ayant jamais soupçonné ses rapports avec leur fille, lui étaient de plus en plus attachés et le considéraient comme leur fils. Po laissait faire. Bien qu'il parlât moins qu'avant, il était demeuré des plus courtois. Cédant à leur prière, il finit le grand portrait de face de Chieh, que le biographe Hsia Mu considérerait comme l'une de ses premières grandes œuvres, et dont on a perdu la trace. Po, en revanche, négligeait les plantes et les fleurs : pour diriger les travaux, il suffisait du vieux concierge qui avait besoin d'oublier, par un labeur incessant, sa douleur.

Peu à peu, Li Po, qui était bien décidé à consacrer de moins en moins de temps à son service, insinua dans l'esprit routinier du vieil homme une idée nouvelle dont il convainquit l'intendant et dont il fit aussi part au prince, qui lui envoya son consentement de Nankin : la disposition trop régulière du jardin, d'inspiration toute confucéenne, devait faire place à un ordre moins rigoureux, plus naturel, bref, plus conforme au Tao, avec des arbres tantôt regroupés, tantôt épars, qu'on laisserait pousser comme en la liberté d'un site sauvage, mais auxquels on veillerait à imposer des rythmes asymétriques, avec des sentiers qui s'enfonceraient dans la verdure en savantes courbes soudaines et détours sans but, évitant toujours la ligne droite, entre des plates-bandes, kiosques, portails, puits, petits ponts, étangs, vasques remplies de poissons et cages à oiseaux ; avec, çà et là, des rochers qui sont comme les grotesques ossements de la terre, torturés par l'eau, tordus et troués à la façon des nuages, recouverts de mousses et de lichens ; avec, en tel recoin, de minuscules lacs, des petites montagnes, des plantes naines, le tout mimant un paysage en miniature, un microcosme à l'échelle d'un enfant, tandis qu'un peu plus loin s'élèveraient majestueusement saules, joncs et buissons de bambous ; ajoutez un beau pêle-mêle de légumes, arbres fruitiers et plantes d'ornement ; puis encore partout les mille couleurs des papillons, des bourdonnements d'insectes, des oiseaux apprivoisés ou sauvages, une foule de chats et de singes acrobates au cri grossier.

Le matin, Po établissait rapidement le plan des transformations du jardin ; aidé de serviteurs et de paysans à la journée, le laborieux concierge suivait consciencieusement ses instructions. Pendant ce temps, Po, assis sous le porche de bois de son pavillon, buvait une coupe de vin chaud ou une tasse de thé qu'il s'était préparée selon un lent rituel dont les gestes, en apparence futiles, étaient autant d'expressions de l'harmonie du cosmos ; il regardait la brise jouer parmi les bambous et les saules ; parfois, un vent plus violent pliait les branches ; parfois, l'ombre des feuilles tremblait sur l'herbe, tandis que sur les prés passait celle des nuages masquant la lune ou le soleil ; là, des arbres se reflétaient dans l'eau des étangs sur laquelle couraient et se déployaient des cercles ; ici montaient du fond de l'eau un autre monde, un autre ciel ; plus tard, le clair de lune répandait sur les fleurs le miel d'une rosée tremblante.

La chute d'une feuille morte suffisait, parfois, pour le

distraire : tournoyant dans l'air devant le rectangle de la fenêtre ouverte, son ombre se profilait un instant sur le rouleau de Po. La nuit, il écoutait coasser les grenouilles et tomber les gouttes de pluie, telles des larmes de phénix sur les tuiles et les bananiers. A l'aube, il était réveillé par le chant des oiseaux dans le bruissement des feuillages. Parfois, quand le jour n'avait pas encore ravivé les couleurs, une brise fraîche s'insinuait par la fenêtre grande ouverte, jusqu'entre les rideaux du lit, comme un essaim fuyant de fantômes. Il avait ainsi l'impression de communiquer avec l'âme du jardin, où une promesse de bonheur emportait l'effort quotidien des hommes.

Quand, à la fin de l'hiver, les premiers arbres bourgeonnèrent — amandiers, cerisiers, pruniers —, il cessa quelques jours de peindre et d'étudier les grands maîtres pour contempler le balancement léger des fleurs au soleil. Et il composa là-dessus une petite chanson, dont il écrivit également la musique :

En hiver souvent regardai
l'aquarelle tracée sur la soie
où refleurissaient les pêchers
et l'accrochai à la paroi.
Quand fleurit l'arbre dans le pré,
succombai à sa vérité :
le rameau peint ai négligé.

Quelques jours plus tard, le même thème — « l'art et la vie », ainsi le définissait-il — lui inspira des pensées bien différentes :

J'écris à la fenêtre : effleure
les vitres une branche en fleur.
Au mur, une aquarelle sur soie :
même pêcher fleuri s'y voit.
Sur les fleurs peintes, jusqu'à hier,
les vraies fleurs roses l'emportèrent.

Mais ce matin la brise de printemps
balaya les fleurs vives en sifflant,
et sont désormais les fleurs de soie
qu'intactes, vivantes, je vois
évoquer l'éclat perdu d'autrefois.

Plus tard encore, il lui sembla qu'à opposer à ces termes la vie et l'art il trahissait son véritable sentiment, qui était celui d'une intégration des contraires. Et, tandis qu'il esquissait un dessin d'un pinceau rapide, il écrivit dans l'angle supérieur gauche :

Sur le rouleau pendu à la paroi
un Lao-tzu sur son buffle je trace.
A ma fenêtre, calme de soie,
préparatifs du thé, pleine lune lasse.

Vivre pleinement, ici et maintenant. Silence. Sans désirs vagues, avec une perception attentive de tout présent. Sans penser au passé ni au futur.

Parvenu là, même dans l'obscurité il se sentait baigné de lumière : tout est en tout. Il voulut exprimer cela dans une chansonnette, *Hiver,* qu'il composa très vite un matin, en regardant par sa fenêtre embuée un chien immobile dans la cour :

Mur vieux,
chien pouilleux,
seau glacé ;
tous illuminés.

C'est, pour finir, la vie et la mort qui se trouvaient réconciliées : d'où le quatrain qui évoquait, après tant d'années, les obsèques du vieux Li Ta :

Grand-père mort (l'enfant) sur son lit,
Cadavre et puanteur transis.
Ouvre (l'enfant) fenêtre au jardin,
Roses entêtantes du défunt.

Po, cependant, expérimentait à fond les nouveaux styles de peinture et en découvrait la parenté avec toutes les variantes de la calligraphie — depuis les illustres maîtres du passé, tel l'inaccessible Wang Hsi-chih, jusqu'au « moine fou » Huai-su, encore vivant.

Car, en peinture aussi, le signe peut être haché ou continu, cassé ou souple, nerveux ou calme, resserré ou large, ascendant ou descendant, droit ou oblique, hachuré ou effiloché, avec passage progressif ou abrupt de l'un à l'autre, selon les techniques « se ramasser pour bondir » ou « tirer les rênes, les laisser aller, et tirer encore ». En appliquant la technique du pointillage et de l'estompage, on donnait à chaque chose son grain, ses veines et ses artères, ses tendons et ses os ; un juste rapport s'établissait entre la légèreté et la densité, la limpidité de l'air et la brume, le mouvement et le repos, selon le rythme alternant qui préside à toute chose, de la respiration au cycle des saisons. Chaque type de touche exprimait une attitude face à la vie, suivant que dominait le droit ou le courbe, l'ondulé, le brisé, le zigzag, l'effilé ou l'obtus, le divers ou le répétitif, en traits croisés, tramés, ou en écailles.

Tout cela dit, en peinture comme en calligraphie, les effets obtenus dépendaient d'abord du rapport entre la quantité d'encre et l'eau dans laquelle on en délayait les bâtonnets qu'on avait laissés vieillir un certain temps avant de les broyer sur une pierre — certains, vieux de plusieurs siècles, étaient achetés à prix d'or. Et l'encre n'était pas la même selon qu'elle était tirée du noir de fumée, de l'huile, du graphite, du charbon ou de la suie de pin ; selon encore qu'elle était mélangée avec de la résine, de la laque liquide ou de la colle de poisson. Puis il y avait tous les types de soie, ou de papier, qui pouvaient être faits de chiffons, d'herbe de quinquina, de fibres de mûrier ; enduits et blanchis à la craie, à la graisse animale, à la farine de riz ; et une grande variété de pinceaux : en poils de daim, de chèvre, de renard ou de lapin, de rat ou de zibeline, sans oublier les cheveux de fillettes âgées de cinq à neuf ans, et les pinceaux mixtes : petite fille à l'intérieur et chèvre à l'extérieur.

Po s'était procuré un bel assortiment de ces pinceaux. Quant aux usages et aux techniques, il les étudiait surtout dans *Le Tao de la peinture* — ou dans la classique *Histoire des peintures célèbres* —, en les modifiant à sa manière. Car là aussi il cherchait sa voie. Comme avait déjà ingénument tenté de le faire son inculte grand-père Li Ta dans ses étranges dessins, Po tirait parti de sa maladresse en demandant à quelques traits de suggérer ce qui n'apparaissait pas sur la feuille ; traits parfois volontairement sales et baveux, d'une gaucherie enfantine et trompeuse, proches de l'écriture en pattes d'oiseau ou à la manière folle.

Pour le thème, il suivait le vieux conseil de Ku Kai-chih dans ses *Notes sur le paysage :* « Accroche un morceau de soie sur un vieux mur lézardé : regarde-le jusqu'à voir à travers le tissu des creux et des bosses, des sinuosités et des failles ; laissant jouer le pinceau, tu feras des bosses, des montagnes, des cavités, des plaines ; tu verras surgir fleuves, crevasses, hommes et oiseaux en plein vol. Autant de surprises heureuses d'un hasard bien corrigé. »

Il ne nous reste pas de peintures de Li Po : elles se sont perdues comme la plupart des œuvres de cette époque ; dans son insouciance, il avait d'ailleurs coutume d'en faire cadeau ; mais les vers qu'il traçait dans un coin de son rouleau de papier ou de soie sont généralement parvenus jusqu'à nous. Son ami et biographe Hsia Mu nous a aussi décrit certaines de ses œuvres. Plus tard, des chercheurs, comme le peintre-critique Tung Ch'i-ch'ang, des Ming, déduisirent de ces commentaires que Li Po avait génialement anticipé, et peut-être inspiré, la peinture dépouillée qui apparut quelques siècles plus tard, et qui alla jusqu'à abandonner le pinceau pour un morceau de bambou à pointe irrégulière, ou étendre l'encre avec le bout des doigts et les ongles, selon la méthode des peintres ermites chan. De là sans doute l'immortel portrait imaginaire, dans ce style, que fit Liang Kai le Fou des Sung, de Po déclamant des vers, et qui fut toujours considéré comme l'un des chefs-d'œuvre de la peinture.

Li Po, en attendant, s'était installé dans la partie haute, maintenant inhabitée, de la villa : une tourelle spacieuse à deux étages avec de grandes fenêtres lumineuses sur quatre côtés. Il l'aménageait petit à petit à sa guise, comme si elle lui appartenait ; il aimait écrire là-haut, peindre, jouer du luth et de la flûte, tout en ayant sous les yeux la colline désormais familière des Dix Mille Pins, avec ses jardins serrés autour du palais impérial ; plus loin, d'un côté, les façades de pierre et les innombrables toits de tuiles peintes de Hang-chou, de l'autre, par-delà le fleuve, la colline des Tombes avec ses tumulus plongés dans la grisaille du crépuscule ; au sud, derrière d'autres collines, la mer ; à l'ouest, le lac, dans l'eau duquel se reflétaient les pagodes et, plus haut — tandis que des lambeaux de brume en s'élevant se déchiraient —, trois grands cirques et même, par certains jours limpides, les monts au loin.

D'autres fois, au contraire, son regard s'arrêtait au plus près, sur les arbres si proches qu'il aurait pu en toucher le feuillage ; de l'autre côté du mur montaient de petites rues plantées d'arbres, où s'acheminaient de rares passants. Il collait bout à bout de longues bandes de papier où il déroulerait à l'encre un paysage avec figures — d'hommes et d'animaux —, y ajoutant parfois de légères touches d'aquarelle — d'un rouge-brun tendre ou d'un bleu-vert assourdi — à l'intérieur d'une perspective fluide et multiple ; une succession continue et sans heurts de scènes où l'œil pouvait errer au gré du récit. Sur d'autres toiles, verticales, il ne se lassait pas de peindre ces rangées de collines qui émergeaient, comme des nuages verts, de la brume du lac, derrière quelques arbres rares. Sans cesse il esquissait la même montagne, en y évoquant l'atmosphère de chaque saison : la pluie, la buée, la neige, le vent qui pliait les branches, le crépuscule, le passage des nuages devant la lune ; sur les sentiers bordés d'arbres errait généralement la silhouette minuscule et familière d'un lettré.

Enfin, il travailla à un cahier de cent peintures, qu'il intitula *Le Jardin enchanté,* et dont des poèmes de quatre vers constituaient de brefs commentaires inscrits dans l'angle gauche, contre le ciel. C'est une chance que ces vers nous soient parvenus, d'autant que Hsia Mu assure qu'ils sont supérieurs au dessin. Certains ont même affirmé que si Li Po écrivit par la suite de plus beaux poèmes, il n'en écrivit jamais de plus purs.

Hsia Mu rapporte un récit que lui fit Li Po, bien des années plus tard : il aurait vu un matin dans le jardin un étrange oiseau d'une espèce inconnue, qui chantait à plein gosier, tout en sautant de branche en branche avec une extrême légèreté, et montait, intrépide, toujours plus haut. Po se serait proposé d'atteindre dans sa vie ou du moins dans sa poésie cette même aérienne légèreté.

Voici donc, pour finir, quelques-uns de ces quatrains, descriptifs et pudiques, où s'alignent sobrement des images sans commentaires, en quête de l'appropriation du présent.

Du pavillon

Lire   dormir   laisser
par la fenêtre entrer
les feuilles sur le livre posées
m'ont couvert   éveillé

Volette chauve-souris   le soir
montent du lac   cris de singes
tombe du sophora feuillage   noir
secoue le vent aux branches la sphinge

Rien à voir   brume   on entend
saut de grenouille   dans l'étang
coqs chiens   aboiements   chants
cri d'une grue   se lamentant

Faisans dans les blés déjà   crient
saules d'où s'envolent   les pies
nuages roses ouverts   matin
soleil y frayant son chemin

Blanc de la neige   suspendue
traces au-dehors   une grue
rubans de glace   pour l'œil ouverts
rose fleur du prunier   d'hiver

En promenade

Les jardiniers pioche à l'épaule   arrêtés
paroles au crépuscule   sentier
le vieux moine et moi conversant   deux
crépuscule du temps   oublieux

Jeune fille penchée   pour cueillir
— visage double dans l'eau stagnant —
fleurs de lotus   jeune sourire
au reflet du lettré   passant

Branche d'yeuse   corbeau   couchant
cheval efflanqué   route nue
flammes près du fleuve   entr'aperçues
souper des pêcheurs, tous chantant

Battement de la pluie   sur les tombes
poids des gouttes   sur les pétales
de chrysanthème   un canard détale
au pied d'un cyprès   une combe

Ciel bleu   s'allument les étoiles
par-dessus les sommets   vent glacé
feuilles mortes, herbes, cheveux   bouleversés
une flûte dans le noir   dernière toile

Sur le lac

Tambourine la pluie   les oies
se mettent à l'abri   près de toi
pêcheurs   au proche bruissement
un âne au loin fait écho   braiment

Monte blanche la lune par-dessus les bambous
et les joncs   et saules qui flottent
seule une voile   quête une grotte
pressent le poète   fou

Sous la lune, sur le lac dormant
fétuques et nymphéas blancs
se tordent décapités   dolents
quand passe ma barque   oscillant

Humidité du soir   rive embrumée
abordent les pêcheurs aux cabanes ruinées
tanières   replis tout en bas
monte l'oiseau sur le mat

Nulle grue   sur la branche nue
sur la rive aucun homme   un vieux
sur le lac glacé   ligne tendue
pêcheur de neige   marin floconneux

Instant

Chaleur   paresseux   sans chemise
éventail reposé   sur une roche grise
mon bonnet accroché   le vent
d'entre les pins dans mes cheveux soufflant

Appuyé sur ma canne je regarde le bois
j'écoute les pignes tomber   rares
d'un mâle le battement d'ailes épars
vers la femelle   une autre fois

Vol des moineaux disparaissant
passe nonchalant un nuage
sans nous lasser   le regardant
seuls   le mont Lu-meng et le sage

Pique une cigogne et m'observe
pluie d'aiguilles du pin sur mon front
je chante   et là chante la serve
qui cueillit plus haut   le marron

Sur les corolles   les papillons
par milliers les fleurs   en silence
s'ouvrent tremblent tombent   danse
les pétales sur l'herbe   aucun son

La joie advenue

Sur le tabouret   pose ton luth
et te recueilles   comme amant
pincer les cordes ne sied plus
qui vibrent au seul   souffle du vent
Que rien ne soit plus poursuivi
car vois : le bonheur, c'est *ceci.*

Note

En pleine vogue du roman historique, Goethe et Hegel protestaient au nom de l'« anachronisme nécessaire de l'art ». Goethe : depuis *L'Iliade* même, « toute vraie poésie vit et respire par les anachronismes : le moderne s'introduit dans toutes les situations ». Et Hegel : « L'artiste peut prendre son matériau dans des régions éloignées, des temps passés, des peuples étrangers, comme on fait un emprunt ; il peut préserver dans l'ensemble la forme historique des mythologies, des coutumes, des institutions ; mais il doit ne se servir de ces formes que comme d'un cadre pour ses propres dessins et en conformer l'intériorité à la plus profonde conscience essentielle du présent sien... L'histoire externe doit être traitée de façon telle qu'elle devienne un accessoire pour ce qui est l'humain, l'universel. »

Cela pour dire que ma fable historique ne prétend pas se soumettre aux critères du catholique-romantique Manzoni ou de l'hégéliano-marxiste Lukács. Aussi bien ne prétendrai-je pas que l'anachronisme fut toujours chez moi volontaire. Mais il le fut souvent. Trois exemples : non seulement Hang-chou est ici décrite à travers la vision qu'en eut Marco Polo cinq siècles après Li Po, mais y sont intégrés plusieurs traits de la Rome moderne ; le poète Po Chü-i, dont le rationalisme contraste psychologiquement et culturellement avec les options de Li Po, a vécu en réalité un siècle après lui ; la visite de Li Po au tombeau de T'ao Ch'ien veut faire référence à la visite de Leopardi à la tombe romaine du Tasse... Ajoutez mes tentatives de reconstruction des formes typiques de la culture chinoise ancienne : taoïsme, confucianisme des mandarins, principes de l'art pictural.

Encore ceci : la biographie de Li Po à laquelle il est souvent fait référence est une fiction narrative ; les noms, les paysages relèvent souvent de la « chinoiserie » occidentale. En revanche, le début de la « Préface tardive » est un pastiche de textes chinois variés qui m'ont donné mon élan ; et les prédications de Pa-ta-tzu sont un montage de dits et d'anecdotes pris dans les textes taoïstes (avec quelques ajouts bouddhistes, épicuriens, et même hassidiques).

Quant aux poèmes, je ne crois pas qu'hormis les experts on puisse y distinguer ce qui est proprement traduction, ce qui est chinoiseries de mon cru, et développement d'images isolées empruntées à la lecture des poètes chinois. Des derniers poèmes, moins d'un sur quatre sont vraiment de Li Po. *Le Village perdu* s'inspire librement d'un bref récit chinois ancien.

Au total, caractériser un Chinois des années 700 de notre ère en respectant la vraisemblance et le typique est un meilleur moyen de restituer l'universel qu'un récit adossé à notre expérience propre. Qu'on ne cherche ici ni une allégorie ni un symbole, mais une « figure » de la vie d'un artiste, d'un intellectuel, qui tout à la fois tente de s'intégrer, cherche l'autonomie et refuse une société déjà « rationalisée ». De quoi la Chine des mandarins permet de construire une image à la fois picaresque et mythico-érotique.

Que demandons-nous à Cervantès, Pouchkine, Keller, Tolstoï — si j'ose le dire —, sinon l'écho des rythmes les plus cachés de la vie ?

V. S.

Table

IMPRIMERIE SEPC À SAINT-AMAND
DÉPÔT LÉGAL : MAI 1989. N° 10047 (7901-650).